# 极端风险与流动性螺旋的
# 机制研究

熊海芳 著

国家自然科学基金项目"股市极端波动中流动性螺旋的微观机制与治理研究"（项目编号：71873023）、"金融风险溢价与货币政策：目标关联、冲击传导与最优规则选择"（项目编号：71503034）资助

科学出版社

北京

## 内 容 简 介

股灾等极端风险的刻画与应对是股票市场投资中的重要内容。本书聚焦股票市场的极端情形，着重研究对极端风险不同角度的度量及其对预期收益的影响，从流动性螺旋的角度解释极端风险的形成机制，并以流动性共变为特征考察极端情形的影响因素。通过构建尾部贝塔、Copula 灾难敏感性等低频极端风险以及高频数据下的跳跃贝塔，在改进股市极端风险衡量方法的同时，从资产组合的角度实证检验极端风险对预期收益的影响。针对涨跌停和停牌等极端情形对流动性测度进行新的改进，验证流动性新测度在资产定价中的有效性，进一步从流动性共变的角度检验我国股市流动性螺旋这种极端情形的特征及影响机制。最后，结合机器学习方法，分析财政货币政策对流动性冲击的时变影响，验证政策对极端市场变化的稳定作用。

本书适合从事金融市场、风险管理等领域的研究人员及金融机构和政府相关管理部门的人员阅读使用，也适合高等院校金融、统计和管理等专业的教师、研究生等阅读参考。

---

#### 图书在版编目（CIP）数据

极端风险与流动性螺旋的机制研究 / 熊海芳著. —北京：科学出版社，2022.3
ISBN 978-7-03-071599-9

Ⅰ. ①极… Ⅱ. ①熊… Ⅲ. ①股票市场-风险管理-研究-中国 Ⅳ. ①F832.51

中国版本图书馆 CIP 数据核字（2022）第 030979 号

责任编辑：王丹妮 / 责任校对：刘 芳
责任印制：张 伟 / 封面设计：无极书装

科学出版社 出版
北京东黄城根北街 16 号
邮政编码：100717
http://www.sciencep.com

北京虎彩文化传播有限公司 印刷
科学出版社发行 各地新华书店经销

*

2022 年 3 月第 一 版　开本：720×1000　1/16
2022 年 3 月第一次印刷　印张：10 1/2
字数：212 000

**定价：106.00 元**
（如有印装质量问题，我社负责调换）

# 目　　录

第1章　绪论 ·················································································· 1

第2章　极端市场中的尾部贝塔与系统性尾部风险 ······························· 9
   2.1　极端尾部贝塔与收益的关系 ················································ 9
   2.2　计算方法与样本数据 ························································· 11
   2.3　实证结果与分析 ································································ 12

第3章　极端市场中的下尾风险与预期收益率灾难敏感性 ··················· 29
   3.1　尾部风险与预期收益的关系 ················································ 29
   3.2　研究设计 ··········································································· 31
   3.3　实证分析结果 ···································································· 34

第4章　极端市场中的贝塔分解与低贝塔异象：基于高频跳跃贝塔 ······ 47
   4.1　低贝塔异象 ······································································· 47
   4.2　连续和跳跃贝塔构造与估计 ················································ 49
   4.3　数据与方法设计 ································································ 52
   4.4　连续贝塔、跳跃贝塔与横截面收益 ······································ 55

第5章　考虑极端市场的流动性指标改进测度与定价 ·························· 65
   5.1　流动性测度与中国市场的特征 ············································ 65
   5.2　流动性测度方法及其适用性评述 ········································· 67
   5.3　考虑特殊交易制度的新流动性 Liquid 构造方法 ···················· 69
   5.4　新流动性指标 Liquid 在中国市场的改进效果分析 ················· 74
   5.5　新流动性指标 Liquid 在组合定价中的有效性检验 ················· 82

第6章　中国股市流动性螺旋的典型特征：基于流动性共变的视角 ······ 88
   6.1　流动性共变 ······································································· 88
   6.2　中国股市的波动特征与流动性共变 ······································ 89

  6.3 中国股市流动性共变的存在性检验 ·············································· 93
  6.4 中国股市流动性共变的特征分析 ············································· 100
  6.5 流动性共变与股票流动性的关联性分析 ···································· 109

**第 7 章 基金持股对流动性共变的影响：需求侧视角下原因及渠道分析** ······· 113
  7.1 流动性共变及其影响因素 ······················································ 113
  7.2 文献回顾与研究假设 ···························································· 115
  7.3 变量与样本数据 ·································································· 117
  7.4 流动性共变 ········································································ 119
  7.5 基金持股对流动性共变的影响：成因及渠道分析 ························ 123

**第 8 章 货币政策、财政政策与股票流动性的时变冲击** ···························· 135
  8.1 股票流动性的政策影响 ························································· 135
  8.2 相关文献综述 ····································································· 136
  8.3 样本数据与研究模型 ···························································· 137
  8.4 实证检验结果及分析 ···························································· 140

**参考文献** ······················································································· 154

**后记** ···························································································· 164

# 第1章 绪 论

证券市场中投资者更为关注市场出现的极端变化,如金融危机、股灾等黑天鹅事件。这些极端事件的发生往往给投资者带来极大的损失,甚至导致金融机构倒闭,风险厌恶的投资者必然不愿承担较为严重的损失。例如,2008年的全球金融危机和2015年的中国股灾中股市出现较大下跌,给投资者造成严重损失。因此,理论与实践中对极端市场都极为重视,不断尝试采用新的方法对极端市场的风险进行测度与管理。

在应对极端风险时,金融理论中有一些办法,如组合分散、风险对冲和购买保险等。如何从资产定价的角度研究极端风险的影响及其管理则是近年来比较重要和前沿的问题。首先,在衡量极端风险时,通常采用极值统计等相关方法,那么,如何改进极端风险的衡量方法?其次,如何在资产定价中引入极端风险因子?最后,如何在高频数据中考察极端风险?本书对极端风险的资产定价研究则从这些角度进行深入分析。

相关研究一方面关注极端风险的定价影响,另一方面关注市场出现极端风险的影响机制,其中,流动性是关键因素。与以美国为代表的发达资本市场不同,中国股票市场由于存在涨跌停和较为频繁的停牌,非正常交易时间较多,尤其是在市场下行阶段。A股市场不但存在千股涨停、千股跌停的现象,而且很多公司采用停牌避险,这给市场流动性和投资者交易造成不良的影响。因此,在衡量中国股市流动性的时候需要考虑涨跌停和停牌等极端情形。

经验研究认为流动性不但是单个资产的影响因素,而且是所有资产的影响因素,具有系统性风险的作用。尤其是在极端波动的市场中,流动性被认为是系统性风险因素。Chordia等(2000)最早发现个股的流动性之间存在共同变动,即流动性共变(commonality in liquidity),尤其是当市场波动较大时(Rösch and Kaserer, 2013;Moshirian et al., 2017)。Brunnermeier和Pedersen(2009)专门研究了个股流动性与市场流动性互动造成的"流动性螺旋"(liquidity spirals),国内对此问题涉及较少。投资者对极端风险的关注和2015年中国股灾的发生进一步促使研究关注流动性螺旋，因此，根据中国股市个股的流动性和市场的流动性共变来考察股市流动性螺旋的特征事实及机制具有重要的理论与现实意义。与国外成熟市场不同，中国股市属于典型的新兴市场，中国股市同涨同跌现象更为严重，这意味着中国股市的流动性共变要比国外更为严重。对于这样一个新兴市场，流动性共变在不同的市场条件下会表现出什么样的特性也是一个值得关注的问题。此外，中国股市属于订单驱动市场，在制度、交易方式等多方面存在差异，所以国内外学者对发达国家流动性共变研究的一些结论并非完全适合中国股票市场的流动性共变问题。因此，为了应对极端市场下的流动性螺旋，确保投资者在投资决策过程中以及监管部门在制定监管和治理措施时能够更深刻地认识流动性问题产生的影响，对中国股票市场流动性共变的存在特征和影响因素等问题进行研究具有重要的现实意义。

此外，2015年股灾以后，中国股市中很多股票处于流动性较低的状态，股市多次表现出成交量持续偏低和股票流动性明显分化的现象，这意味着股市出现严重的流动性风险。中国股票市场历来明显受到宏观政策的影响，宏观政策的变化也是股市出现股票流动性分化甚至流动性严重不足问题的一个重要原因。宏观政策不仅包括货币政策还包括财政政策，但是中国现有研究对股票流动性受到宏观政策影响的综合分析较少。因此，尝试从市场整体和个股两个层面验证股票流动性的宏观政策影响因素并进一步分析宏观政策的时变冲击，一方面可以更好地认识到宏观政策工具对股市及个股的影响；另一方面有助于更好地使用宏观政策工具防范和化解股票市场流动性风险，提高投资者的风险管理能力。

本书研究极端风险与流动性螺旋问题，从不同角度研究极端风险测度与定价，考虑极端情形构建新的高频流动性指标，以流动性共变及其影响因素的视角丰富股市极端波动中的流动性循环机制研究，为股市治理和稳定提供有价值的参考。

第一，对极端尾部风险的测度与定价检验不但在理论上拓展了极端风险的资产定价检验，而且为投资者防范灾难风险和组合管理提供决策参考。

投资者一般对资产价格下降的关注程度大于对其上升的关注程度，对下跌风险较大的股票要求更高的风险补偿，这就需要积极关注极端尾部风险。首先，采用条件极值分析极端市场中的风险与收益的关系；其次，采用尾部数据进一步验证下尾风险（left tail risk）的时变灾难敏感性；再次，采用高频数据对日内跳跃这种极端情形进行在贝塔（Beta）视角下的风险与收益关系检验，验证我国股市低贝塔异象的存在及其成因；最后，考虑涨跌停等极端情形，改进日内数据的流动性风险测度。这些研究为提高组合业绩和防范极端风险提供参考。

基于条件极值构造时变左侧尾部贝塔，区分极端市场与正常市场，考察尾部贝塔是不是组合收益的系统性风险并得到风险补偿。研究发现，尾部风险与股票未来收益率显著正相关，相对尾部贝塔对组合收益更有影响；尾部风险得到显著正的风险溢价，可以用于投资组合决策。

利用二元混合 Copula 模型考察下尾风险的时变性与市场崩溃的关联，进一步分析个股的灾难敏感性。结果发现，下尾风险能够刻画市场的极端崩溃，可以为防范灾难风险提供帮助；下尾风险对个股预期收益率具有显著正向影响，但随着时间推移不断衰减。因此，采用尾部数据估计下尾风险，积极预防市场可能出现的灾难崩溃；在市场下跌时选择具有较大灾难敏感性的股票。应该注意下尾风险影响的时变性，对下尾风险进行动态管理。

基于高频日内数据的研究发现，中国股票市场存在低贝塔异象，该异象主要是由日内收益跳跃部分引起的。中国股票市场跳跃贝塔造成的低贝塔异象在一定程度上可以用流动性异象和换手率异象解释。这种关系与股票市场交易过程中的价量同步表现是一致的。投资者在构造组合时应积极关注高频日内数据中的股价跳跃，充分考虑个股与市场在日内同步发生的极端跳跃，关注低贝塔异象并积极使用低贝塔的组合，分析其流动性和换手率，这样有助于在极端的日内交易中提升投资业绩。

涨跌停和频繁停牌是中国股市特殊的制度和现象，它们的出现体现了个股的极端情形。基于这两个特殊的市场特征，采用高频日内数据改进流动性指标的测度，通过对比验证发现新的指标在体现市场流动性和公司及市场特征的同时，很好地体现了两个特殊的交易制度，这对于监测市场流动性变化并防范流动性风险具有重要的实践价值。在组合定价方面，分析发现新的流动性指标能显著地影响组合收益，是不同于原始非流动性指标（ILLIQ）的，这有助于投资者制定投资策略，在更好防范流动性风险的同时提高组合业绩。

第二，基于流动性共变研究流动性螺旋的特征，详细刻画了中国股市流动性共变的变化与影响因素，不但对投资决策和风险管理有参考，而且有助于加强对市场流动性危机的监测与治理。

已有研究对流动性共变的成因与渠道分析较少，研究流动性共变的存在特征、演变规律等，有助于投资者加深对股票市场极端情形的理解，进而有效地防范和管控风险，以及对风险进行定价。本书从流动性需求视角，以中国基金对 A 股上市公司的持股数据为研究样本，检验相关交易需求是否会引发流动性共变及其影响原因与渠道。实证发现，基金的相关交易需求导致流动性共变，基金的"羊群行为"和面临的资金流冲击是导致其产生相关交易需求的重要原因。基金是通过"相关流动性冲击"（correlated liquidity shocks）渠道，而非"共有所有权"（common ownership）渠道引发流动性共变。研究不但揭示了中国基金在流动性共变形成中的重要作用，而且明确了基金稳定市场的渠道，有助于促进股市稳定。同时，监管机构在制定政策和措施时必须考虑到流动性共变这一问题。

第三，研究货币政策和财政政策对市场整体及个股流动性的时变影响，有助于验证政策调整对市场的冲击，也为防范政策变化带来的流动性风险提供参考。

本书讨论多种宏观政策工具对股市流动性的影响，不但考虑货币政策而且考虑财政政策，其中分析了货币供应量（money supply，MS）、利率（interest rate，IR）和汇率（exchange rate，EXR）及财政支出和政府债务等多个变量，证实这些政策变量的影响存在差异，这使得政策分析更为全面、更贴近实际，也提醒政策制定者应该更为全面地分析宏观政策对市场可能造成的影响。实证分析中区分了市场总体和个股两个角度的流动性，这不但有助于解释宏观政策影响在市场整体与个股两个层面的差异以及政策宽松下的市场流动性不足和分化现象，而且有助于投资者深刻认识到个股之间流动性分化的成因，为流动性风险防范提供参考。提醒各个市场参与者，部分小公司股票出现流动性风险与公司基本面和投资者避险心理有关。同时，对宏观政策的时变分析发现不同政策工具的影响效果发生了变化，这不仅与中国的金融开放政策有关，而且与中国宏观政策的透明度有关，这为应对政策冲击及其带来的流动性风险提供了重要依据，同时也证实了中国宏观政策的具体效果，为提高中国宏观政策透明度提供了经验证据，建议投资者关注金融开放及相关政策变化带来的流动性冲击，积极防范相关风险。另外，证实了非流动性和换手率在衡量流动性方面的差异，这不但提醒投资者要全面地对待市场流动性变化，而且注意投资者分歧在流动性变化中的作用。

本书各章的研究内容如下。

第 1 章，绪论，介绍本书的选题背景与意义、研究内容与框架、研究方法与创新。

第 2 章，研究极端市场中的尾部贝塔与系统性尾部风险的定价问题。极端风险主要是尾部风险，经验研究表明尾部风险是与下行风险（downside risk）不同的风险因子，也应该得到系统性风险补偿。考虑到现有研究对此问题存在较大争议，国内对此问题研究较少，该章基于条件极值构造时变左侧尾部贝塔，在比较绝对尾部贝塔和相对尾部贝塔及其持续性的基础上，区分极端市场与正常市场，考察尾部贝塔是不是组合收益的系统性风险并得到风险补偿。经验结果发现：尾部风险是不同于市场下行风险的风险因子，考虑市场贝塔的相对尾部贝塔比绝对尾部贝塔对组合收益更有影响；尾部贝塔在 1 个月时期上持续性较强，更长时期上持续性较差。无论市场是在极端下行区间还是正常区间，尾部风险与股票未来收益率均呈正相关关系，高尾部风险股票收益率显著大于低尾部风险股票收益率，在市场极端下行时，收益率差异会更加显著。在控制了特质波动、协偏度、协峰度及下行风险后，高尾部风险股票收益率仍保持较高水平，说明尾部风险是一种有别于高阶矩风险、下行风险的非对称系统性风险，得到显著正的风险溢价。

第 3 章,基于混合 Copula 模型实证检验下尾风险与预期收益率的灾难敏感性。利用二元混合 Copula 模型刻画个股与市场的尾部相依结构,以估计出的下尾系数作为个股下尾风险,考察下尾风险的时变性与市场崩溃的关联,通过检验下尾风险与预期收益率的关系分析个股的灾难敏感性。结果发现:下尾系数具有时变性,能够刻画市场的极端崩溃事件;下尾风险对个股预期收益率具有显著正向影响,这种关系在较长的观测期间内都存在,但随着时间推移不断衰减;在控制上尾风险、协偏度、协峰度和下行风险等特征后,下尾风险与预期收益率正相关关系依然稳健。这证实预期收益具有时变的灾难敏感性,下尾风险在预期收益率中得到溢价补偿,可以为防范灾难风险提供帮助。

第 4 章,基于高频数据研究连续贝塔、跳跃贝塔与低贝塔异象。基于二次变差和二次幂变差的方法,将股票价格按平滑程度划分为交易日内连续部分、交易日内跳跃部分和非交易时间隔夜部分,采用中国 A 股市场 2001 年 1 月至 2016 年 7 月的高频数据,分别估计个股的日内连续、日内跳跃和隔夜跳跃等三个类型的贝塔,考察不同类型贝塔的风险溢价情况。经验分析发现,当采用单因素和双因素排序分组时,中国 A 股市场存在较强的低贝塔异象,低贝塔异象主要是由日内收益跳跃部分引起的,控制反转异象、特质波动率异象、最大日收益效应后,低贝塔异象依然是显著的。但是,控制了流动性和换手率后,贝塔的系数变得不再显著,说明在一定程度上中国股票市场的低贝塔异象可以被流动性异象和换手率异象解释。

第 5 章,根据停牌和涨跌停等极端情形构造新的高频流动性指标并进行多方面的比较,考察其适用性和定价作用。根据停牌、涨跌停等特殊交易时段,分 6 种情况构造新的流动性指标,运用排序分组对比、相关性检验和主成分分析等方法验证新指标的适用性,用分组控制、组合因子和 Fama-MacBeth 回归等方法检验指标在组合定价中的显著性。研究发现:新流动性指标很好地体现了停牌交易和涨跌停限制对流动性的影响;与原指标 ILLIQ 相比,新流动性指标弥补在零成交交易日中没有定义的缺陷,改进在涨跌停时段的度量方法,包含更多维度的市场流动性信息;新流动性指标有显著的风险溢价,控制市值、账面市值比和历史收益率等因素后依然显著。新的流动性指标可以作为市场流动性监测与投资策略构造的有效参考。

第 6 章,基于流动性共变的视角分析中国股市流动性螺旋的典型特征。在极端市场情况下的流动性共变会产生流动性螺旋,因此,分析中国股市流动性共变的存在及其特征。检验表明,中国股市存在显著的流动性共变,尤其是在市场出现极端情况下。2007 年股权分置改革前后,流动性共变程度表现出明显的差异,流动性共变程度在 2007 年后总体上明显下降。从时变特征、规模效应和非流动性效应等角度进一步考察中国股市流动性共变的特征。分析发现,中国股票市场流动性共变程度表现出随规模和流动性水平增加的递减效应，与美国市场中流动性共变随股票市值规模和流动性水平增加的递增效应相反，这与小盘股的炒作特征和"飞向流动性"（flight to liquidity）有关。市场环境的变化会严重影响流动性共变强度，而流动性共变反过来会导致市场环境的恶化，特别在市场大幅下跌期间，流动性共变对股票流动性水平的负向影响程度会变得更大，导致市场流动性枯竭的发生，这明显证实中国股市流动性螺旋现象及其机制的存在。

第 7 章，需求侧视角下机构持股引发流动性共变的原因及渠道分析。流动性共变现象的发生不但受到机构资金供给的影响，而且受到相关性交易需求的影响，在中国的股市中相关性交易需求的影响可能更大。需求因素的解释认为，相关性交易是产生流动性共变的成因。相关性交易需求因素的产生还存在不同的渠道，如主动的羊群行为和被动的资金冲击等。因此，从基金持股的角度探讨相关性交易需求因素在中国股市流动性共变中的作用。在控制市场流动性并构造高基金持股组合的基础上，检验基金持股对流动性共变可能存在的影响，结果发现基金的相关性交易是影响流动性共变的重要因素。考虑到相关性交易中的主动和被动渠道差异，进一步从基金交易的羊群行为和投资者资金流动压力两个方面，分别对应主动和被动渠道，探讨需求因素影响流动性共变的具体渠道。结果发现，基金羊群行为对流动性共变有显著的影响，在基金存在卖方羊群行为时更为明显。资金流变化引起的流动性冲击的确是导致基金持股比例对股票流动性共变正向影响的重要驱动因素，基金处于明显的资金内流时这一正向影响更大。

另外，相关性交易主要从单个基金的角度探讨问题，实际上不同基金之间也会相互产生影响，这意味着要考虑基金之间的持股结构，计算两个基金之间的持股关系。理论上，基金之间相关关系的来源分为两种：一是共同持股，即"共有所有权"渠道；二是非共同持股下资金冲击导致的，即"相关流动性冲击"渠道。为此，借鉴 Koch 等（2016）的研究，探讨中国股市中基金的这两种渠道的作用。流动性共变的渠道分析结果发现，任意两只股票之间的流动性相关程度并未随共同持有这两只股票的基金所持有的相应的持股比例的增加而增强，而非重叠持有两只股票的基金相应的持股比例的增加则会对上述相关程度产生显著的正向影响。中国基金主要通过"相关流动性冲击"渠道导致交易需求相关并引发流动性共变，而非"共有所有权"渠道。

第 8 章，研究货币政策、财政政策与股票流动性的时变冲击。选取 2007~2019 年上市公司股票为样本，建立向量自回归（vector auto-regression，VAR）模型、面板回归模型和自适应套索（least absolute shrinkage and selection operator，LASSO）回归模型研究货币政策、财政政策等政策工具对股票流动性产生的时变冲击。通过建立包含货币供应量、利率和汇率的货币政策以及财政支出和政府债务等财政政策变量的 VAR 模型，分析宏观经济政策对市场总体流动性的影响。通过建立面板回归模型分析货币政策和财政政策对个股流动性和换手率的影响,并采用自适应 LASSO 检验不同政策工具的时变影响。实证检验结果表明:总体来看,市场流动性与宏观政策之间的因果关系并不显著,宏观政策对市场总体和个股流动性的影响明显不同,个股之间的流动性分化较为严重。投资者在进行股票交易时,对货币政策中利率因素考虑较少,更多地考虑货币供应量及汇率;在财政政策中,较为重视财政收支余额及财政支出变化情况。增加财政支出和政府债务、降低政府收入的宽松财政政策在短期内会降低股票市场流动性、提高股票市场换手率。投资者对货币政策的意见分歧较少,对财政政策的意见分歧较大。自适应 LASSO 回归结果显示,利率和政府债务率对股票流动性的解释力度较强,政策变量对股票流动性的影响具有时变特征:货币和财政政策工具对股票流动性的解释力度逐渐减弱;汇率政策对股票流动性的解释力逐渐加强。

本书的研究框架如图 1.1 所示。

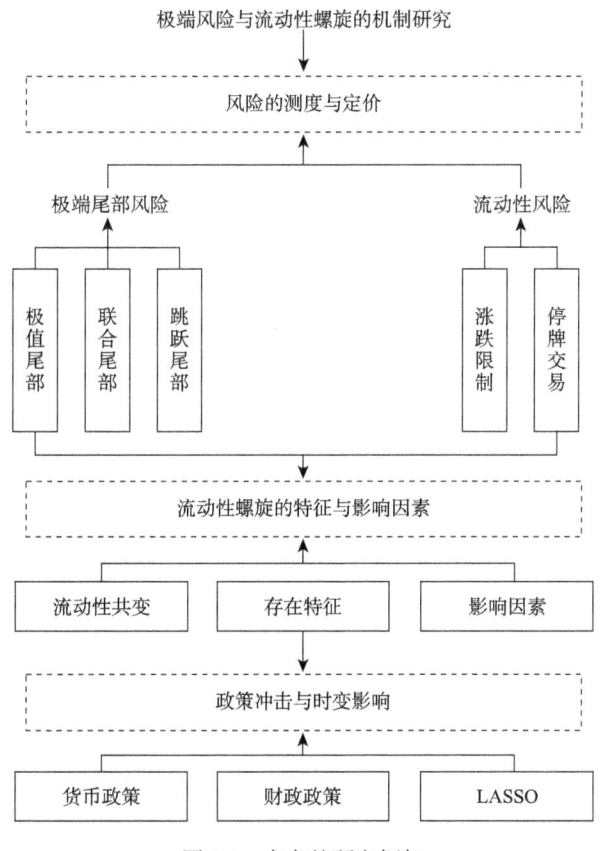

图 1.1　本书的研究框架

本书的研究方法主要包括以下几种。

（1）极值统计等统计方法。运用极值理论计算组合收益的最大回撤、尾部贝塔，运用 Copula 函数计算极端尾部风险，为极端市场的风险管理提供统计指标。

（2）计量分析方法。采用分组回归、Fama-MacBeth 回归、面板数据模型估计尾部风险的定价效果和流动性共变的特征、影响渠道。采用 VAR 等时间序列模型分析考察货币政策和财政政策等对流动性的时变影响。

（3）理论模型分析。考虑涨跌停和停牌交易构造新的非流动性测度指标，改进极端市场中流动性风险测度，并通过主成分分析法进行比较。

（4）高频数据分析。采用高频数据，构建日内和隔夜的跳跃贝塔，验证高频数据中极端风险的特征和定价效果。

（5）采用 LASSO 等机器学习算法考察货币政策、财政政策及汇率政策对个股流动性冲击的时变影响，验证政策变化带来的流动性冲击。

本书的研究创新体现在以下三个方面。

第一，研究的视角独特。股市极端波动及流动性的影响受到很多关注，然而，极端波动的风险定价及传导过程，更多是理论上的研究。本书从极端市场中的现象出发，专门讨论极端风险的定价与管理，并进一步从极端流动性的角度研究传导机制问题，这与现有研究有较大不同。

第二，在极端尾部风险的基础上，从市场极端变化时个股流动性、个股流动性与市场流动性的共变研究中国股市流动性螺旋的生成机制。一是与美国股市不同，中国股市存在个股涨跌停的价格限制，据此研究极端市场中流动性的变化，并尝试构建极端流动性风险测度指标。二是从市场交易的角度，区分流动性的供给和需求，采用流动性共变详细考察流动性的螺旋周期特点和影响机制。

第三，结合货币政策、财政政策及汇率政策，考虑市场和个股两个层面，采用时间序列模型和 LASSO 等稀疏学习算法解释流动性受到的时变冲击。采用多个指标衡量政策工具，在面板数据中采用分组进行异质性分析，进一步使用自适应 LASSO 选择重要的流动性冲击影响因素，为个股流动性的分化提供解释。

# 第 2 章 极端市场中的尾部贝塔与系统性尾部风险

## 2.1 极端尾部贝塔与收益的关系

投资者一般对资产价格下降的关注程度大于对其上升的关注程度,对下跌风险较大的股票要求更高的风险补偿(Ang et al.,2006a),因为投资者更厌恶极端市场下跌。在资产定价理论中,Bawa 和 Lindenberg(1977)曾建议将资本资产定价模型(capital asset pricing model,CAPM)拓展,分别考虑下行贝塔和上行贝塔,这是从非对称系统性风险的角度考察尾部风险。Ang 等(2006a)、Bali 等(2009)则证实下行风险贝塔与个股横截面收益率成正相关关系。Lettau 等(2014)更是证实下行风险贝塔在股票、期权、商品和货币等多种资产的定价中有显著作用。Farago 和 Tédongap(2018)证实多种形式的下行风险在截面组合定价中的作用。然而,Huang 等(2012)采用极端下行贝塔发现尾部贝塔是与下行贝塔不同的风险因素。Kelly 和 Jiang(2014)则构建时变尾部风险,发现较高尾部贝塔的股票获得较高的风险溢价,也证实尾部贝塔是与下行贝塔不同的风险因子。Weigert(2016)基于全球 40 个国家样本证实在截面资产定价中极端尾部风险有显著的作用。因此,需要合理区分下行风险和尾部风险的系统性风险定价作用。

在分析下行风险或尾部风险时,一个重要特征是市场处于下降或者明显低于条件均值的极端情形中。Kelly 和 Jiang(2014)、胡志军(2016)、Massacci(2017)发现尾部风险是时变的。Alcock 和 Hatherley(2017)证实上尾贝塔和下尾贝塔在时变特征上是存在差异的。Bali 等(2014)认为尾部风险在尾部时期的定价作用更明显。van Oordt 和 Zhou(2016)认为市场崩溃时高尾部贝塔的股票与低尾部贝塔的股票存在较大的差异。Chabi-Yo 等(2018)等运用 Copula 方法计算,发现尾部贝塔在市场下降时有更大的风险溢价。因此,研究尾部风险需要考虑市场的状态。本章将在考察下行风险和尾部风险的基础上进一步考察极端市场下尾部风险的定价作用。

理论上,尾部风险与资产的下行或极端风险有关。Bali 和 Cakici(2004)使用 VaR(value at risk,风险价值)分析尾部风险在截面收益中的作用,但是他们没有将其分解为系统性尾部风险和特质尾部风险。Bali 等(2009)则使用市场组合的 VaR 和 ES(expected shortfall,损失期望)等衡量下行风险并估计其贝塔系数。Ang 等(2006a)则使用个股与市场下行风险的系数(即下行贝塔),分析下行风险的作用。Huang 等(2012)、Kelly 和 Jiang(2014)、van Oordt 和 Zhou(2016)则使用系统性尾部贝塔。与下行风险关注市场低于均值或零时个股与市场的关系不同的是,尾部风险关注市场在出现极端下行时个股与市场间的联动关系。由于下行风险或者尾部风险主要与市场下行有关,Lettau 等(2014)、van Oordt 和 Zhou(2016)则认为更重要的是相对尾部贝塔,即下行风险贝塔与市场风险贝塔的差值。鉴于此,本章在分析尾部贝塔时不但会考虑极端的市场状态,而且会重点关注相对尾部贝塔的作用。

国内关于股市中尾部风险和极端市场状况的研究主要集中在两个方面:一是比较不同估计方法对尾部风险的衡量效果;二是分析尾部风险与股票收益率之间的关系。对于尾部风险的衡量,花拥军和张宗益(2009)基于极值分块极大值法(block maxima method,BMM)与阈值(peaks over threshold,POT)模型对 VaR 进行测度,谢尚宇等(2014)则基于 ARCH-Expectile 方法对 VaR 和 ES 进行度量。对于尾部风险与股票收益率关系,国内研究较少且对尾部风险与收益率关系存在分歧:陈国进等(2015)基于极值理论和尾部幂指数分布统计量对尾部风险进行衡量,研究发现股票的尾部风险因子载荷越大其超额收益率越高,胡志军(2016)发现横截面个股极端风险载荷越大其预期收益率就越高,陈坚(2014)则发现基于极值理论构建的 VaR 在股票收益率回归中系数为负。谢海滨等(2015)研究极端风险下中国股市的反应特征,史代敏等(2017)研究高阶矩风险及其对投资收益的冲击。可见,我国相关研究对系统性尾部风险的组合收益率定价效果关注较少,存在以下不足:第一,在尾部风险的度量上主要围绕 VaR 和 ES,尾部贝塔和尾部极值条件贝塔及其定价效果尚未引起足够的关注;第二,当对尾部风险的收益率定价能力检验时,没有区分不同市场条件下尾部风险对股票未来收益率的定价效果;第三,在尾部风险与股票收益率关系检验时,仅在公司特征、宏观经济风险层面选取控制变量,未对协偏度、下行风险等非对称性风险进行控制。

鉴于此,本章从以下三个方面进行创新:第一,以市场出现极端下行时的条件贝塔(即尾部贝塔),对个股尾部风险进行衡量,重点考虑绝对和相对尾部贝塔的差异。第二,考虑到时变贝塔的影响,根据市场收益率表现将市场区间划分为极端下行市场和正常条件市场,分别以历史尾部贝塔、历史市场贝塔对组合收益率中的市场风险进行调整。第三，采用双重分组的方式控制协偏度等高阶矩风险和下行风险，进而区分高阶矩风险、下行风险与尾部风险的差异。另外，还进行了稳健性检验，一是扩展收益率风险调整基准模型，在 Fama 和 French（1993）三因子模型的基础上，加上动量因子、反转因子与流动性因子，进一步考察控制多风险因素后，尾部风险是否能获得超额回报；二是在对历史尾部贝塔进行估计时，改变市场尾部的定义区间。

## 2.2 计算方法与样本数据

### 2.2.1 尾部贝塔与组合收益计算

1. 绝对尾部贝塔

Post 和 Versijp（2007）将尾部贝塔定义为当市场日收益率低于-10%时个股的条件市场贝塔。考虑到我国股票市场存在涨跌停板限制，-10%以下的日收益率基本不存在，因此将尾部贝塔定义为过去 60 个月内市场收益率最低的 100 个交易日个股收益率对市场收益率回归的条件贝塔，计算方法如式（2.1）所示：

$$R_{it}^e = \alpha_i + \beta_i^T R_m^e + \varepsilon_{it} \tag{2.1}$$

其中，$R_{it}^e$ 和 $R_m^e$ 分别为个股、市场扣除无风险收益率后的日超额收益率；回归系数 $\beta_i^T$ 为个股的尾部贝塔，也可以视为市场发生较大损失条件下的条件市场贝塔。

2. 相对尾部贝塔

为了控制个别交易日异常收益率的影响，需要计算个股的市场贝塔。市场贝塔 $\beta^M$ 根据前 60 个月个股剔除无风险利率后的月收益率对市场月收益率进行回归后得到。在对个股市场贝塔估计时采用的是月收益率数据，估计区间与尾部贝塔一致。$\beta^T - \beta^M$ 即个股的相对尾部贝塔。

3. 下行贝塔

参照 Ang 等（2006a）对下行风险贝塔的定义，将下行风险贝塔定义为当市场收益率小于其平均值时个股收益率对市场收益率回归的条件贝塔。下行贝塔的计算方式如式（2.2）所示：

$$R_{it}^e = \alpha_i + \beta_i^D R_m^e + \varepsilon_{it} \tag{2.2}$$

其中，$R_{it}^e$ 和 $R_m^e$ 分别为个股、市场扣除无风险收益率后的日超额收益率；回归系数 $\beta_i^D$ 为个股的下行贝塔。

这里，绝对尾部贝塔、相对尾部贝塔和下行贝塔都是个股受到市场出现系统性下跌的影响，与个股的尾部不同，是系统性风险，因此统称为系统性尾部风险。

4. 组合风险调整收益

在每月月初，依据前 60 个月股票收益率表现计算出个股的尾部贝塔、市场贝塔，将个股按照其尾部贝塔的大小排序等分为五组；考虑到市场贝塔的影响，也依据个股的相对尾部贝塔 $\beta^T - \beta^M$ 进行排序、分组。在组合构建阶段，为了保证估计的准确性，剔除估计窗口期内交易日少于 60%的个股。构建后的组合持有期为 1 个月，组合的构建期与组合持有期间隔 1 个月。

在计算组合月收益率时，组合收益率为个股月收益率的加权平均值，采用两种方式计算对收益率进行加权：一是等权重收益率；二是流通市值加权收益率。个股经风险因素调整后的收益率 $R_{it}^*$ 计算方式如式（2.3）所示：

$$R_{it}^* = R_{it}^e - \sum_{k=1}^{m} \hat{\beta}_{i,k} F_{k,t} \qquad (2.3)$$

其中，$R_{it}^e$ 为个股 $i$ 经无风险收益率调整后的月收益率；$F_{k,t}$ 为基准模型中第 $k$ 个因子的月收益率；$\hat{\beta}_{i,k}$ 为个股 $i$ 在第 $k$ 个因子上的因子载荷，其估计区间与尾部贝塔的估计区间一致。

同时，为了更直观地对比高尾部风险组和低尾部风险组间收益率差异，进一步构建尾部风险的零成本多空对冲组合，即买入相对尾部贝塔最大的 20%的股票（即高尾部风险组合），卖出相对尾部贝塔最小的 20%的股票（即低尾部风险组合）。

### 2.2.2 样本数据

样本数据主要来自国泰安金融数据库（China Stock Market & Accounting Research Database，CSMAR），此外，动量因子、反转因子来自锐思金融研究数据库。考虑到 1996 年 12 月后我国开始正式实施涨跌停板限制，本章选定样本区间为 1997 年 1 月至 2017 年 1 月，以上海证券交易所上市、交易的股票作为研究样本。

## 2.3　实证结果与分析

### 2.3.1　描述性统计

按照尾部贝塔、相对尾部贝塔分组后各子样本描述性统计，从风险特征和公司特征两个角度对组合特征进行分析，描述性统计结果如表 2.1 所示。按照绝对尾

部风险 $\beta^T$ 分组后子样本相关变量描述性统计结果如表 2.1 中 Panel A 所示。从中可发现，尾部贝塔较高的股票其市场贝塔也较高，随着绝对尾部贝塔的增大，各组平均市场贝塔也随之提高。同样的单调性趋势也表现在下行风险贝塔中，高尾部贝塔组也倾向拥有高下行风险贝塔，这与尾部贝塔的定义和计算方式一致，即尾部贝塔的本质是特定条件下的市场贝塔。以绝对尾部贝塔分组后，组间偏度、峰度等高阶矩及协偏度、协峰度等协矩均没有表现出特定趋势，组间平均协偏度基本保持在-0.01 的水平上。在风险特征中，平均特质风险的组间变动则与上述系统性风险变动表现出不同趋势，随着绝对尾部贝塔的增大，特质风险反而减小。公司特征层面，以绝对尾部贝塔分组后各子样本平均流通市值、月平均交易金额均保持相对一致。

表 2.1 分组描述性统计

| Panel A：以绝对尾部贝塔分组 | | 低 $\beta^T$ | 2 | 3 | 4 | 高 $\beta^T$ |
|---|---|---|---|---|---|---|
| 风险特征 | 尾部贝塔 $\beta^T$ | 0.51 | 0.88 | 1.04 | 1.18 | 1.37 |
| | 市场贝塔 $\beta^M$ | 0.96 | 0.96 | 1.00 | 1.03 | 1.06 |
| | 相对尾部贝塔 $\beta^T-\beta^M$ | −0.45 | −0.08 | 0.04 | 0.14 | 0.31 |
| | 下行风险贝塔 $\beta^D$ | 0.80 | 0.96 | 1.03 | 1.09 | 1.13 |
| | 特质波动率 | 11.14% | 9.80% | 9.52% | 9.27% | 9.41% |
| | 偏度 | 0.78 | 0.68 | 0.68 | 0.66 | 0.66 |
| | 协偏度 | −0.01 | −0.01 | −0.01 | −0.02 | −0.01 |
| | 峰度 | 2.74 | 2.12 | 2.12 | 2.04 | 2.1 |
| | 协峰度 | −0.05 | 0.01 | 0.01 | −0.03 | 0.03 |
| 公司特征 | 流通市值 | 14.76 | 14.88 | 14.72 | 14.59 | 14.51 |
| | 月交易金额 | 18.03 | 18.21 | 18.18 | 18.11 | 18.12 |
| Panel B：以相对尾部贝塔分组 | | 低 $\beta^T-\beta^M$ | 2 | 3 | 4 | 高 $\beta^T-\beta^M$ |
| 风险特征 | 尾部贝塔 $\beta^T$ | 0.62 | 0.93 | 1.04 | 1.13 | 1.25 |
| | 市场贝塔 $\beta^M$ | 1.21 | 1.07 | 0.99 | 0.93 | 0.83 |
| | 相对尾部贝塔 $\beta^T-\beta^M$ | −0.59 | −0.14 | 0.05 | 0.2 | 0.44 |
| | 下行风险贝塔 $\beta^D$ | 0.92 | 1.02 | 1.02 | 1.03 | 1.01 |
| | 特质波动率 | 11.94% | 10.01% | 9.25% | 8.85% | 8.86% |
| | 偏度 | 1.07 | 0.79 | 0.63 | 0.53 | 0.42 |

续表

| Panel B：以相对尾部贝塔分组 | | 低 $\beta^T-\beta^M$ | 2 | 3 | 4 | 高 $\beta^T-\beta^M$ |
|---|---|---|---|---|---|---|
| 风险特征 | 协偏度 | 0.10 | 0.03 | −0.02 | −0.05 | −0.10 |
| | 峰度 | 3.98 | 2.49 | 1.85 | 1.54 | 1.22 |
| | 协峰度 | 0.21 | 0.08 | −0.03 | −0.09 | −0.21 |
| 公司特征 | 流通市值 | 14.41 | 14.71 | 14.77 | 14.77 | 14.79 |
| | 月交易金额 | 18.00 | 18.20 | 18.19 | 18.16 | 18.11 |

注：流通市值、月交易金额均为公司实际流通市值、月交易金额取自然对数后的值

按照相对尾部贝塔 $\beta^T-\beta^M$ 分组后子样本相关变量描述性统计结果如表 2.1 中 Panel B 所示。在以控制市场风险的相对尾部贝塔 $\beta^T-\beta^M$ 分组后，各子样本协偏度、协峰度等协矩之间表现出明显的单调性趋势。低尾部风险组的协偏度、协峰度均为正值且高于其他各组，随着尾部风险增大，各组协偏度、协峰度逐渐减小，直至减小为负值。值得关注的是，在以相对尾部风险分组后，各组下行风险贝塔的单调增加趋势消失，可能是由于下行风险贝塔与尾部贝塔揭示了股票不同的风险特征，这也强调了控制市场贝塔的重要性。同绝对尾部贝塔分组结果类似的是，各子样本的流通市值、月交易金额没有表现出明显趋势，组间差异较小。

### 2.3.2 贝塔的持续性检验

在尾部风险组合构建时，窗口期与持有期间隔 1 个月，因此需要对尾部贝塔的持续期进行检验。如果基于历史数据计算的尾部贝塔不具有持续性，那么其仅仅刻画资产的历史尾部风险，历史尾部贝塔与资产未来收益率也就不具备必然的联系。

在贝塔的持续性检验中，分别将检验期设定为 1 个月、12 个月和 60 个月。在第 $t$ 月，依据式（2.1）以个股前 60 个月日收益率为基础计算尾部贝塔，以个股前 60 个月月收益率为窗口期计算其市场贝塔，将个股按照其尾部贝塔、市场贝塔的大小等分为五组；在第 $t+1$ 月，以同样方式计算个股尾部贝塔、市场贝塔，并分别将样本股票等分为五组；观察第 $t$ 月贝塔分组位于某组的个股位于第 $t+1$ 月贝塔分组哪个小组中，进行 5×5 列联表统计得到第 $t$ 月至第 $t+1$ 月尾部贝塔、市场贝塔的转移矩阵，将得到的转移矩阵进行时序平均即得到第 $t$ 月至第 $t+1$ 月的平均转移矩阵。以同样的方式计算第 $t$ 月到第 $t+12$ 月、第 $t$ 月到第 $t+60$ 月的尾部贝塔、市场贝塔转移矩阵。贝塔的持续性检验结果如表 2.2 所示。

表 2.2　尾部贝塔、市场贝塔转移矩阵

| Panel A：检验期为 1 个月 | | 第 $t+1$ 月 | | | | |
|---|---|---|---|---|---|---|
| 尾部贝塔 | | 低 $\beta^T$ | 2 | 3 | 4 | 高 $\beta^T$ |
| 第 $t$ 月 | 低 $\beta^T$ | 140 | 11 | 1 | 0 | 0 |
| | 2 | 10 | 123 | 16 | 1 | 0 |
| | 3 | 1 | 16 | 115 | 19 | 1 |
| | 4 | 0 | 1 | 18 | 115 | 16 |
| | 高 $\beta^T$ | 0 | 0 | 1 | 15 | 134 |
| 市场贝塔 | | 低 $\beta^M$ | 2 | 3 | 4 | 高 $\beta^M$ |
| 第 $t$ 月 | 低 $\beta^M$ | 143 | 8 | 0 | 0 | 0 |
| | 2 | 8 | 130 | 12 | 1 | 0 |
| | 3 | 0 | 12 | 126 | 12 | 1 |
| | 4 | 0 | 1 | 12 | 128 | 10 |
| | 高 $\beta^M$ | 0 | 0 | 1 | 10 | 141 |
| Panel B：检验期为 12 个月 | | 第 $t+12$ 月 | | | | |
| 尾部贝塔 | | 低 $\beta^T$ | 2 | 3 | 4 | 高 $\beta^T$ |
| 第 $t$ 月 | 低 $\beta^T$ | 96 | 28 | 12 | 7 | 5 |
| | 2 | 28 | 61 | 33 | 16 | 9 |
| | 3 | 12 | 33 | 51 | 35 | 17 |
| | 4 | 7 | 15 | 36 | 54 | 36 |
| | 高 $\beta^T$ | 5 | 9 | 17 | 37 | 80 |
| 市场贝塔 | | 低 $\beta^M$ | 2 | 3 | 4 | 高 $\beta^M$ |
| 第 $t$ 月 | 低 $\beta^M$ | 109 | 29 | 6 | 3 | 1 |
| | 2 | 26 | 73 | 33 | 12 | 4 |
| | 3 | 7 | 32 | 64 | 35 | 11 |
| | 4 | 2 | 10 | 34 | 68 | 34 |
| | 高 $\beta^M$ | 1 | 4 | 11 | 32 | 100 |
| Panel C：检验期为 60 个月 | | 第 $t+60$ 月 | | | | |
| 尾部贝塔 | | 低 $\beta^T$ | 2 | 3 | 4 | 高 $\beta^T$ |
| 第 $t$ 月 | 低 $\beta^T$ | 45 | 25 | 21 | 19 | 24 |
| | 2 | 26 | 29 | 28 | 28 | 23 |
| | 3 | 23 | 25 | 28 | 27 | 30 |
| | 4 | 19 | 24 | 28 | 32 | 30 |
| | 高 $\beta^T$ | 22 | 26 | 29 | 30 | 27 |

续表

| Panel C：检验期为 60 个月 | | 第 $t+60$ 月 | | | | |
|---|---|---|---|---|---|---|
| 市场贝塔 | | 低 $\beta^M$ | 2 | 3 | 4 | 高 $\beta^M$ |
| 第 $t$ 月 | 低 $\beta^M$ | 53 | 29 | 21 | 18 | 16 |
| | 2 | 26 | 30 | 27 | 25 | 26 |
| | 3 | 17 | 26 | 30 | 32 | 29 |
| | 4 | 13 | 24 | 31 | 32 | 35 |
| | 高 $\beta^M$ | 11 | 22 | 28 | 33 | 38 |

表 2.2 中 Panel A 展示了检验期为 1 个月时，尾部贝塔和市场贝塔的转移矩阵。可以明显地看到，转移矩阵的对角线元素远大于矩阵中其他元素，也就是说，无论是尾部贝塔还是市场贝塔，第 $t$ 月贝塔值较低（高）的股票其第 $t+1$ 月的贝塔值也会低（高）。市场贝塔转移矩阵的对角线元素要略大于尾部贝塔转移矩阵对角线元素，说明市场贝塔的持续性相对于尾部贝塔会更加稳定。将检验期扩展至 12 个月时，可以看出表 2.2 中 Panel B 中转移矩阵对角线元素明显减小，但相对于非对角线元素，其值仍占绝对优势，低（高）贝塔个股在未来 12 个月后仍倾向拥有低（高）贝塔。

在检验期为 60 个月时，由表 2.2 中 Panel C 发现，尾部贝塔和市场贝塔的持续性几乎消失，转移矩阵对角线元素与非对角线元素间差异进一步减小，历史尾部贝塔、市场贝塔对未来 60 个月股票的贝塔几乎没有预测能力。可见，短期内历史贝塔具有较为稳健的持续性，能够有效预测未来贝塔值。

### 2.3.3 系统性尾部风险定价检验

1. 尾部贝塔单因素分组定价检验

按照尾部贝塔分组后，各子样本收益率表现如表 2.3 所示。先按照个股绝对尾部贝塔 $\beta^T$ 分组，表 2.3 中 Panel A 显示，无论是采用等权重还是流通市值加权，高尾部贝塔组和低尾部贝塔组间超额收益率均不存在显著差异。由于以绝对尾部贝塔分组并没有考虑市场贝塔的影响，为了控制市场系统性风险对尾部风险的影响，着重考察以相对尾部风险 $\beta^T - \beta^M$ 分组后收益率的表现。

表 2.3　尾部贝塔单因素分组定价检验

| Panel A：以绝对尾部贝塔分组 | | 低 $\beta^{\mathrm{T}}$ | 2 | 3 | 4 | 高 $\beta^{\mathrm{T}}$ | 高−低 |
|---|---|---|---|---|---|---|---|
| 超额收益率 | 等权重 | 1.45%* (1.65) | 1.37%* (1.63) | 1.47%* (1.77) | 1.53%* (1.81) | 1.45%* (1.71) | 0 (0.30) |
| | 流通市值加权 | 0.88% (1.20) | 0.80% (1.12) | 1.10% (1.43) | 1.11% (1.38) | 0.92% (1.12) | 0.04% (0.11) |
| Panel B：以相对尾部贝塔分组 | | 低 $\beta^{\mathrm{T}}-\beta^{\mathrm{M}}$ | 2 | 3 | 4 | 高 $\beta^{\mathrm{T}}-\beta^{\mathrm{M}}$ | 高−低 |
| 超额收益率 | 等权重 | 1.42% (1.56) | 1.38%* (1.61) | 1.50%* (1.80) | 1.54%* (1.84) | 1.43%* (1.77) | 0.02% (0.07) |
| | 流通市值加权 | 0.93% (1.12) | 1.03% (1.25) | 1.00% (1.35) | 0.90% (1.27) | 0.94% (1.32) | 0.01% (0.02) |
| 经市场风险调整后的收益率 | 等权重 | −0.45%** (−2.41) | −0.33%*** (−3.59) | −0.10% (−1.16) | 0.05% (0.58) | 0.13% (0.89) | 0.57%* (1.90) |
| | 流通市值加权 | −0.78%*** (−3.37) | −0.42% (−1.50) | −0.33% (−1.16) | −0.23% (−0.85) | −0.07% (−0.26) | 0.71%* (1.95) |
| 经 Fama-French 三因子调整后的收益率 | 等权重 | −0.27% (−1.30) | −0.19% (−1.19) | −0.03% (−0.24) | 0.08% (0.45) | 0.10% (0.48) | 0.37% (1.27) |
| | 流通市值加权 | −0.25% (−1.09) | 0.07% (0.46) | 0.11% (0.69) | 0.20% (1.06) | 0.12% (0.49) | 0.37% (1.16) |
| 规模分组（等权重）经 Fama-French 三因子调整后的收益率 | 小 | 0.05% (0.18) | 0.24% (1.17) | 0.14% (0.89) | 0.45% (2.28) | 0.41%* (1.82) | 0.37% (1.02) |
| | 中 | −0.64%** (−2.53) | −0.40%** (−2.07) | −0.15% (−0.82) | −0.16% (−0.80) | −0.12% (−0.52) | 0.52%* (1.64) |
| | 大 | −0.33% (−1.35) | −0.23% (−1.17) | −0.12% (−0.58) | −0.07% (−0.32) | 0.05% (0.19) | 0.38% (1.16) |
| 规模分组（流通市值加权）经 Fama-French 三因子调整后的收益率 | 小 | −0.06% (−0.23) | 0.13% (0.63) | 0.08% (0.51) | 0.39%* (1.97) | 0.32% (1.41) | 0.38% (1.04) |
| | 中 | −0.67%** (−2.59) | −0.43%** (−2.19) | −0.15% (−0.80) | −0.19% (−0.96) | −0.14% (−0.64) | 0.53%* (1.65) |
| | 大 | 0.03% (0.12) | 0.14% (0.76) | 0.18% (0.9) | 0.06% (0.31) | 0.22% (0.79) | 0.19% (0.52) |

\*、\*\*、\*\*\*分别表示显著性水平为 10%、5%、1%

注：（　）内是经 Newey-West 调整后的 $t$ 值

表 2.3 中 Panel B 显示，按照相对尾部贝塔分组后，高尾部贝塔组与低尾部贝塔组超额收益率不存在显著差异，其经 CAPM 调整后的收益率仅在 10%的显著性水平上存在差异，在控制住 Fama-French 三因子后，高低尾部贝塔组间收益率差异不显著。这与 van Oordt 和 Zhou（2016）的结果一致。

考虑到个股流通市值差异潜在影响，在按照相对尾部风险分组前，将个股分别按照其第 $t-1$ 月末的流通市值进行排序、分组，将流通市值最小的前 30%个股划分为小规模组，流通市值最大的 30%个股划分为大规模组。在每个规模组内，再按照个股相对尾部贝塔大小等分为五组，考察同等规模下高低尾部贝塔组间收益率是否存在显著差异。双重分组后子样本收益率表现如表 2.3 中 Panel B 最后一列所示，在控制了规模因素后，同前面结果一致，高低尾部贝塔组收益率差异仍不显著。

表 2.3 中资产定价检验结果显示，承担较高的尾部风险并没有获得更高的风险补偿，这与传统资产定价中"高风险、高收益"的逻辑相悖。值得关注的是，用以衡量尾部风险的尾部贝塔，其本质是条件市场贝塔，是在市场出现明显下行时个股与市场的联动性衡量。经验发现尾部风险在市场下降或者崩溃时期的定价作用更明显（Bali et al., 2014；van Oordt and Zhou, 2016；Chabi-Yo et al., 2018），因此，研究尾部风险需要考虑市场的状态。在市场极端下行时，基于一般历史数据计算的市场贝塔已经不足以对此时个股对市场风险的敏感性进行评价，此时个股的尾部贝塔才是其市场贝塔的有效代理变量，因而，在对组合收益率进行市场风险调整时，应该采用的是尾部贝塔，而非市场贝塔。

2. 极端市场与尾部贝塔的单因素风险定价检验

考虑市场状态的影响，将样本期划分为两个区间，分别是市场极端下行区间和正常条件区间。本章的样本区间为 1997 年 1 月至 2017 年 1 月，由于估计历史尾部贝塔、市场贝塔值时需要过去 60 个月的交易数据，故收益率计算的实际区间为 2002 年 1 月至 2017 年 1 月共计 180 个月。将 2002 年 1 月至 2017 年 1 月内市场收益率最低的 50 个月作为"极端下行市场"的代表，其他时期为正常市场。由表 2.2 的贝塔持续性检验可知，在检验区间仅为 1 个月时，尾部贝塔表现出了极强的持续能力，历史尾部贝塔对未来短期的尾部贝塔预测能力较强，因此当市场出现极端下行时，完全可以用历史尾部贝塔对收益率进行调整。在市场极端下行区间，采用尾部贝塔对组合收益率进行调整，而在市场正常区间内，仍以历史市场贝塔调整收益率。表 2.4 显示了极端市场尾部贝塔的单因素风险定价，表 2.5 显示了正常市场尾部贝塔的单因素风险定价。

表 2.4　极端市场尾部贝塔的单因素风险定价

| Panel A：以绝对尾部贝塔分组 | | 低 $\beta^T$ | 2 | 3 | 4 | 高 $\beta^T$ | 高-低 |
|---|---|---|---|---|---|---|---|
| 超额收益率 | 等权重 | −9.94%*** (−11.31) | −9.87%*** (−11.32) | −10.12%*** (−11.38) | −10.26%*** (−11.38) | −10.53%*** (−11.84) | −0.59%** (−2.70) |
| | 流通市值加权 | −7.62%*** (−7.03) | −8.42%*** (−8.77) | −9.32%*** (−11.28) | −9.95%*** (−11.18) | −10.53%*** (−11.73) | −2.91%*** (−4.46) |
| Panel B：以相对尾部贝塔分组 | | 低 $\beta^T-\beta^M$ | 2 | 3 | 4 | 高 $\beta^T-\beta^M$ | 高-低 |
| 超额收益率 | 等权重 | −11.04%*** (−12.12) | −10.62%*** (−11.87) | −9.94%*** (−10.64) | −9.69%*** (−11.36) | −9.43%*** (−11.46) | 1.60%*** (4.73) |
| | 流通市值加权 | −10.29%*** (−11.14) | −9.16%*** (−8.93) | −8.35%*** (−8.63) | −8.36%*** (−9.33) | −8.06%*** (−9.28) | 2.24%*** (3.91) |
| 经市场风险调整后的收益率 | 等权重 | −4.99%*** (−10.04) | −1.23%*** (−7.59) | 0.52%*** (3.58) | 1.65%*** (8.63) | 3.16%*** (9.77) | 8.15%*** (11.33) |
| | 流通市值加权 | −4.10%*** (−8.07) | −1.00%** (−2.11) | 0.45% (0.79) | 1.29%** (2.72) | 2.82%*** (6.24) | 6.93%*** (9.08) |
| 经 Fama-French 三因子调整后的收益率 | 等权重 | −3.47%*** (−5.89) | −1.00%*** (−3.85) | 0.23% (1.02) | 1.01%** (2.72) | 1.96%*** (3.88) | 5.43%*** (5.59) |
| | 流通市值加权 | −3.59%*** (−6.43) | −1.72%*** (−4.12) | −0.82%** (−2.28) | −0.30% (−0.99) | 0.76%** (2.09) | 4.36%*** (5.61) |

**、***分别表示显著性水平为 5%、1%

注：（ ）内是经 Newey-West 调整后的 $t$ 值

表 2.5　正常市场尾部贝塔的单因素风险定价

| Panel A：以绝对尾部贝塔分组 | | 低 $\beta^T$ | 2 | 3 | 4 | 高 $\beta^T$ | 高-低 |
|---|---|---|---|---|---|---|---|
| 超额收益率 | 等权重 | 5.83%*** (5.88) | 5.70%*** (6.35) | 5.93%*** (6.57) | 6.06%*** (6.62) | 6.06%*** (6.68) | 0.23% (1.17) |
| | 流通市值加权 | 4.13%*** (5.16) | 4.36%*** (6.31) | 5.10%*** (6.81) | 5.36%*** (7.05) | 5.33%*** (6.46) | 1.19% (2.94) |
| Panel B：以相对尾部贝塔分组 | | 低 $\beta^T-\beta^M$ | 2 | 3 | 4 | 高 $\beta^T-\beta^M$ | 高-低 |
| 超额收益率 | 等权重 | 6.21%*** (6.18) | 5.99%*** (6.49) | 5.89%*** (6.58) | 5.86%*** (6.44) | 5.61%*** (6.48) | −0.59%** (−2.49) |
| | 流通市值加权 | 5.24%*** (6.01) | 4.95%*** (5.73) | 4.60%*** (6.05) | 4.47%*** (6.18) | 4.39%*** (5.87) | −0.85%** (−2.12) |
| 经市场风险调整后的收益率 | 等权重 | −1.06%*** (−4.78) | −0.49%*** (−4.94) | −0.11% (−1.15) | 0.27%** (2.41) | 0.69%*** (4.37) | 1.75%*** (5.62) |
| | 流通市值加权 | −1.53%*** (−6.23) | −0.69%** (−1.98) | −0.40% (−1.23) | 0.02% (0.06) | 0.51% (1.43) | 2.04%*** (5.44) |

续表

| Panel B：以相对尾部贝塔分组 | | 低 $\beta^T-\beta^M$ | 2 | 3 | 4 | 高 $\beta^T-\beta^M$ | 高−低 |
|---|---|---|---|---|---|---|---|
| 经 Fama-French 三因子调整后的收益率 | 等权重 | −0.78%*** <br> (−3.20) | −0.29% <br> (−1.55) | 0.00% <br> (−0.01) | 0.31% <br> (1.41) | 0.66%** <br> (2.58) | 1.44%*** <br> (4.60) |
| | 流通市值加权 | −0.87%*** <br> (−3.71) | −0.15% <br> (−1.00) | 0.03% <br> (0.16) | 0.42%** <br> (2.18) | 0.65%** <br> (2.37) | 1.52%*** <br> (4.51) |

**、***分别表示显著性水平为 5%、1%

注：( ) 内是经 Newey-West 调整后的 $t$ 值

表 2.4 中 Panel A 显示，以绝对尾部贝塔分组后，在市场极端下行条件下，高尾部风险组的超额收益率显著低于低风险组，这不符合高风险高收益的原理。由于以绝对尾部贝塔作为尾部风险的代理变量没有考虑到市场贝塔的影响，因此应以相对尾部贝塔 $\beta^T - \beta^M$ 衡量个股遭受的尾部风险。以相对尾部风险分组的子样本收益率表现如表 2.4 中 Panel B 所示。其中，等权重（流通市值加权）下高尾部风险组超额收益率比低风险组高 1.60%（2.24%）。由于此时处于市场极端下行条件，相对尾部贝塔对个股与市场的联动性刻画更为准确，因此选择以尾部贝塔对市场风险进行调整。研究发现，在对市场风险、Fama-French 三因子调整后的收益率，随着尾部风险的提高，各组月平均收益率呈现单调增加的趋势，高尾部风险组月收益率为正值，显著高于低尾部风险组收益率，收益率差异在 1%的水平上显著；尾部风险多空对冲组合收益率进一步扩大，等权重组合月平均收益率由原来的 1.60%提升至 5.43%。表 2.4 中结果表明，在市场极端下行时，以尾部贝塔对市场风险进行调整后，尾部风险较大的股票能够获得较高的风险补偿，且这部分风险溢价不能由市场风险和 Fama-French 三因子解释。

在正常市场区间，对组合收益率进行风险调整时，采用市场贝塔对市场系统性风险进行调整，以尾部风险分组后各子样本收益率表现如表 2.5 所示。根据相对尾部贝塔分组，从超额收益率角度看，高尾部风险组收益率显著小于低尾部风险组收益率。考虑到低尾部风险组平均市场贝塔较大，需要对组合收益率进行风险调整。在采用市场风险对组合收益率调整后，无论采用等权重还是流通市值加权的组合构建方式，各组收益率随着尾部风险的提高而增大，高尾部风险组得到的风险补偿要显著高于低尾部风险组；在控制了 Fama-French 市值因子、账面市值因子后，这一结果仍保持稳健。

此外，在极端下行市场条件下，高尾部风险组获得的风险补偿要远高于正常市场条件下所获得的风险补偿，多空对冲组合的收益率也是正常市场条件的 2~3 倍。这说明，对于一个"安全第一"的风险厌恶者来说，只有获得更多的风险补偿其才会选择持有高尾部风险股票，并且当市场出现快速下行时，投资者对于高尾部风险股票会要求更高的风险补偿。

### 3. 极端市场与尾部贝塔的多因素风险定价检验

由表 2.1 中 Panel B 相对尾部风险分组描述性统计可知,特质波动、协偏度和协峰度等风险特征变量随着尾部风险的变动表现出一定趋势,随着尾部风险的提高,样本公司的特质波动率、协偏度和协峰度均随之减小,高尾部风险组具有低特质波动、负协偏度和负协峰度的特点。这些风险特征都会在一定程度上影响尾部风险组合收益率表现。Harvey 和 Siddique(2000)证实系统性偏度在截面资产定价中有重要作用。Fang 和 Lai(1997)证实作为系统性风险代理变量的协峰度也能得到正确定价。鉴于此,进一步加入特质波动、协偏度和协峰度因子,将这些因子与尾部贝塔分别进行双重排序分组,并将样本区间划分到极端下行市场和正常条件市场,检验在控制相关风险特征后,在不同市场条件下高尾部风险是否能获得更高的风险报酬。

首先,按照特质波动分组。特质波动的计算基准是 Fama-French 三因子模型,计算方法如式(2.4)所示:

$$R_{it}^e = \alpha_i + \beta_{1i}\text{MKT}_t + \beta_{2i}\text{SMB}_t + \beta_{3i}\text{HML}_t + \varepsilon_{it} \quad (2.4)$$

其中,$R_{it}^e$ 为个股 $i$ 扣除无风险收益率后的月超额收益率;$\text{MKT}_t$ 为市场因子月收益率;$\text{SMB}_t$ 为规模因子月收益率;$\text{HML}_t$ 为账面市值比因子月收益率;残差项 $\varepsilon_{it}$ 的标准差即特质波动的代理变量。特质波动的估计窗口与尾部贝塔、市场贝塔的估计区间一致,均为 60 个月。在第 $t$ 月,将个股首先按照其特质波动分组,特质波动最小的 30%样本为小波动组,特质波动率最大的 30%样本为高波动组,在每个波动组内,将个股按照其相对尾部贝塔大小等分为五组,考察在控制特质波动后,以尾部风险分组后各子样本在不同市场条件下的表现。

其次,按照个股协偏度、协峰度分组。计算区间与尾部贝塔、市场贝塔的计算区间一致,均为 60 个月。个股协偏度计算方法如式(2.5)所示:

$$\text{coskew} = \frac{E\left[\varepsilon_i \left(R_m^e - \overline{R}_m^e\right)^2\right]}{\sqrt{E\left[\varepsilon_i^2\right]} E\left[\left(R_m^e - \overline{R}_m^e\right)^2\right]} \quad (2.5)$$

其中,$\varepsilon_i = R_i^e - \hat{\alpha}_i - \hat{\beta}_i R_m^e$;$R_m^e$ 为扣除无风险收益率后的市场月超额收益率;$\overline{R}_m^e$ 为估计窗口期内市场的平均超额收益率。

个股协峰度的计算公式如式(2.6)所示:

$$\text{cokurt} = \frac{E\left[\varepsilon_i \left(R_m^e - \overline{R}_m^e\right)^3\right]}{\sqrt{E\left[\varepsilon_i^2\right]} \left(E\left[\left(R_m^e - \overline{R}_m^e\right)^2\right]\right)^{3/2}} \quad (2.6)$$

特质波动和尾部风险双重分组后各子样本经 Fama-French 三因子调整后的收益率如表 2.6 中 Panel A 所示。在全样本中，以历史市场贝塔对市场风险进行调整后，无论是在低波动组还是高波动组，高尾部风险组没有获得更多的风险补偿。在极端下行市场条件下，高尾部风险组总能获得较高的风险报酬，尾部风险多空对冲组合月平均收益率在 3%以上。在正常市场条件下结果类似，除了低特质波动组中多空对冲组合收益仅在 10%的水平上显著，在其他特质波动组合，尾部风险越高，收益率越高。

**表 2.6 相关风险特征、尾部风险双重分组后子样本收益率**

| | Panel A：以特质波动分组 | 低 $\beta^T-\beta^M$ | 2 | 3 | 4 | 高 $\beta^T-\beta^M$ | 高−低 |
|---|---|---|---|---|---|---|---|
| 全样本 | 低 | 0.39%* (1.84) | 0.20% (1.02) | 0.10% (0.42) | 0.21% (0.97) | 0.25% (0.93) | −0.15% (−0.46) |
| | 中 | −0.52%** (−2.15) | 0.18% (0.76) | 0.28% (1.11) | −0.05% (−0.21) | −0.08% (−0.32) | 0.44% (1.37) |
| | 高 | −0.48% (−1.23) | −0.12% (−0.43) | −0.32% (−1.39) | −0.13% (−0.49) | 0.13% (0.39) | 0.61% (1.22) |
| 极端下行市场 | 低 | −1.37%*** (−3.63) | −0.29% (−0.78) | 0.48% (1.20) | 0.91%*** (2.32) | 1.80%*** (3.54) | 3.16%*** (4.94) |
| | 中 | −3.44%*** (−7.86) | −1.70%*** (−3.25) | −0.62%* (−1.83) | −0.45% (−0.98) | 0.43% (0.88) | 3.87%*** (5.32) |
| | 高 | −4.00%*** (−3.49) | −2.69%*** (−5.04) | −2.03%*** (−4.11) | −1.43%** (−2.78) | −0.04% (−0.10) | 3.96%*** (3.16) |
| 正常市场 | 低 | 0.11% (0.42) | 0.24% (1.00) | 0.19% (0.66) | 0.50%** (2.00) | 0.70% (2.23) | 0.59%* (1.58) |
| | 中 | −0.83%** (−2.92) | 0.13% (0.52) | 0.22% (0.73) | 0.16% (0.58) | 0.41% (1.44) | 1.25%*** (3.47) |
| | 高 | −1.73%*** (−4.18) | −0.56%** (−2.02) | −0.73%*** (−2.87) | −0.11% (−0.39) | 0.61% (1.58) | 2.35%*** (4.45) |
| | Panel B：以协偏度分组 | 低 $\beta^T-\beta^M$ | 2 | 3 | 4 | 高 $\beta^T-\beta^M$ | 高−低 |
| 全样本 | 低 | 0.10% (0.37) | 0.04% (0.17) | 0.08% (0.32) | 0.23% (0.82) | 0.04% (0.13) | −0.07% (−0.20) |
| | 中 | −0.03% (−0.11) | 0.25% (1.12) | 0.25% (0.99) | 0.22% (0.82) | 0.28% (0.88) | 0.31% (0.92) |
| | 高 | −0.69%* (−1.73) | −0.33% (−1.23) | −0.32% (−1.29) | −0.20% (−0.95) | −0.16% (−0.64) | 0.53% (1.29) |

续表

| Panel B：以协偏度分组 | | 低 $\beta^T-\beta^M$ | 2 | 3 | 4 | 高 $\beta^T-\beta^M$ | 高−低 |
|---|---|---|---|---|---|---|---|
| 极端下行市场 | 低 | −4.61%*** (−7.97) | −2.09%*** (−4.33) | −1.31%*** (−3.02) | −0.67% (−1.58) | 0.44% (0.85) | 5.05%*** (5.65) |
| | 中 | −4.34%*** (−8.14) | −2.13%*** (−6.29) | −0.45% (−0.79) | −0.18% (−0.44) | 1.30%*** (2.84) | 5.65%*** (7.27) |
| | 高 | −2.94%*** (−3.23) | −1.01%** (−2.11) | −0.25% (−0.55) | 0.37% (0.80) | 1.22%** (2.53) | 4.15%*** (4.05) |
| 正常市场 | 低 | 0.19% (0.59) | −0.02% (−0.07) | 0.25% (0.86) | 0.62%* (1.96) | 0.70%** (2.13) | 0.51%* (1.71) |
| | 中 | −0.11% (−0.35) | 0.27% (0.99) | 0.14% (0.61) | 0.38% (1.32) | 0.82%** (2.17) | 0.94%** (2.35) |
| | 高 | −1.87%*** (−4.19) | −1.00%*** (−3.46) | −0.69%*** (−2.44) | −0.25% (−1.03) | 0.20% (0.67) | 2.07%*** (3.57) |
| Panel C：以协峰度分组 | | 低 $\beta^T-\beta^M$ | 2 | 3 | 4 | 高 $\beta^T-\beta^M$ | 高−低 |
| 全样本 | 低 | 0.00 (0.01) | 0.04% (0.86) | 0.21% (0.43) | 0.25% (0.33) | 0.25% (0.36) | 0.25% (0.67) |
| | 中 | −0.27% (−0.92) | 0.06% (0.29) | 0.23% (0.94) | 0.02% (0.07) | −0.02% (−0.06) | 0.25% (0.72) |
| | 高 | −0.59%* (−1.54) | −0.20% (−0.69) | −0.11% (−0.47) | 0.15% (0.64) | 0.04% (0.15) | 0.63% (1.40) |
| 极端下行市场 | 低 | −4.26%*** (−7.09) | −2.74%*** (−3.99) | −1.49%*** (−3.53) | −0.07% (−0.16) | 0.38% (0.79) | 4.64%*** (5.72) |
| | 中 | −4.18%*** (−8.50) | −2.25%*** (−6.80) | −0.13% (−0.27) | −0.55% (−1.11) | 0.92%* (1.69) | 5.10%*** (6.69) |
| | 高 | −2.55%** (−2.79) | −0.79%* (−1.90) | −0.31% (−0.71) | 0.55% (1.45) | 1.72%*** (3.39) | 4.28%*** (3.79) |
| 正常市场 | 低 | −0.23% (−0.66) | 0.14% (0.61) | 0.43% (1.26) | 0.45% (1.49) | 0.92%** (2.67) | 1.14%** (2.56) |
| | 中 | −0.44% (−1.23) | 0.10% (0.41) | −0.04% (−0.19) | 0.22% (0.74) | 0.58%* (1.78) | 1.02%** (2.51) |
| | 高 | −1.77%*** (−4.70) | −0.81%** (−2.55) | −0.27% (−0.91) | 0.32% (1.19) | 0.43% (1.59) | 2.20%*** (5.19) |

\*、\*\*、\*\*\*分别表示显著性水平为10%、5%、1%

注：（ ）内是经 Newey-West 调整后的 $t$ 值；组合收益率是经 Fama-French 三因子调整后的收益率，组合采用流通市值加权构建

除此以外，随着特质波动的增加，尾部风险多空对冲组合收益率也会增大，即高尾部风险组和低尾部风险组收益率之差增大。这是因为个股的特质波动是由式（2.4）的线性模型得到的，衡量了股票历史收益率对式（2.4）的偏离程度，尾部贝塔与市场贝塔都是基于过去 60 个月股票收益率历史表现计算出的，尾部贝塔是市场极端下行时的条件市场贝塔，尾部贝塔与市场贝塔的差距越大，暗含着对式（2.4）线性模型的偏离程度越大，即特质波动越大。那么有理由认为，在高特质波动组，高低尾部风险组的相对尾部贝塔 $\beta^T - \beta^M$ 差异会更大，收益率差异会更加显著。因此可以看到，随着特质波动的提高，尾部风险多空对冲组合的收益率也会提高。

按照个股高阶协矩、尾部风险双重分组后，子样本收益率表现如表 2.6 中 Panel B 和 Panel C 所示。在控制了协偏度、协峰度后，在不同市场条件下，承担尾部风险可以获得风险补偿，且在市场极端下行时，高尾部风险组能获得更高的风险回报。双重分组结果显示，在控制了特质波动、协偏度、协峰度后，高尾部风险股票总能获得较高的收益率，在市场极端下行时，尾部风险多空对冲组合收益率会变得更大。

为了检验高尾部风险获得的高风险回报是否来自承担了较高的下行风险，采用相对下行贝塔 $\beta^D - \beta^M$、相对尾部贝塔 $\beta^T - \beta^M$ 双重分组的方式，在第 $t$ 月先将个股按照下行风险分组，其中相对下行风险贝塔最小的 30%为低下行风险组，相对下行风险贝塔最大的 30%为高下行风险组，在每个下行风险组内依据相对尾部贝塔的大小等分为五组，得到 3×5 共计 15 个子组合。双重分组后子样本收益率表现如表 2.7 所示。

表 2.7 下行风险、尾部风险双重分组后子样本收益率

| 市场类型 | 分组 | 低 $\beta^T-\beta^M$ | 2 | 3 | 4 | 高 $\beta^T-\beta^M$ | 高−低 |
|---|---|---|---|---|---|---|---|
| 全样本 | 低 $\beta^D-\beta^M$ | −0.52%<br>(−1.38) | −0.61%**<br>(−2.00) | 0.13%<br>(0.51) | −0.22%<br>(−0.99) | 0.14%<br>(0.54) | 0.67%*<br>(1.66) |
|  | 中 $\beta^D-\beta^M$ | 0.10%<br>(0.37) | 0.20%<br>(0.82) | 0.22%<br>(0.93) | 0.26%<br>(1.06) | −0.09%<br>(−0.36) | −0.19%<br>(−0.59) |
|  | 高 $\beta^D-\beta^M$ | −0.25%<br>(−0.92) | 0.00%<br>(0.01) | 0.11%<br>(0.41) | 0.34%<br>(1.13) | 0.10%<br>(0.35) | 0.35%<br>(1.41) |
| 极端下行市场 | 低 $\beta^D-\beta^M$ | −5.40%***<br>(−4.15) | −3.61%***<br>(−6.84) | −1.40%***<br>(−2.93) | −1.05%**<br>(−2.04) | 0.25%<br>(0.43) | 5.65%***<br>(5.23) |
|  | 中 $\beta^D-\beta^M$ | −3.40%***<br>(−6.78) | −1.53%***<br>(−3.67) | −0.68%**<br>(−2.06) | 0.12%<br>(0.33) | 1.05%**<br>(2.04) | 4.44%***<br>(6.02) |
|  | 高 $\beta^D-\beta^M$ | −2.80%***<br>(−6.74) | −0.96%**<br>(−2.32) | −0.72%<br>(−1.45) | 0.34%<br>(1.16) | 1.03%*<br>(1.66) | 3.83%***<br>(5.97) |

续表

| 市场类型 | 分组 | 低 $\beta^T-\beta^M$ | 2 | 3 | 4 | 高 $\beta^T-\beta^M$ | 高-低 |
|---|---|---|---|---|---|---|---|
| 正常市场 | 低 $\beta^D-\beta^M$ | −1.59%*** <br> (−3.67) | −1.22%*** <br> (−3.58) | −0.51%* <br> (−1.96) | −0.78%*** <br> (−3.60) | −0.34% <br> (−1.33) | 1.25%*** <br> (2.81) |
|  | 中 $\beta^D-\beta^M$ | 0.35% <br> (1.05) | 0.26% <br> (0.89) | 0.26% <br> (0.91) | 0.36% <br> (1.37) | 0.07% <br> (0.26) | −0.27% <br> (−0.69) |
|  | 高 $\beta^D-\beta^M$ | 0.42% <br> (1.24) | 0.47%* <br> (1.65) | 0.73%** <br> (2.35) | 0.91%** <br> (2.47) | 1.00%*** <br> (2.91) | 0.58%** <br> (1.92) |

*、**、***分别表示显著性水平为 10%、5%、1%

注：( )内是经 Newey-West 调整后的 *t* 值；组合收益率是经 Fama-French 三因子调整后的收益率，组合采用流通市值加权构建

表 2.7 显示，在极端下行市场条件下，在控制了下行风险的影响后，高尾部风险组收益率显著高于低风险组，差异在 1%的水平上显著。在正常市场条件下，除了在中下行风险组内，高尾部风险组与低尾部风险组收益率不存在显著差异外，在其他两个下行风险组内，高尾部风险股票仍能获得较高回报。这个结果说明，下行风险贝塔和尾部风险贝塔刻画了个股不同的风险特征，下行风险不能解释尾部风险带来的风险溢价。

### 2.3.4 稳健性检验

这里从扩展收益率风险调整基准模型和改变尾部贝塔估计区间两个角度进行稳健性检验。

1. 扩展收益率风险调整基准模型

首先，将动量因子、反转因子等与股票收益率相关的因子引入基准模型中。其中，动量因子是以前 11 个月累积收益率最高的 30%的股票组合等权重收益率减去前 11 个月累积收益率最低的 30%的股票组合等权重收益率来构造的，类似地构造反转策略。其次，以 Amihud（2002）提出的非流动性指标 ILLIQ 作为个股流动性风险，ILLIQ 计算方式如式（2.7）所示：

$$\text{ILLIQ}_{it} = 1/(D_{it}-1)\sum_{d=2}^{D_{it}}\frac{|P_{itd}-P_{itd-1}|}{\text{DVOL}_{itd}} \quad (2.7)$$

其中，$D_{it}$ 为个股 $i$ 在第 $t$ 月的总交易天数；$P_{itd}$ 为个股 $i$ 在第 $t$ 月第 $d$ 日的收盘价；$\text{DVOL}_{itd}$ 为个股 $i$ 在第 $t$ 月第 $d$ 日的交易金额。将流动性因子组合构建期设定为 1 个月，流动性因子的定义即前 1 个月非流动性指标 ILLIQ 最高的 30%的股票组合

流通市值加权收益率减去前 1 个月非流动性指标 ILLIQ 最低的 30%的股票组合流通市值加权收益率。多因子调整后组合收益率如表 2.8 所示。

表 2.8　多因子调整后组合收益率

| 基准组合 | 市场条件 | 低 $\beta^T-\beta^M$ | 2 | 3 | 4 | 高 $\beta^T-\beta^M$ | 高−低 |
|---|---|---|---|---|---|---|---|
| FF3+动量因子 | 全样本 | 0.10%<br>(0.37) | 0.32%*<br>(1.71) | 0.37%*<br>(1.99) | 0.38%<br>(1.71) | 0.20%<br>(0.74) | 0.10%<br>(0.33) |
|  | 正常市场条件 | −0.34%<br>(−1.20) | 0.31%<br>(1.47) | 0.33%<br>(1.58) | 0.60%**<br>(2.29) | 0.68%*<br>(1.99) | 1.02%***<br>(2.98) |
|  | 极端下行市场 | −3.85%***<br>(−8.28) | −2.12%***<br>(−5.56) | −0.68%*<br>(−1.96) | −0.09%<br>(−0.34) | 0.98%***<br>(2.69) | 4.83%***<br>(7.07) |
| FF3+反转因子 | 全样本 | 0.06%<br>(0.22) | 0.22%<br>(1.25) | 0.17%<br>(0.99) | 0.31%<br>(1.50) | 0.21%<br>(0.79) | 0.15%<br>(0.47) |
|  | 正常市场条件 | −0.33%<br>(−1.24) | 0.22%<br>(1.13) | 0.16%<br>(0.85) | 0.62%**<br>(2.78) | 0.77%**<br>(2.45) | 1.10%***<br>(3.16) |
|  | 极端下行市场 | −4.04%***<br>(−8.57) | −2.25%***<br>(−5.39) | −0.97%***<br>(−2.87) | −0.38%<br>(−1.05) | 0.76%*<br>(1.85) | 4.80%***<br>(7.30) |
| FF3+动量因子+反转因子 | 全样本 | 0.10%<br>(0.39) | 0.26%<br>(1.35) | 0.28%<br>(1.55) | 0.38%**<br>(1.69) | 0.21%<br>(0.78) | 0.11%<br>(0.35) |
|  | 正常市场条件 | −0.31%<br>(−1.09) | 0.26%<br>(1.22) | 0.22%<br>(1.07) | 0.60%**<br>(2.35) | 0.71%**<br>(2.06) | 1.02%***<br>(2.91) |
|  | 极端下行市场 | −3.90%***<br>(−8.60) | −2.19%***<br>(−5.69) | −0.07%**<br>(−2.01) | −0.07%<br>(−0.23) | 0.95%**<br>(2.43) | 4.85%***<br>(7.14) |
| FF3+流动性因子 | 全样本 | −0.34%<br>(−1.50) | 0.07%<br>(0.46) | 0.06%<br>(0.41) | 0.18%<br>(0.99) | 0.15%<br>(0.64) | 0.49%<br>(1.44) |
|  | 正常市场条件 | −0.87%***<br>(−3.63) | −0.05%<br>(−0.30) | 0.04%<br>(0.29) | 0.46%**<br>(2.26) | 0.69%**<br>(2.61) | 1.55%***<br>(4.18) |
|  | 极端下行市场 | −4.09%***<br>(−5.75) | −2.06%***<br>(−4.25) | −1.03%***<br>(−2.46) | −0.45%<br>(−1.59) | 0.77%**<br>(2.31) | 4.86%***<br>(5.32) |
| FF3+动量因子+反转因子+流动性因子 | 全样本 | −0.29%<br>(−1.23) | 0.05%<br>(0.31) | 0.09%<br>(0.52) | 0.25%<br>(1.24) | 0.17%<br>(0.67) | 0.46%<br>(1.35) |
|  | 正常市场条件 | −0.82%***<br>(−3.33) | −0.07%<br>(−0.40) | −0.01%<br>(−0.09) | 0.43%*<br>(1.91) | 0.65%**<br>(2.21) | 1.48%***<br>(3.96) |
|  | 极端下行市场 | −4.01%***<br>(−5.68) | −2.09%***<br>(−4.51) | −0.80%*<br>(−1.76) | −0.12%<br>(−0.43) | 0.92%**<br>(2.79) | 4.93%***<br>(5.35) |

*、**、***分别表示显著性水平为 10%、5%、1%

注：FF3 表示 Fama-French 三因子

表 2.8 的结果表明，控制了动量因子、反转因子和流动性因子后，高尾部风险可以获得高风险回报，高尾部风险组收益率显著高于低风险组收益率，在出现市场下行时，高低风险组收益率差异会更加显著。

2. 改变尾部贝塔估计区间

在估计尾部贝塔时，将估计区间由过去 60 个月中市场日收益率最低的 100 天变为市场日收益率最低的 50 天。极端下行市场的定义与前文一致，在收益率的调整中以尾部贝塔对市场风险进行调整，正常市场条件下以市场贝塔对市场风险调整。以相对尾部贝塔分组后，各子样本收益率表现如表 2.9 所示。

表 2.9 改变尾部贝塔估计区间

| 市场类型 | 加权类型 | 低 $\beta^T-\beta^M$ | 2 | 3 | 4 | 高 $\beta^T-\beta^M$ | 高-低 |
| --- | --- | --- | --- | --- | --- | --- | --- |
| 全样本 | 等权重 | −0.22%<br>(−1.18) | −0.08%<br>(−0.53) | −0.09%<br>(−0.55) | 0.04%<br>(0.25) | 0.06%<br>(0.28) | 0.27%<br>(1.34) |
|  | 流通市值加权 | −0.37%*<br>(−1.68) | 0.18%<br>(1.03) | 0.23%<br>(1.29) | −0.01%<br>(−0.06) | 0.15%<br>(0.69) | 0.52%*<br>(1.69) |
| 极端下行市场 | 等权重 | −5.00%***<br>(−7.18) | −1.37%***<br>(−4.96) | 0.13%<br>(0.52) | 1.44%***<br>(3.48) | 3.33%***<br>(5.41) | 8.33%***<br>(6.98) |
|  | 流通市值加权 | −5.15%***<br>(−7.37) | −1.93%***<br>(−5.54) | −0.39%<br>(−0.98) | 0.03%<br>(0.13) | 2.25%***<br>(4.88) | 7.40%***<br>(7.48) |
| 正常市场 | 等权重 | −0.61%***<br>(−2.94) | −0.18%<br>(−1.00) | −0.03%<br>(−0.12) | 0.26%<br>(1.27) | 0.49%*<br>(1.96) | 1.10%***<br>(3.96) |
|  | 流通市值加权 | −0.91%***<br>(−3.95) | −0.09%<br>(−0.55) | 0.17%<br>(0.82) | 0.21%<br>(1.31) | 0.60%**<br>(2.42) | 1.50%***<br>(4.74) |

*、**、***分别表示显著性水平为 10%、5%、1%
注：组合收益率是经 Fama-French 三因子调整后的收益率，组合的构建方式为流通市值加权

表 2.9 结果显示，在改变尾部贝塔的估计区间后，无论在极端下行市场还是正常市场，高尾部风险组总能获得高风险报酬，高低尾部风险组收益率差异在 1% 的水平上显著。在以相对严苛的条件对尾部贝塔定义后，极端下行区间内尾部风险多空对冲组合月平均收益率可达 8.33%，显著高于原定义下的月收益率 5.43%。总的来看，稳健性检验结果说明尾部贝塔可有效刻画个股遭受的尾部风险，承担尾部风险能够获得超额风险回报，且在市场出现极端下行时，获得的风险补偿会更多。

资产定价中不但关注市场风险，而且更为关注市场下跌风险。一些研究发现，不但下行风险影响资产收益，而且尾部风险也对资产收益有系统性的影响。现有

研究对此问题存在较大争议，国内对此问题研究较少。因此，本章从尾部贝塔的角度出发，选择尾部贝塔作为系统性尾部风险的代理变量，重点区分绝对尾部贝塔和相对尾部贝塔，采用组合价差法以期检验系统性尾部风险是否能够被正确定价，即高尾部贝塔个股能否获得更高的超额风险回报。

实证研究发现，在全样本区间内，高尾部风险组与低尾部风险组收益率不存在显著差异。分区间的结果显示，无论在何种市场条件下，高尾部风险股票总能获得较高的风险补偿；在控制了二阶矩、高阶矩风险及下行贝塔等风险特征后，分组收益率结果保持稳健；高尾部风险获得的超额风险溢价不能由 Fama-French 三因子、动量因子、反转因子、流动性因子解释；当市场极端下行时尾部风险多空对冲组合收益率是正常市场条件下的 2~3 倍。可见，在我国上海股票市场上，系统性尾部风险可以被正确定价，市场会为承担尾部风险的投资者提供风险补偿，当市场进入极端下行阶段时，投资者获得的风险回报会更高。Kelly 和 Jiang（2014）认为尾部风险之所以能被系统性定价：一是因为个股的尾部风险与市场的尾部风险有关联；二是实体经济的不确定性冲击导致个股与市场的共同尾部风险。从本章的结论来看，当总体样本回归时尾部风险的影响不显著，但是分区间市场上有显著的影响，且在极端下行时尾部风险更显著，这可能是实体经济的不确定性冲击造成的。

# 第3章 极端市场中的下尾风险与预期收益率灾难敏感性

## 3.1 尾部风险与预期收益的关系

投资中，相对于资产价格上涨，投资者对资产价格下跌的关注会更大。在股市极端下跌时，投资者的这种偏好会更强。价格下跌主要是指收益小于零等情况，而极端下跌则是指罕见的灾难性崩溃。根据统计分布，资产价格下跌度量的是下行风险，极端下跌度量的则是下尾风险。与下行风险关注市场下行时个股的风险不同，下尾风险则往往与股市极端下跌时个股的灾难敏感性有关，强调的是极端尾部事件。那么，如何衡量个股在市场极端下跌时的风险敏感性？基于下尾风险的敏感性在个股预期收益中是否得到合理的风险溢价？本章将针对这些问题对中国的A股展开研究，这对于避免市场崩溃时的灾难风险有重要意义。

由于下尾风险关注的是发生频率较低的极端风险事件，可用的有效样本较少，如何对下尾风险进行估计就成了一个值得探讨的问题。相关研究对下尾风险的估计可分为截面数据角度和时间序列角度。以截面数据估计下尾风险的研究相对较少，Kelly 和 Jiang（2014）基于每一时期股票的横截面收益率采用幂律估计方法提取个股尾部风险的共同因子，以此作为市场极端风险代理变量，而个股的下尾风险则由其收益率对共同极端风险因子回归得到的系数值来度量。其他研究大多是基于个股与市场收益率时间序列对下尾风险进行估计的，其中又可以分为两类：一类是基于条件极值理论构造尾部贝塔，Post 和 Versijp（2007）将尾部贝塔定义为当市场日收益率低于−10%时个股的市场贝塔，van Oordt 和 Zhou（2016）基于极值理论和条件 VaR 构造出个股的尾部贝塔。基于条件回归、极值理论所得的尾部贝塔实质上为条件市场贝塔，这类估计方法最大的问题是只利用满足某个条件的一小部分观测值，尾部贝塔的估计易受噪声值的影响不稳健。另一类是基于个股与市场收益率联合分布刻画个股与市场尾部相依结构进而估计下尾风险。Chabi-Yo 等（2018）采用混合 Copula 模型描述个股与市场收益率的动态相依结构，通过对混合 Copula 模型进行估计计算出下尾系数，以下尾系数作为个股灾难敏感性的代理变量。相对于极值 VaR 和条件回归法，Copula 方法的优势在于它基于个股与市场收益率联合分布，利用某段时间内个股与市场收益率的全部数据，保证收益率样本充足，同时滚动窗口估计，实现动态尾部风险估计，避免估计的尾部极值受到样本区间的严重影响。鉴于此，本章采用 Copula 方法对个股与市场收益率间的相依结构进行刻画，采用下尾系数衡量个股的灾难敏感性。

对于股市极端下跌时个股下尾风险与预期收益率的关系，即个股的灾难敏感性，一些研究发现较高下尾贝塔的股票获得较高的风险溢价（Huang et al., 2012），极端下尾风险在截面资产定价中有显著的作用（Weigert, 2016）。这些研究证实尾部风险对预期收益率的影响，并强调尾部风险与下行风险的差异，但是它们采用不同的尾部风险度量方法，有的仅考虑下尾而没有考虑上尾可能的影响。本章将在二元混合 Copula 模型衡量下尾风险的基础上进一步研究个股预期收益率的灾难敏感性，采用混合 Copula 的原因在于不同的 Copula 函数刻画不同的上尾或者下尾，采用混合 Copula 可以同时得到上尾和下尾风险敏感性，这样有助于控制上尾对下尾的影响。

国内对于尾部风险的讨论主要集中在个股尾部和市场之间尾部关联的衡量问题上。但是，这些研究并没有从截面上分析个股收益率对市场极端尾部的敏感性（淳伟德等，2015；吴吉林等，2015；曾裕峰等，2017）。国内有关个股的灾难敏感性的研究较少且对下尾风险与收益率关系存在分歧：陈国进等（2015）、胡志军（2016）都借鉴 Kelly 和 Jiang（2014）的研究方法，基于极值理论和尾部幂指数分布统计量对下尾风险进行衡量，研究发现股票的下尾风险因子载荷越大其超额收益率越高，然而陈坚（2014）则发现基于极值理论构建的 VaR 在股票市场组合收益率回归中系数为负，基于 Copula 方法的 VaR 的预测效果并不十分显著。

与国内现有研究相比，本章的创新可能有以下几个方面：第一，直接从个股层面出发，采用二元混合 Copula 模型对个股与市场收益率的完整动态相依结构进行刻画，以计算出的下尾系数作为个股下尾风险。现有研究或者围绕下尾风险的度量，或者刻画不同市场的尾部相依性，但较少从截面预期收益的敏感性角度研究个股与市场收益率间的下尾相依结构。第二，不仅考虑协偏度等高阶矩、下行风险的影响，区分高阶矩风险和下行风险与下尾风险的差异，还考虑下尾、上尾风险间的相互影响，控制上尾风险的作用。第三，本章设定 7 个收益率观测期，预期收益率的检验范围由短期的 1 个月覆盖至长期的 36 个月。这主要是考虑到估计下尾风险受到样本区间的影响具有时变性，在市场极端下跌时表现更明显，而罕见灾难性的影响通常会持续一段时间。

## 3.2 研究设计

### 3.2.1 灾难敏感性的估计：尾部系数

假设 $X$ 代表某股票，$Y$ 代表市场组合，收益率的观测序列为 $\{(r_X^t, r_Y^t)\}_{t=1}^T$，$X$、$Y$ 的分布函数分别为 $F_X(x)$、$F_Y(y)$。两者的下尾相依性、上尾相依性测度 $P_l(q)$、$P_u(q)$ 如式（3.1）所示：

$$P_l(q) = P\left[X < F_X^{-1}(q) \big| Y < F_X^{-1}(q)\right]$$
$$P_u(q) = P\left[X > F_X^{-1}(q) \big| Y > F_X^{-1}(q)\right] \quad (3.1)$$

下尾系数、上尾系数则由式（3.2）计算所得

$$\lambda^{\text{low}} \equiv \lim_{q \to 0^+} P_l(q), \quad \lambda^{\text{up}} \equiv \lim_{q \to 1^-} P_u(q) \quad (3.2)$$

1. 二元阿基米德 Copula 函数

阿基米德 Copula 函数在刻画金融资产间非线性、非对称相关结构方面具有较好的效果（任仙玲和张世英，2007），因此选择常见的二元阿基米德 Copula 函数刻画个股与市场的动态相依结构。二元阿基米德 Copula 函数的具体表达式如式（3.3）所示：

$$C(u,v) = \varphi^{-1}\big(\varphi(u) + \varphi(v)\big) \quad (3.3)$$

其中，函数 $\varphi(\cdot)$ 为二元阿基米德 Copula 函数的生成元，选择不同的生成元函数可以得到不同的阿基米德 Copula 函数。本章主要考虑 Gumbel Copula、Clayton Copula 及 Frank Copula 等三种常用的阿基米德 Copula 函数。Gumbel Copula 函数具有非对称性，它对变量在分布上尾部的变化较敏感。Clayton Copula 函数也可以用来描述变量间的非对称关系，但是 Clayton Copula 对变量的下尾变化较为敏感。Frank Copula 函数的上尾、下尾相关系数均为零，说明其变量在尾部是渐进独立的。为了更灵活地描述个股与市场收益率间的复杂相依结构，基于上述三类阿基米德 Copula 函数构建二元混合 Copula 模型，如式（3.4）所示：

$$C(u,v;\Theta) = w_1 C_G(u,v;\theta_1) + w_2 C_{Cl}(u,v;\theta_2) + (1-w_1-w_2) C_F(u,v;\theta_3)$$
$$(3.4)$$

其中，$\Theta$ 代表混合 Copula 模型的参数集，包含单个 Copula 函数的参数 $\theta_i$ 及权重 $w_i$。选择极大似然法对二元混合 Copula 模型进行参数估计，据此得到变量间的上尾系数 $\lambda^{up} = \hat{w}_1 \hat{\lambda}_G^{up} = \hat{w}_1 \times \left(2 - 2^{\hat{\theta}_1}\right)$；变量间的下尾系数 $\lambda^{low} = \hat{w}_2 \hat{\lambda}_{Cl}^{low} = \hat{w}_2 \times 2^{(-1/\hat{\theta}_2)}$。

2. 边缘分布的估计

选择非参数核密度估计方法来确定收益率的边缘分布。对于某个股票，假设其在某段时间内的收益率序列为 $\{r_t\}_{t=1}^T$，基于该样本的 $f(x)$ 核密度估计如式（3.5）所示：

$$f(x) = \frac{1}{Th_T} \sum_{t=1}^{N} K\left(\frac{x - r_t}{h_T}\right) \quad (3.5)$$

核密度估计需要选择核函数 $K(\cdot)$ 和带宽 $h_T$。借鉴任仙玲和张世英（2007）的研究方法，选择光滑性较好的 Guassian 核函数对收益率边缘分布进行估计。由于金融资产收益率的时间序列 $\{r_t\}_{t=1}^T$ 经常表现出尖峰、厚尾的特点，以 Bowman 和 Azzalini（1997）的最优带宽选择原理确定带宽。在 Guassian 核函数下，根据最优带宽，由收益率序列 $\{r_t\}_{t=1}^T$ 估计得到密度函数 $\hat{f}(x)$，进一步得到在某时刻 $t^*$ 收益率分布函数的估计值 $\hat{F}(r_t^*)$。由 $\hat{F}(r_t^*)$ 可得 $X$、$Y$ 的收益率分布函数的估计值分别为 $\hat{F}_X(r_X^t)$、$\hat{F}_Y(r_Y^t)$，如式（3.6）所示，$\varphi(\cdot)$ 为标准正态分布函数。

$$\hat{u}_t = \hat{F}_X(r_X^t) = \frac{1}{T} \sum_{i=1}^{T} \varphi\left(\frac{r_X^t - r_X^i}{\hat{h}_X}\right)$$
$$\hat{v}_t = \hat{F}_Y(r_Y^t) = \frac{1}{T} \sum_{i=1}^{T} \varphi\left(\frac{r_Y^t - r_Y^i}{\hat{h}_Y}\right) \quad (3.6)$$

收益率序列 $\{(r_X^t, r_Y^t)\}_{t=1}^T$ 通过 Guassian 核密度估计转换成了分布函数值序列 $\{(\hat{u}_t, \hat{v}_t)\}_{t=1}^T$，将该分布函数值序列代入式（3.4）所示的二元混合 Copula 模型中，通过极大似然法进行参数估计，最终得到个股的上尾系数 $\lambda^{up}$ 和下尾系数 $\lambda^{low}$。在尾部系数的估计过程中，为了兼顾样本量的充足性及尾部系数的时变性特点，采用估计期为一年的滚动窗口估计法，每月以过去一年内日收益率序列来估计尾部系数。从可比性角度考虑，选择风险特征控制变量的计算区间与尾部系数保持一致，均以一年交易日的日收益率序列计算得出。

### 3.2.2 相关控制变量

1. 市场贝塔与非对称贝塔

个股的市场贝塔 $\beta_i$ 是根据过去一年个股剔除无风险利率后的日超额收益率对市场日超额收益率进行回归后得到的。下行贝塔、上行贝塔的计算公式分别如式（3.7）、式（3.8）所示：

$$\beta_i^{\text{down}} = \frac{\text{cov}(r_i, r_M | r_M < \mu_M)}{\text{var}(r_M | r_M < \mu_M)} \quad (3.7)$$

$$\beta_i^{\text{up}} = \frac{\text{cov}(r_i, r_M | r_M > \mu_M)}{\text{var}(r_M | r_M > \mu_M)} \quad (3.8)$$

其中，$r_i$、$r_M$ 分别为个股、市场扣除无风险收益率后的日超额收益率；$\mu_M$ 为过去一年中市场日超额收益率的平均值。

2. 协偏度与协峰度

协偏度计算方法如式（3.9）所示。协峰度计算公式如式（3.10）所示。

$$\text{coskew}_i = \frac{E\left[\hat{\varepsilon}_i (r_M - \mu_M)^2\right]}{\sqrt{E\left[\hat{\varepsilon}_i^2\right]} E\left[(r_M - \mu_M)^2\right]} \quad (3.9)$$

$$\text{cokurt}_i = \frac{E\left[\hat{\varepsilon}_i (r_M - \mu_M)^3\right]}{\sqrt{E\left[\hat{\varepsilon}_i^2\right]} \left(E\left[(r_M - \mu_M)^2\right]\right)^{3/2}} \quad (3.10)$$

其中，$\hat{\varepsilon}_i$ 为在过去一年个股日超额收益率对市场日超额收益率回归的残差值，即 $\hat{\varepsilon}_i = r_i - \hat{\alpha}_i - \hat{\beta}_i r_M$。

3. 特质波动

特质波动计算参照 Ang 等（2006b）的研究。每个月，将过去一年个股日超额收益率对 Fama-French 三因素进行回归，回归得到残差值的标准差即该月估计出的股票 $i$ 的特质波动率，计算方法如式（3.11）所示，特质波动率记为 $\text{se}(\hat{e}_i)$。

$$r_i = \beta_{0i} + \beta_{1i} \text{MKT} + \beta_{2i} \text{SMB} + \beta_{3i} \text{HML} + e_i \quad (3.11)$$

其中，MKT 代表市场因子；SMB 代表规模因子；HML 代表价值因子。

4. 非流动性

以 Amihud（2002）的非流动性指标 ILLIQ 作为个股流动性风险的代理变量，ILLIQ 计算方式如式（3.12）所示：

$$\text{ILLIQ}_i = \frac{1}{D_i} \sum_{t=2}^{D_i} \frac{|P_{it} - P_{it-1}|}{\text{DVOL}_{it}} \qquad (3.12)$$

其中，$D_i$ 为个股 $i$ 在过去一年内的交易天数；$P_{it}$ 为个股 $i$ 在过去一年内第 $t$ 个交易日的收盘价；$\text{DVOL}_{it}$ 为个股 $i$ 在过去一年内第 $t$ 个交易日的交易金额。由于这样计算出的非流动性指标值过小，为了使得其更容易表述，将其扩大 $10^7$ 倍。

### 3.2.3　样本说明及数据来源

考虑到 1996 年 12 月后我国开始正式实施涨跌停板限制，选定样本区间为 1997 年 1 月至 2018 年 1 月，以在上海证券交易所上市、交易的股票作为研究样本，为了保证尾部系数估计的准确性，剔除年交易日不足 100 天的股票。由于尾部系数、部分控制变量的计算区间为一年，故相关实证分析实际开始日期为 1998 年 1 月。以一年期定期存款利率作为无风险利率。本章样本数据全部来自国泰安金融数据库。

## 3.3　实证分析结果

### 3.3.1　下尾风险的时变性与市场崩溃

采用式（3.4）所示的混合 Copula 函数计算得到个股的尾部系数，基于月度数据，将所有样本股票的下尾系数进行流通市值加权平均，所得的下尾系数加权平均值即可视为该月市场的总体下尾系数。下尾系数与上证综指收益率如图 3.1 所示。

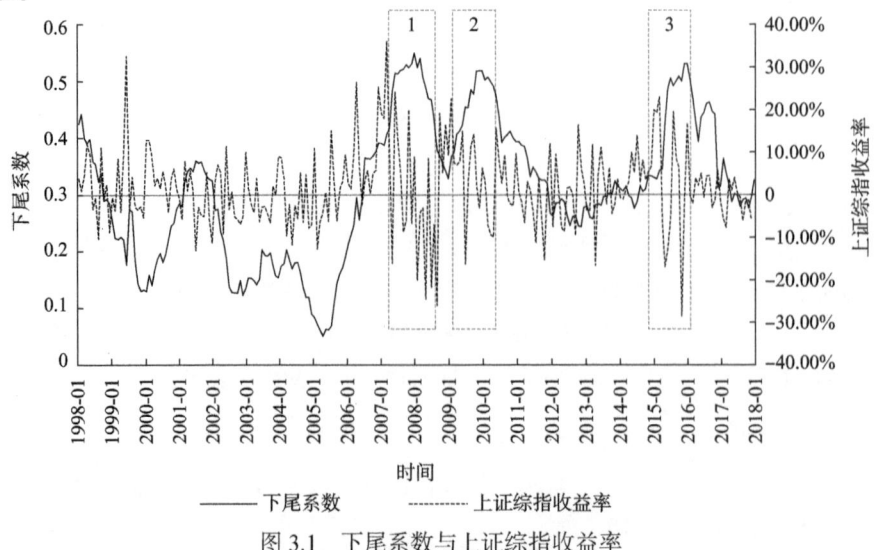

图 3.1　下尾系数与上证综指收益率

图 3.1 中，下尾系数明显具有时变特征，有三个区域的下尾系数相对较高，市场收益率在这些区域内出现了极端负值，分别将这三个区域标注为 1、2、3。在区域 1 中，下尾系数达到整个观测区间的峰值，它正好对应 2008 年全球金融危机时期。区域 2 对应的区间涵盖了 2009 年 8 月至 2010 年 4 月股市出现暴跌的月份。区域 3 包含了 2 次暴跌，一次是 2015 年 8 月股灾时期，一次是 2016 年 1 月熔断机制试行时所导致的恐慌性暴跌时期。总的来看，当市场总体下尾系数快速上行时，市场收益率倾向出现极端负值，这说明下尾系数可以较为准确地捕捉到市场极端下尾事件，可以作为下尾风险的有效代理变量。

### 3.3.2 按尾部系数分组的组合特征

表 3.1 展示了按照下尾系数、上尾系数分组后分别从风险特征、交易特征和公司特征三个角度对各子样本的统计描述。

表 3.1 描述性统计

| 角度 | 以下尾系数分组 ||||| | 以上尾系数分组 ||||| |
|---|---|---|---|---|---|---|---|---|---|---|---|---|
| | 低 | 2 | 3 | 4 | 高 | 高−低 | 低 | 2 | 3 | 4 | 高 | 高−低 |
| 下尾系数 | 0.1 | 0.23 | 0.32 | 0.4 | 0.51 | 0.41 | 0.10 | 0.22 | 0.29 | 0.36 | 0.48 | 0.38 |
| 上尾系数 | 0.36 | 0.32 | 0.29 | 0.26 | 0.21 | −0.15 | 0.36 | 0.37 | 0.33 | 0.28 | 0.21 | −0.15 |
| 市场贝塔 | 0.9 | 0.95 | 1.01 | 1.05 | 1.09 | 0.19 | 0.91 | 0.98 | 1.01 | 1.02 | 1.08 | 0.17 |
| 下行贝塔 | 0.77 | 0.92 | 1.02 | 1.1 | 1.2 | 0.43 | 0.96 | 1.03 | 1.02 | 1.00 | 1.00 | 0.04 |
| 上行贝塔 | 1.09 | 0.99 | 0.99 | 0.98 | 0.94 | −0.15 | 0.79 | 0.91 | 0.99 | 1.07 | 1.23 | 0.44 |
| 协偏度 | 0.08 | 0.02 | −0.02 | −0.07 | −0.12 | −0.2 | −0.06 | −0.05 | −0.03 | 0.00 | 0.03 | 0.09 |
| 协峰度 | 0.01 | −0.01 | −0.05 | −0.09 | −0.12 | −0.13 | −0.05 | −0.03 | −0.04 | −0.05 | −0.07 | −0.02 |
| 特质波动 | 2.86% | 2.48% | 2.43% | 2.39% | 2.28% | −0.58% | 2.71% | 2.50% | 2.38% | 2.37% | 2.49% | −0.22% |
| 非流动性 | 2.86 | 2.64 | 2.24 | 2.16 | 2.43 | −0.43 | 2.53 | 2.74 | 2.38 | 2.24 | 2.44 | −0.09 |
| 月交易金额 | 18.04 | 17.96 | 17.92 | 17.92 | 17.95 | −0.09 | 17.92 | 17.97 | 17.97 | 17.96 | 17.96 | 0.04 |

续表

| 角度 | 以下尾系数分组 |  |  |  |  |  | 以上尾系数分组 |  |  |  |  |  |
|---|---|---|---|---|---|---|---|---|---|---|---|---|
|  | 低 | 2 | 3 | 4 | 高 | 高-低 | 低 | 2 | 3 | 4 | 高 | 高-低 |
| 过去1个月收益率 | 1.32% | 1.41% | 1.64% | 1.61% | 2.04% | 0.72% | 2.35% | 1.92% | 1.54% | 1.26% | 0.97% | -1.38% |
| 过去6个月收益率 | 11.55% | 11.20% | 10.08% | 9.76% | 9.33% | -2.22% | 15.62% | 12.24% | 9.72% | 8.35% | 6.00% | -9.62% |
| 过去12个月收益率 | 30.33% | 26.65% | 22.33% | 20.41% | 17.00% | -13.33% | 35.40% | 27.42% | 22.48% | 18.92% | 12.52% | -22.88% |
| 流通市值 | 14.91 | 14.65 | 14.45 | 14.33 | 14.25 | -0.66 | 14.34 | 14.43 | 14.53 | 14.63 | 14.68 | 0.34 |
| 市盈率 | 114.11 | 155.54 | 127.50 | 135.39 | 142.64 | 28.53 | 181.81 | 149.51 | 116.11 | 142.85 | 90.09 | -91.71 |

注：流通市值、月交易金额均为公司实际流通市值、月交易金额取自然对数后的值

表 3.1 中以下尾系数分组后，从风险特征看，下尾系数与上尾系数表现出明显的负相关关系，个股的下尾系数越高，其上尾系数越小。下尾系数较高的股票其市场贝塔、下行贝塔也较高，而其上行贝塔则较小。协偏度、协峰度都随着下尾系数的增大而减小；下尾系数越高，个股的特质波动越小。从交易特征角度来看，随着下尾系数的提高，其与非流动性、月交易金额都不存在明显的单调关系；过去 1 个月收益率与下尾系数大致正相关，过去 6 个月、12 个月收益率与下尾系数呈显著负相关关系。从公司特征角度看，流通市值越小的股票其下尾系数越高，下尾系数与市盈率不存在单调关系。

表 3.1 中以上尾系数分组后，个股的上尾系数越大，其上行贝塔越大，越倾向拥有高市场贝塔；上尾系数与下行贝塔没有表现出明显的相关关系。上尾系数与协偏度表现出单调正相关关系，各组间协峰度则没有明显趋势。与下尾分组表现不同的是，当上尾系数分组后，各组的平均特质波动与平均上尾系数没有呈现单调关系。非流动性、月交易金额等交易特征与上尾系数没有明显的相关关系，过去 1 个月、6 个月和 12 个月收益率与上尾系数均表现出明显的负相关关系。流通市值较大的股票更倾向面临高上尾风险，上尾系数与市盈率并未呈现单调关系。

### 3.3.3 下尾系数与上尾系数的分组定价检验：组合价差法

采用单因子和双因子的组合价差法检验尾部系数的定价效果。在每个月，

依据过去 1 年日收益率序列计算出个股的尾部系数，将个股按照其尾部系数进行排序、分组等分为五组。为了更加全面地展示尾部系数与预期收益率间的关系，设定 7 个收益率观测区间，持有期分别为 1 个月、3 个月、6 个月、12 个月、18 个月、24 个月和 36 个月，计算各组合在给定收益率计算区间内扣除无风险收益率后的平均月超额收益率，每月重新调整各组合。组合的构建期与持有期间隔 1 个月。

表 3.2 展示了当以等权重方式计算组合收益率时，以下尾系数、上尾系数单因素分组后各子样本的收益率表现。为了减小收益率自相关性与异方差性的影响，选择 Newey-West 方法调整后 $t$ 值。当以流通市值加权的方式计算组合收益率时，不同预测期下各子样本收益率表现与等权重计算方式下基本一致，因此没有展示。在表 3.2 中，以下尾系数分组后，未来 1 个月超额收益率与下尾系数有正相关关系，但下尾系数最高组和最低组间收益率差异不显著。将收益率预测期拓展至 3 个月、6 个月，表现与 1 个月期收益率类似。但是，随着预测期的延长，下尾系数最高组和最低组间收益率差异变得越来越显著。

进一步对预期 12 个月、18 个月、24 个月和 36 个月的收益率进行分析，发现将观测期延长到未来 1 年及以上时，组合收益率与下尾系数表现出显著的正相关关系，下尾系数最高组和最低组间收益率差异均在 1% 的水平上显著。持有期为 18 个月是下尾系数多空对冲组合收益率走势的分水岭：在预测期为 18 个月以内时，随着预测区间的延长，下尾系数最高组和最低组间收益率差异不断扩大；随着收益率观测期提高至 24 个月、36 个月，虽然下尾系数多空对冲组合收益率仍显著为正，但是其大小随着预测期间的延长逐渐衰减。

在表 3.2 中，当个股按照其上尾系数分组时，在所有观测区间内，上尾系数最高组的收益率均低于上尾系数最低组，且两者差异不显著。与下尾系数分组类似，上尾系数多空对冲组合收益率绝对值随着观测区间的延长表现出一定的上升趋势，并在 1 年半时达到最大值，随后组合收益率绝对值开始下降。各子样本收益率只与上尾系数表现出不严格的单调负相关。这说明，上尾系数对股票预期收益率的解释能力比下尾系数的解释能力差，下尾系数衡量灾难敏感性的效果较好。

在表 3.2 中，当观测期为 1.5 年（18 个月）时，尾部系数多空对冲组合收益率绝对值达到最大，以等权重方式、流通市值加权方式计算的组合收益率差异不大，因此，设定观测期为 1.5 年（18 个月），以等权重方式计算各组合收益率。尾部系数的双重分组结果如表 3.3 所示。

表 3.2 单因子分组后组合收益率

| 收益率 | 以下尾系数分组 低 | 2 | 3 | 4 | 高 | 高-低 | 以上尾系数分组 低 | 2 | 3 | 4 | 高 | 高-低 |
|---|---|---|---|---|---|---|---|---|---|---|---|---|
| 1个月超额收益率 | 1.12%* (1.65) | 1.24%* (1.80) | 1.39%* (1.96) | 1.26%* (1.80) | 1.43%** (2.01) | 0.31% (1.56) | 1.23%** (1.97) | 1.40%** (2.23) | 1.34%** (2.18) | 1.28%** (2.09) | 1.18%* (1.94) | -0.05% (-0.28) |
| 3个月超额收益率 | 1.15% (1.44) | 1.29% (1.62) | 1.32% (1.62) | 1.30% (1.60) | 1.40%* (1.69) | 0.25% (1.60) | 1.26% (1.52) | 1.39%* (1.71) | 1.33%* (1.69) | 1.27% (1.61) | 1.21% (1.46) | -0.04% (-0.33) |
| 6个月超额收益率 | 1.16% (1.59) | 1.27%* (1.71) | 1.36%* (1.80) | 1.34%* (1.80) | 1.47%* (1.94) | 0.31% (1.91) | 1.28%* (1.67) | 1.43%* (1.94) | 1.37%* (1.89) | 1.29%* (1.76) | 1.23% (1.62) | -0.05% (-0.32) |
| 12个月超额收益率 | 1.12%** (2.20) | 1.19%** (2.37) | 1.31%** (2.51) | 1.35%** (2.52) | 1.47%*** (2.83) | 0.36%*** (2.93) | 1.36%** (2.28) | 1.50%** (2.68) | 1.41%** (2.56) | 1.29%** (2.42) | 1.25%** (2.59) | -0.11% (-0.90) |
| 18个月超额收益率 | 1.39%*** (3.12) | 1.52%*** (3.89) | 1.62%*** (3.91) | 1.69%*** (4.34) | 1.82%*** (4.60) | 0.43%*** (3.43) | 1.62%*** (3.78) | 1.73%*** (4.31) | 1.68%*** (3.97) | 1.54%*** (3.81) | 1.46%*** (3.94) | -0.16% (-1.41) |
| 24个月超额收益率 | 1.39%*** (4.07) | 1.52%*** (4.26) | 1.62%*** (4.61) | 1.69%*** (4.58) | 1.80%*** (5.10) | 0.40%*** (3.82) | 1.64%*** (4.16) | 1.71%*** (4.75) | 1.64%*** (4.47) | 1.55%*** (4.82) | 1.49%*** (4.79) | -0.15% (-1.42) |
| 36个月超额收益率 | 1.39%*** (4.42) | 1.49%*** (4.18) | 1.60%*** (4.38) | 1.68%*** (4.55) | 1.77%*** (4.71) | 0.38%*** (4.47) | 1.64%*** (3.85) | 1.68%*** (4.47) | 1.61%*** (4.34) | 1.53%*** (4.81) | 1.49%*** (5.02) | -0.15% (-1.53) |

注：*、**、***分别表示显著性水平为 10%、5%、1%
（　）内是经 Newey-West 调整后的 $t$ 值

表 3.3　下尾系数与上尾系数双重分组的各子样本收益率

| 下尾系数 | 低 | 2 | 3 | 4 | 高 | 高−低 |
|---|---|---|---|---|---|---|

Panel A：控制上尾系数后以下尾系数分组

| 低上尾系数 | 1.42%** (2.21) | 1.56%*** (3.14) | 1.72%*** (2.87) | 1.77%*** (3.63) | 1.83%*** (3.90) | 0.40%** (2.40) |
| 中上尾系数 | 1.46%*** (3.07) | 1.62%*** (3.69) | 1.67%*** (3.51) | 1.72%*** (4.15) | 1.82%*** (3.87) | 0.37%*** (2.82) |
| 高上尾系数 | 1.37%** (2.39) | 1.40%*** (2.92) | 1.50%*** (2.96) | 1.54%*** (3.64) | 1.64%*** (3.56) | 0.27%*** (3.40) |

Panel B：控制下尾系数后以上尾系数分组

| 低下尾系数 | 1.43%** (2.24) | 1.41%*** (2.58) | 1.43%*** (2.60) | 1.43%*** (2.78) | 1.40%*** (3.04) | −0.03% (−0.23) |
| 中下尾系数 | 1.59%*** (3.36) | 1.67%*** (3.72) | 1.67%*** (3.74) | 1.60%*** (3.23) | 1.53%*** (3.26) | −0.05% (−0.54) |
| 高下尾系数 | 1.77%*** (3.52) | 1.82%*** (3.37) | 1.84%*** (3.93) | 1.83%*** (3.48) | 1.71%*** (4.39) | −0.06% (−0.66) |

**、***分别表示显著性水平为 5%、1%

注：( ) 内是经 Newey-West 调整后的 t 值

表 3.3 中 Panel A 展示控制上尾系数后以下尾系数分组后各子样本收益率表现。在各上尾系数组，股票预期收益率都与下尾系数表现出单调正相关关系，下尾系数最高组和最低组收益率差异均在 1% 的水平上显著，控制上尾风险后，下尾风险对预期收益率的影响稳健。随着组合平均上尾系数的增大，下尾系数多空对冲组合收益率随之减小，这印证了上尾系数与下尾系数的负相关关系。控制下尾系数后以上尾系数分组后各子样本表现如表 3.3 中 Panel B 所示。控制下尾风险后，上尾系数最高组与最低组间收益率差异相对于原上尾系数单因素分组后差异更小且不显著，且收益率与上尾系数不再表现出负相关关系。由此可见，在控制尾部风险相互间影响时，下尾系数与预期收益率间正相关关系保持稳健，下尾风险大的股票能够获得更高的超额收益率，上尾系数与个股预期收益率不再存在相关关系，这说明下尾风险可以解释股票的横截面预期收益率，上尾风险则对股票收益率影响不大。

### 3.3.4　下尾系数与特征因素的双重分组检验

1. 下尾系数与风险特征

Ang 等（2006b）、Harvey 和 Siddique（2000）以及 Fang 和 Lai（1997）证实高下行贝塔、系统性偏度、协峰度等在截面资产定价中有重要作用。Ang 等（2009）

还发现股票的特质波动率与横截面预期收益率间存在负相关关系。鉴于此，进一步加入市场贝塔、下行贝塔、协偏度、协峰度和特质波动等因子，将这些风险特征因子与下尾系数分别进行双重排序分组，从而检验在控制这些风险特征后高下尾系数股票是否仍能获得高预期收益率。下尾系数与风险特征双重分组后子样本收益率如表 3.4 所示。

表 3.4　下尾系数与风险特征双重分组后子样本收益率

| 下尾系数 | 低 | 2 | 3 | 4 | 高 | 高−低 |
|---|---|---|---|---|---|---|
| Panel A：市场贝塔与下尾系数双重分组 | | | | | | |
| 低市场贝塔 | 1.36%*** (2.32) | 1.45%*** (2.43) | 1.54%*** (3.63) | 1.76%*** (3.79) | 1.83%*** (4.59) | 0.47%** (2.56) |
| 中市场贝塔 | 1.50%*** (3.29) | 1.61%*** (2.89) | 1.66%*** (3.78) | 1.80%*** (3.94) | 1.87%*** (4.25) | 0.36%*** (4.18) |
| 高市场贝塔 | 1.31%*** (2.75) | 1.42%** (2.49) | 1.47%*** (2.91) | 1.62%*** (3.48) | 1.78%*** (4.07) | 0.47%*** (4.66) |
| Panel B：下行贝塔与下尾系数双重分组 | | | | | | |
| 低下行贝塔 | 1.35%** (2.13) | 1.37%** (2.23) | 1.49%*** (3.69) | 1.62%*** (3.70) | 1.70%*** (4.39) | 0.35%** (2.26) |
| 中下行贝塔 | 1.42%*** (3.13) | 1.53%*** (3.27) | 1.62%*** (3.34) | 1.72%*** (3.72) | 1.81%*** (4.07) | 0.39%*** (4.01) |
| 高下行贝塔 | 1.57%*** (2.76) | 1.58%*** (2.83) | 1.68%*** (3.43) | 1.76%*** (3.78) | 1.87%*** (4.15) | 0.30%*** (2.82) |
| Panel C：协偏度与下尾系数双重分组 | | | | | | |
| 低协偏度 | 1.70%*** (3.05) | 1.73%*** (3.66) | 1.83%*** (3.26) | 1.87%*** (3.46) | 1.88%*** (4.01) | 0.18%* (1.81) |
| 中协偏度 | 1.52%*** (3.15) | 1.56%*** (3.25) | 1.67%*** (3.36) | 1.68%*** (3.63) | 1.72%*** (4.07) | 0.20%** (2.37) |
| 高协偏度 | 1.30%** (2.36) | 1.32%** (2.40) | 1.39%*** (2.81) | 1.43%*** (3.14) | 1.47%*** (3.48) | 0.17% (1.47) |
| Panel D：协峰度与下尾系数双重分组 | | | | | | |
| 低协峰度 | 1.47%** (2.04) | 1.51%*** (2.94) | 1.58%*** (3.20) | 1.68%*** (3.50) | 1.73%*** (3.56) | 0.26%* (1.72) |
| 中协峰度 | 1.34%*** (2.91) | 1.53%*** (3.34) | 1.66%*** (3.15) | 1.73%*** (3.84) | 1.80%*** (4.09) | 0.46%*** (4.85) |
| 高协峰度 | 1.36%*** (3.22) | 1.50%*** (3.09) | 1.60%*** (3.50) | 1.74%*** (3.74) | 1.87%*** (4.20) | 0.52%*** (4.83) |

续表

| 下尾系数 | 低 | 2 | 3 | 4 | 高 | 高-低 |
|---|---|---|---|---|---|---|
| Panel E：特质波动与下尾系数双重分组 | | | | | | |
| 低特质波动 | 1.42%*** (3.52) | 1.58%*** (3.32) | 1.65%*** (3.95) | 1.79%*** (4.04) | 1.93%*** (4.31) | 0.51%*** (4.82) |
| 中特质波动 | 1.43%*** (2.89) | 1.56%*** (3.53) | 1.66%*** (3.31) | 1.78%*** (3.96) | 1.86%*** (4.11) | 0.43%*** (3.49) |
| 高特质波动 | 1.32%** (2.22) | 1.40%*** (2.59) | 1.49%*** (2.94) | 1.56%*** (2.94) | 1.63%*** (3.71) | 0.32%** (2.41) |

\*、\*\*、\*\*\*分别表示显著性水平为10%、5%、1%

注：（ ）内是经 Newey-West 调整后的 t 值

表 3.4 的 Panel A 展示了市场贝塔与下尾系数双重分组结果。在控制市场贝塔后，股票预期收益率与下尾系数单调正相关关系保持不变，下尾系数最高组和最低组间收益率差异显著。

下行贝塔与下尾系数双重分组后收益率结果如表 3.4 中 Panel B 所示。在控制下行贝塔后，随着下尾系数的提高，各子样本预期收益率不断提高，且下尾系数最高组、最低组间差异仍在 5% 的水平上显著，这说明下行贝塔和下尾系数代表了个股不同的风险特征，下行风险不能解释下尾风险带来的风险溢价。

表 3.4 的 Panel C、Panel D 和 Panel E 显示了高阶协矩、特质波动与下尾系数双重分组结果。与市场贝塔、下行贝塔分组结论类似，在控制协偏度、协峰度和特质波动后，下尾系数与预期收益率仍保持稳健的正相关关系。总的来看，下尾系数与股票预期收益率存在正相关关系，控制市场风险、下行风险、高阶协矩风险和特质波动后，这种关系依然稳健。

2. 动量因素与下尾系数

动量因素与下尾系数双重分组后子样本收益率如表 3.5 所示。结果表明，在控制了过去 1 个月、6 个月累积收益率后，预期收益率随着下尾系数的提高而单调增加，多空对冲组合收益率显著大于 0。控制过去 12 个月收益率时结果类似，因此没有展示。

表 3.5 动量因素与下尾系数双重分组后子样本收益率

| 过去收益率 | 低 | 2 | 3 | 4 | 高 | 高-低 |
|---|---|---|---|---|---|---|
| Panel A：过去 1 个月累积收益率与下尾系数双重分组 | | | | | | |
| 低累积收益率 | 1.38%** (2.10) | 1.49%** (2.53) | 1.57%** (2.40) | 1.67%** (2.70) | 1.75%*** (2.83) | 0.37%** (2.77) |

续表

| 过去收益率 | 低 | 2 | 3 | 4 | 高 | 高-低 |
|---|---|---|---|---|---|---|
| Panel A：过去1个月累积收益率与下尾系数双重分组 | | | | | | |
| 中累积收益率 | 1.47%*** (2.81) | 1.60%*** (3.03) | 1.68%*** (3.49) | 1.77%*** (3.78) | 1.88%*** (3.79) | 0.42%*** (4.02) |
| 高累积收益率 | 1.34%* (1.88) | 1.43%** (2.29) | 1.60%** (2.52) | 1.64%** (2.58) | 1.74%*** (3.08) | 0.40%*** (4.54) |
| Panel B：过去6个月累积收益率与下尾系数双重分组 | | | | | | |
| 低累积收益率 | 1.43%** (1.98) | 1.44%** (2.54) | 1.57%*** (2.98) | 1.63%*** (2.91) | 1.71%*** (3.26) | 0.28%** (1.89) |
| 中累积收益率 | 1.50%*** (3.12) | 1.65%*** (3.60) | 1.73%*** (3.38) | 1.82%*** (3.58) | 1.90%*** (4.37) | 0.41%*** (4.27) |
| 高累积收益率 | 1.29%** (2.42) | 1.40%*** (2.96) | 1.57%*** (2.97) | 1.59%*** (3.24) | 1.71%*** (3.41) | 0.42%*** (3.74) |

*、**、***分别表示显著性水平为10%、5%、1%

注：（ ）内是经 Newey-West 调整后的 $t$ 值

### 3. 下尾系数与流通市值

为了控制流通市值的影响，将流通市值与下尾系数进行双重分组，流通市值与下尾系数双重分组后子样本收益率如表 3.6 所示。

表 3.6 流通市值与下尾系数双重分组后子样本收益率

| 流通市值 | 低 | 2 | 3 | 4 | 高 | 高-低 |
|---|---|---|---|---|---|---|
| 小流通市值 | 2.03*** (2.79) | 2.01*** (3.35) | 2.06*** (3.68) | 2.15*** (3.56) | 2.24*** (4.40) | 0.22* (1.65) |
| 中流通市值 | 1.44*** (3.23) | 1.55*** (3.57) | 1.59*** (3.43) | 1.60*** (3.83) | 1.66*** (3.83) | 0.22*** (2.71) |
| 大流通市值 | 1.08*** (2.66) | 1.09*** (2.50) | 1.19*** (2.65) | 1.19*** (2, 85) | 1.30*** (3.45) | 0.23* (1.66) |

*、***分别表示显著性水平为10%、1%

注：（ ）内是经 Newey-West 调整后的 $t$ 值

由表 3.6 发现，在控制了流通市值后，下尾系数与预期收益率间正相关关系保持不变，高下尾系数组收益率显著高于低下尾系数组。在不同流通市值组，下尾系数多空对冲组合月平均收益率基本保持在 0.22%，远小于下尾系数单因素分组多空对冲组合收益率。这证实规模因素在一定程度上干扰了下尾系数单因素分组的结果，强调了控制规模因素的重要性。

综合以上分析可知，控制风险特征、交易特征和公司特征等相关因素后，高下尾系数仍具有高预期回报率，说明下尾风险是不同于下行风险、协矩风险的一种非对称风险。

### 3.3.5 下尾系数与横截面预期收益率：Fama-MacBeth 回归

以预期未来 18 个月平均超额收益率作为因变量，采用 Fama-MacBeth 回归将预期收益率对下尾系数进行回归，将前文讨论的风险特征、交易特征、公司特征三类共 14 个因素作为控制变量，逐步加入回归方程中，观察下尾系数显著性的变化。Fama-MacBeth 回归（18 个月平均收益率）如表 3.7 所示。在表 3.7 的 7 个回归方程中，下尾系数对预期收益的参数估计值一直都显著为正，这说明下尾系数能够带来较大的预期收益率，不受到其他风险特征、交易特征和公司特征的影响，即下尾系数是与下行贝塔和高阶矩等因素不同的尾部敏感性度量。

表 3.7 Fama-MacBeth 回归（18 个月平均收益率）

| 变量 | （1） | （2） | （3） | （4） | （5） | （6） | （7） |
|---|---|---|---|---|---|---|---|
| 下尾系数 | 0.009 8*** <br>（3.35） | 0.009 0*** <br>（3.01） | 0.004 5** <br>（1.91） | 0.003 9* <br>（1.71） | 0.003 8* <br>（1.72） | 0.004 5** <br>（2.30） | 0.004 3** <br>（2.19） |
| 上尾系数 | | −0.000 9 <br>（−0.33） | 0.003 7 <br>（1.28） | 0.003 0 <br>（0.97） | 0.002 8 <br>（0.83） | 0.004 6* <br>（1.83） | 0.004 6* <br>（1.72） |
| 市场贝塔 | | | −0.004 3 <br>（−2.65） | | −0.002 4 <br>（−1.42） | −0.002 6* <br>（−1.63） | |
| 下行贝塔 | | | | −0.002 6 <br>（−1.51） | | | −0.001 3 <br>（−0.92） |
| 上行贝塔 | | | | −0.000 7 <br>（−0.43） | | | −0.000 7 <br>（−0.54） |
| 协偏度 | | | −0.016 9*** <br>（−2.95） | −0.019 2*** <br>（−3.10） | −0.012 4*** <br>（−2.80） | −0.005 5* <br>（−1.66） | −0.005 7* <br>（−1.67） |
| 协峰度 | | | −0.003 3** <br>（−2.19） | −0.002 0 <br>（−1.34） | −0.002 4* <br>（−1.96） | −0.000 6 <br>（−0.69） | 0.000 0 <br>（0.00） |
| 特质波动 | | | −0.059 4** <br>（−2.12） | −0.079 4** <br>（−2.52） | −0.017 2 <br>（−0.55） | −0.048 4* <br>（−1.67） | −0.048 5* <br>（1.74） |
| 非流动指标 | | | | | 0.000 0 <br>（0.14） | 0.000 0 <br>（0.58） | 0.000 0 <br>（0.58） |
| 月交易金额 | | | | | −0.002 0** <br>（−2.45） | 0.000 2 <br>（0.28） | 0.000 2 <br>（0.21） |
| 过去1个月收益率 | | | | | 0.000 6 <br>（0.44） | −0.001 8* <br>（−1.85） | −0.001 5 <br>（−1.59） |
| 过去6个月收益率 | | | | | 0.002 1 <br>（1.32） | 0.001 8 <br>（1.24） | 0.001 7 <br>（1.17） |
| 过去12个月收益率 | | | | | −0.000 6 <br>（−0.38） | 0.000 0 <br>（0.00） | 0.000 0 <br>（−0.01） |

续表

| 变量 | （1） | （2） | （3） | （4） | （5） | （6） | （7） |
|---|---|---|---|---|---|---|---|
| 流通市值 | | | | | | −0.003 7** (−2.30) | −0.003 7** (−2.29) |
| 市盈率 | | | | | | −0.000 001** (−1.94) | −0.000 001** (−1.96) |

\*、\*\*、\*\*\*分别表示显著性水平为 10%、5%、1%

注：为了节省空间，这里省去了截距项

为了从时变的角度考察下尾系数与预期收益率的关系，分别以不同的 7 个观测期内月平均超额收益率作为因变量，进行回归检验。由于下行贝塔与下尾系数有一定的相关性，所以选择表 3.7 中方程（6）进行回归，回归结果如表 3.8 所示。

**表 3.8　不同观测期内 Fama-MacBeth 回归**

| 变量 | 1 个月超额收益率 | 3 个月超额收益率 | 6 个月超额收益率 | 12 个月超额收益率 | 18 个月超额收益率 | 24 个月超额收益率 | 36 个月超额收益率 |
|---|---|---|---|---|---|---|---|
| 截距项 | 0.090 5*** (4.19) | 0.083 9*** (3.52) | 0.077 9*** (3.04) | 0.069 8** (2.65) | 0.067 8** (2.55) | 0.053 6** (2.39) | 0.046 2** (2.62) |
| 下尾系数 | 0.007 6** (2.44) | 0.006 2** (1.93) | 0.005 5* (1.77) | 0.005 5** (2.09) | 0.004 5** (2.30) | 0.003 5** (1.92) | 0.002 9* (1.72) |
| 上尾系数 | 0.009 3** (2.56) | 0.008 7*** (2.63) | 0.008 9*** (2.75) | 0.006 4** (2.47) | 0.004 6* (1.83) | 0.003 9* (1.68) | 0.002 5 (1.05) |
| 市场贝塔 | −0.005 1 (−1.51) | −0.005 3** (−2.00) | −0.004 0 (−1.58) | −0.003 6 (−1.55) | −0.002 6 (−1.53) | −0.003 8** (−2.09) | −0.004 2** (−2.19) |
| 协偏度 | −0.003 9 (−0.89) | −0.003 9 (−1.30) | −0.004 5 (−1.49) | −0.006 1* (−1.64) | −0.005 5* (−1.57) | −0.003 3 (−1.09) | −0.002 3 (−0.93) |
| 协峰度 | −0.002 4 (−1.25) | −0.002 2 (−1.50) | −0.001 1 (−0.88) | −0.000 6 (−0.55) | −0.000 6 (−0.69) | −0.000 6 (−0.68) | −0.000 2 (−0.31) |
| 特质波动 | −0.109 6* (−1.79) | −0.074 6 (−1.60) | −0.059 2 (−1.36) | −0.039 8 (−1.13) | −0.048 4* (−1.67) | −0.052 0** (−2.25) | −0.059 6** (−2.47) |
| 非流动指标 | 0.000 0 (0.43) | 0.000 0 (0.99) | 0.000 0 (0.97) | 0.000 0 (0.83) | 0.000 0 (0.58) | 0.000 0 (0.36) | 0.000 0 (0.30) |
| 月交易金额 | −0.002 1** (−2.20) | −0.001 1* (−1.68) | −0.000 4 (−0.57) | 0.000 1 (0.09) | 0.000 2 (0.28) | 0.000 2 (0.25) | 0.000 3 (0.47) |
| 过去 1 个月收益率 | −0.025 8*** (−4.13) | −0.010 8*** (−2.67) | −0.004 5* (−1.76) | −0.001 3 (−0.84) | −0.001 8* (−1.85) | −0.000 6 (−0.68) | −0.000 8 (−0.94) |
| 过去 6 个月收益率 | 0.002 6 (0.76) | 0.005 8* (1.87) | 0.006 3** (2.32) | 0.002 1 (0.88) | 0.001 8 (1.24) | 0.001 7 (1.36) | 0.000 6 (0.63) |

续表

| 变量 | 1个月超额收益率 | 3个月超额收益率 | 6个月超额收益率 | 12个月超额收益率 | 18个月超额收益率 | 24个月超额收益率 | 36个月超额收益率 |
|---|---|---|---|---|---|---|---|
| 过去12个月收益率 | 0.005 1** (2.09) | 0.002 0 (0.82) | 0.000 4 (0.16) | 0.000 4 (0.33) | 0.000 0 (0.00) | −0.000 4 (−0.67) | −0.000 5 (−0.93) |
| 流通市值 | −0.002 8* (−1.77) | −0.003 5** (−2.34) | −0.003 9** (−2.51) | −0.003 9** (−2.39) | −0.003 7** (−2.30) | −0.002 8** (−2.08) | −0.002 4** (−2.13) |
| 市盈率 | 0.000 0 (−0.77) | 0.000 0 (−0.51) | 0.000 0 (−0.66) | 0.000 0 (−0.82) | −0.000 001 36** (−1.94) | −0.000 001 97*** (−2.76) | −0.000 001 07** (−2.15) |

\*、\*\*、\*\*\*分别表示显著性水平为10%、5%、1%

在表3.8的7个收益率观测期内，下尾系数对横截面预期收益率都有显著的正向影响，随着时间推移，参数估计值不断减小，表明这种影响呈现衰减趋势，由1月期的0.007 6减少至3年期（36个月）的0.002 9，当观测期为36个月时，参数估计值仅在10%的水平上显著。与理论分析方向不同的是，上尾系数对个股的横截面收益率产生的是显著为正的影响，参数估计值也随着观测期的延长表现出单调下降的特点，相对于下尾系数，其衰减速度更快，当观测期为36个月时，上尾系数对预期收益率不存在显著影响。

综上，由Fama-MacBeth回归分析可知，从风险特征、交易特征和公司特征三个角度选取控制变量加入模型后，下尾系数对预期收益率具有稳健的正向影响。下尾系数对预期收益率的影响在1月期时最大，随着时间推移，这种影响作用会不断减小，这说明下尾风险对个股预期收益率的冲击具有时变性，即个股的预期收益率具有时变的灾难敏感性。

本章采用基于非参数核密度估计的二元混合阿基米德Copula模型对个股的下尾风险进行估计，分别采用组合价差法、Fama-MacBeth回归方法分析下尾系数与个股预期收益率间的关系，检验基于下尾风险在个股预期收益率中是否得到合理的风险溢价，并设定7个收益率观测区间分析下尾系数对预期收益率的动态影响。实证结果发现：第一，在市场遭受极端事件冲击出现极端负收益率时，其总体下尾系数值会达到阶段性峰值，估计的下尾系数能够作为下尾风险的有效代理变量。第二，以下尾系数单因素分组后，高下尾系数组合的预期月收益率总是高于低下尾系数组合，下尾系数多空对冲组合收益率随着时间推移呈现倒"U"形，在观测期为18个月时达到最大。第三，在控制了上尾系数和市场风险等风险特征、过去累积收益率等交易特征及公司特征后，下尾系数与预期收益率保持稳健的正相关关系。第四，Fama-MacBeth回归结果显示，下尾系数对股票预期收益率存在显著正向影响，下尾系数参数估计值随着时间推移不断减小，对未来1个月收益率影响最大；控制下行贝塔不会影响下尾系数与预期收益率间的关系。

本章研究证实下尾系数可以较为准确地捕捉市场中的极端事件，因此，可以动态估计下尾风险，为预防市场出现崩溃灾难提供参考。尽管个股的下尾系数和上尾系数有一定的负相关关系，但是下尾风险可以一定程度解释股票的预期收益率，而上尾风险则对股票收益率影响不大，因此，投资者更应该以下尾风险而不是上尾风险作为投资参考。高下尾系数的股票具有高预期回报率，因此，在市场下跌之后应该选择那些灾难敏感性大的股票。尽管结果证实下尾风险在股票预期收益率中发挥作用，下尾风险是有别于下行风险的一种非对称风险，但是这种作用随着时间推移会不断减小，因此，投资者应该注意下尾风险对个股预期收益率影响的时变性，动态管理下尾风险。

# 第4章 极端市场中的贝塔分解与低贝塔异象：基于高频跳跃贝塔

## 4.1 低贝塔异象

CAPM 表明系统性风险对股票的期望收益有显著正的影响，早期的研究发现了支持的证据（Fama et al., 1969）。随后，越来越多的证据发现市场贝塔在截面上对资产预期收益不具有足够的解释能力（Roll, 1977; Fama and French, 1992）。部分研究甚至发现二者之间是显著为负的关系：Black（1993）发现在美国市场上低贝塔股票比 CAPM 预期的收益高，而高贝塔股票收益反而低；Baker 等（2011）发现高贝塔股票具有负的超额收益，低贝塔股票具有正的超额收益。这种现象被称为低贝塔异象或贝塔异象。Frazzini 和 Pedersen（2014）通过构造 BAB 因子在各类资产中验证低贝塔异象的存在。国外有诸多研究关注作为市场风险的贝塔与期望收益的关系，国内对其关注则较少，尚无基于高频数据对低贝塔异象的研究。

传统的风险定价理论均使用低频数据，Bollerslev 和 Zhang（2003）证实高频数据下因子定价模型对系统性风险的度量和建模更有效。另外，在资产配置和风险管理中，能够对资产价格的变动区分出连续部分和跳跃部分是十分重要的（Barndorff-Nielsen and Shephard, 2004, 2006; Andersen et al., 2007）。Andersen 等（2011）基于高频数据构造已实现方差和二次幂变差，有效地将日内交易价格的方差分解为连续和跳跃的两个部分。后续的研究又将高频数据进行更精确的划分，将样本期间内的收益率数据分为隔夜非交易部分和日内交易部分，日内交易部分再划分为连续和跳跃两部分。Bollerslev 等（2016）进一步在贝塔与股票收益之间关系的分析中证实跳跃成分的作用。国内研究较多地考察波动率跳跃行为及其特征（李洋和乔高秀，2012；简志宏和李彩云，2013；孙洁，2014），但并没有将其运用到低贝塔异象中。鉴于此，采用中国 A 股市场 2001 年 1 月至 2016 年 7 月的高频数据，一方面，分别估计个股的日内连续、日内跳跃和隔夜跳跃等三个类型的贝塔，另一方面在截面上考察不同类型贝塔的风险溢价情况及其稳定性，进而验证中国低贝塔异象的存在性及其解释。考虑到日内和隔夜的跳跃是高频数据下的市场极端表现，因此，基于高频数据的贝塔分解对于理解极端市场中的资产定价有重要参考。

目前国内对于资产价格跳跃行为的研究，大多集中在考察其存在性和聚集现象方面（王春峰等，2008；杨科和陈浪南，2011），发现中国股市的跳跃风险占的比例很大（陈国进和王占海，2010），也有少部分研究探讨股市跳跃现象的成因（赵华和秦可佶，2014；陈海强和张传海，2015），但是尚未发现从资产定价角度对市场跳跃部分的贝塔进行风险溢价度量和检验的相关文献。本章借鉴 Andersen 等（2011）的划分方法，将中国股票市场全部的日收益变动分解为交易日内连续变动、交易日内跳跃变动和隔夜变动，并分别估计相应的贝塔，研究连续和跳跃等不同贝塔的组合风险溢价情况。考虑到不同贝塔之间的关联性，还参照 Bollerslev 等（2016）的做法，采用控制不同贝塔的双重贝塔排序方法与 Fama 和 MacBeth（1973）方法识别低贝塔异象的来源。

在跳跃与股票横截面收益的关联方面，Yan（2011）研究发现期望收益与跳跃的大小呈负向关系。Jiang 和 Yao（2013）则发现小股票、价值股和非流动性股票有更高的跳跃风险收益，但在过去赢家股票上有更低的收益。另外，Cremers 等（2015）认为期权价格中暗含的总体市场跳跃风险在解释预期截面收益时是有用的，但当跳跃风险作为风险定价因子时显著性小于波动率风险因子。与这些文献类似，本章也是探讨跳跃与股票截面收益的关系。但是，与之不同的是本章试图通过将贝塔分解为连续和跳跃部分，更深入研究国外市场普遍存在的低贝塔异象到底与连续部分有关，还是与跳跃部分有关，并引入其他的市场异象，如反转异象、特质波动率异象、最大日收益效应和流动性异象等，研究它们与低贝塔异象之间的关系。

本章的创新如下：第一，采用高频数据分解贝塔为连续和跳跃的部分，并以此验证中国股票市场尚未研究的低贝塔异象。现有研究主要基于非高频数据研究贝塔异象，本章基于日内高频数据考虑个股的日内连续、日内跳跃和隔夜跳跃等三个类型的贝塔，并考察其风险溢价是否存在异象。结果发现当控制了市场贝塔和连续贝塔的差异后，根据跳跃贝塔构造的零投资组合超额收益是显著为正的，即低贝塔异象是存在的；控制了跳跃贝塔后，根据连续贝塔构造的组合不再有显著超额收益，根据市场贝塔构造的组合超额收益由正变负，二者均没有了低贝塔异象，这说明中国股票市场上低贝塔异象的存在主要是日内收益跳跃部分引起的。这进一步证实高频数据下跳跃风险的重要作用。第二，根据中国市场特征，除反转异象、特质波动率异象、最大日收益效应之外，控制换手率这一特殊的因子验证低贝塔异象的稳定性。结果发现控制反转异象、特质波动率异象、最大日收益效应后，低贝塔异象依然是显著的，但是控制流动性和换手率变量后，跳跃贝塔的系数变得不再显著，这与 Bollerslev 等（2016）的做法和结论是不同的，这一方面体现中国市场的特殊性，另一方面也为投资者应对跳跃风险提供重要参考。本章的研究结果表明个股的跳跃贝塔与换手率和流动性有较大关系，中国股票市场跳跃贝塔造成的低贝塔异象可以由流动性因素和换手率异象解释，这与股市中价量同步是一致的，投资者在构造组合时应充分考虑个股与市场同步发生的极端跳跃行为，积极关注那些低贝塔的组合，考察其流动性和换手率的变化情况。

## 4.2　连续和跳跃贝塔构造与估计

### 4.2.1　各类贝塔的构造

市场组合在 $t$ 时刻的价格记作 $P_t^{(0)}$，价格取对数表示为 $p_t^{(0)} \equiv \log P_t^{(0)}$。参照 Bollerslev 等（2016）的研究，市场瞬时的收益率可以由以下一般的动态过程表达：

$$\mathrm{d}p_t^{(0)} = \alpha_t^{(0)} \mathrm{d}t + \sigma_t \mathrm{d}W_t + \int_R \chi \overline{\mu}(\mathrm{d}t, \mathrm{d}\chi) \tag{4.1}$$

其中，$W_t$ 为布朗运动，描述连续的高斯过程，表示平滑的、波动率为 $\sigma_t$ 的市场价格冲击；$\overline{\mu}$ 为衡量跳跃的变量，表示非连续的（极端的）市场价格变动；$\alpha_t^{(0)}$ 为漂移项。

个股的横截面价格表示为 $P_t^{(i)}$，$i=1,2,\cdots,n$，对价格取对数表示为 $p_t^{(i)} \equiv \log P_t^{(i)}$，个股瞬时收益率的表达式为

$$\mathrm{d}p_t^{(i)} = \alpha_t^{(i)} \mathrm{d}t + \beta_t^{(c,i)} \sigma_t^{(i)} \mathrm{d}W_t + \int_R \beta_t^{(d,i)} \chi \overline{\mu}_0 (\mathrm{d}t,\mathrm{d}\chi) + \overline{\sigma}_t^{(i)} \mathrm{d}W_t^{(i)} + \int_R \chi \overline{\mu}^{(i)} (\mathrm{d}t,\mathrm{d}\chi) \tag{4.2}$$

其中，等号右侧第一项为漂移项；第二项为市场价格平滑运动时个股价格跟随市场的平滑运动；第三项为市场出现跳跃时个股跟随市场的跳跃过程；第四项中 $W_t^{(i)}$ 为与 $W_t$ 正交的布朗运动，表示个股与市场无关的平滑运动；第五项为与市场无关的个股特定的跳跃，即表示市场不发生跳跃时个股自身的跳跃。等号右侧的所有项两两正交。

根据 Todorov 和 Bollerslev（2010）的研究，对于个股 $i$ 和 $j$，$p_i$ 和 $p_j$ 在时间 $[0,T]$ 上有

$$[p_i^c, p_j^c]_{(0,\ T)} = \beta_i^c \beta_j^c \int_0^T \sigma_{0s}^2 \mathrm{d}s \qquad (4.3)$$

$$\sum_{s \leq T} |\Delta p_{is}|^\tau |\Delta p_{js}|^\tau = |\beta_i^d \beta_j^d|^\tau \int_{E_0} |\chi|^{2\tau} \overline{\mu}_0(\mathrm{d}t,\ \mathrm{d}\chi) \qquad (4.4)$$

其中，$[p_i^c, p_j^c]_{(0,\ T)}$ 为连续部分 $p_i$ 和 $p_j$ 在 $[0,\ T]$ 上的二次协变差；$\beta_i^c$、$\beta_i^d$ 分别为连续、跳跃贝塔。对于任意的个股 $i$ 在时刻 $s$，有 $\Delta p_{is} = p_{is} - p_{is-}$，$p_{is-}$ 为左极限。$\tau$ 为满足约束条件的常数（Ait-Sahalia and Jacod，2009）。

引入个股 $k$（$k = 1, 2, \cdots, N$ 且 $k \neq i$，$k \neq j$），由式（4.4）可得

$$\frac{\beta_i^c}{\beta_j^c} = \frac{[p_i^c, p_k^c]_{(0,\ T]}}{[p_j^c, p_k^c]_{(0,\ T]}} \qquad (4.5)$$

$$\frac{\beta_i^d}{\beta_j^d} = \frac{\operatorname{sign}\left\{\sum_{s \leq T} \operatorname{sign}\{\Delta p_{is} \Delta p_{ks}\} |\Delta p_{is} \Delta p_{ks}|\right\}}{\operatorname{sign}\left\{\sum_{s \leq T} \operatorname{sign}\{\Delta p_{js} \Delta p_{ks}\} |\Delta p_{js} \Delta p_{ks}|\right\}} \times \left(\frac{\left|\sum_{s \leq T} \operatorname{sign}\{\Delta p_{is} \Delta p_{ks}\} |\Delta p_{is} \Delta p_{ks}|^\tau\right|}{\left|\sum_{s \leq T} \operatorname{sign}\{\Delta p_{js} \Delta p_{ks}\} |\Delta p_{js} \Delta p_{ks}|^\tau\right|}\right)^{1/\tau} \qquad (4.6)$$

其中，$\operatorname{sign}\{\}$ 为符号函数，用于保持被绝对值破坏的数值符号。

当引入的 $k$ 为市场组合，且 $j$ 也为市场组合时（$k = j = 0$），便可得到个股 $i$ 的连续贝塔值表达式：

$$\beta_i^c = \frac{[p_i^c, p_0^c]_{(0,\ T]}}{[p_0^c, p_0^c]_{(0,\ T]}} \qquad (4.7)$$

其中，分子为个股 $i$ 与市场组合价格的二次协变差；分母为市场组合价格的二次变差。

跳跃贝塔表达式为

$$\beta_i^d = \operatorname{sign}\left\{\sum_{s \leq T} \operatorname{sign}\{\Delta p_{is} \Delta p_{0s}\} |\Delta p_{is} \Delta p_{0s}|\right\} \times \left(\frac{\left|\sum_{s \leq T} \operatorname{sign}\{\Delta p_{is} \Delta p_{0s}\} |\Delta p_{is} \Delta p_{0s}|^\tau\right|}{\left|\sum_{s \leq T} |\Delta p_{0s}|^{2\tau}\right|}\right)^{1/\tau} \qquad (4.8)$$

### 4.2.2　连续贝塔和跳跃贝塔的估计

将日内高频交易数据在 $[t,\ t+1)$ 日进行 $n$ 等分，将市场组合在第 $\tau$ 个区间上的收益记作 $r_{t:\tau}^{(0)} \equiv p_{t+\tau/n}^{(0)} - p_{t+(\tau-1)/n}^{(0)}$，个股 $i$ 在第 $\tau$ 个区间上的收益记作 $r_{t:\tau}^{(i)} \equiv p_{t+\tau/n}^{(i)} - p_{t+(\tau-1)/n}^{(i)}$。

1. 连续贝塔的估计

假设市场与个股在样本期间内均不存在跳跃，即 $\mu \equiv 0$，$\mu^{(i)} \equiv 0$。此时，连续贝塔可用一般最小二乘法估计，用个股 $i$ 离散的高频收益率数据与对应的市场组合数据回归。回归结果可由式（4.9）给出，其中，$l$ 是选定的估计贝塔所用的天数：

$$\frac{\sum_{s=t-l}^{t-1}\sum_{\tau} r_{s:\tau}^{(i)} r_{s:\tau}^{(0)}}{\sum_{s=t-l}^{t-1}\sum_{\tau} \left(r_{s:\tau}^{(0)}\right)^2} = \frac{\sum_{s=t-l}^{t-1}\sum_{\tau}\left[\left(r_{s:\tau}^{(i)}+r_{s:\tau}^{(0)}\right)^2 - \left(r_{s:\tau}^{(i)}-r_{s:\tau}^{(0)}\right)^2\right]}{4\sum_{s=t-l}^{t-1}\sum_{\tau}\left(r_{s:\tau}^{(0)}\right)^2} \quad (4.9)$$

在实际情况中市场组合和个股的价格在区间 $[t-l, t]$ 上均可能出现跳跃。为了使式（4.9）在估计连续贝塔时仍然有效，需要将区间内所有非连续部分剔除。Bollerslev 等（2013）提供在样本区间找出跳跃的方法，剔除之后的连续贝塔的估计式为

$$\hat{\beta}_t^{(c,i)} = \frac{\sum_{s=t-l}^{t-1}\sum_{\tau}\left[\left(r_{s:\tau}^{(i)}+r_{s:\tau}^{(0)}\right)^2 1_{\left\{\left|r_{s:\tau}^{(i)}+r_{s:\tau}^{(0)}\right|\leqslant k_{s:\tau}^{(i+0)}\right\}} - \left(r_{s:\tau}^{(i)}-r_{s:\tau}^{(0)}\right)^2 1_{\left\{\left|r_{s:\tau}^{(i)}-r_{s:\tau}^{(0)}\right|\leqslant k_{s:\tau}^{(i-0)}\right\}}\right]}{4\sum_{s=t-l}^{t-1}\sum_{\tau}\left(r_{s:\tau}^{(0)}\right)^2 1_{\left\{\left|r_{s:\tau}^{(0)}\right|\leqslant k_{s:\tau}^{(0)}\right\}}} \quad (4.10)$$

其中，$1_{\{\}}$ 为示性函数，当花括号中条件满足时取值为 1，否则为 0。

2. 区分连续与跳跃的方法

对于每一天 $t=1,2,\cdots,T$，每一只个股 $j=1,2,\cdots,M$，根据 Bollerslev 等（2013）的研究，基于已实现方差（RV）和二次幂变差（BV），可以估计整体市场或个股在日内某一时刻的 TOD 波动性，估计式如下：

$$\text{TOD}_i^{(j)} = \frac{n\sum_{t=1}^{T}\left|r_{i_t}^{(j)}\right|^2 1_{\left\{\left|r_{i_t}^{(j)}\right|\leqslant \bar{\tau}\sqrt{\text{BV}_t^{(j)} \wedge \text{RV}_t^{(j)}} n^{-\bar{\omega}}\right\}}}{\sum_{s=1}^{nT}\left|r_s^{j}\right|^2 1_{\left\{\left|r_s^{(j)}\right|\leqslant \bar{\tau}\sqrt{\text{BV}_t^{(j)} \wedge \text{RV}_t^{(j)}} n^{-\bar{\omega}}\right\}}} \quad (4.11)$$

其中，$i=1,2,\cdots,n$，$i_t=(t-1)n+i$，$\bar{\tau}>0$，$\bar{\omega}\in(0,0.5)$ 均为常数。$\text{TOD}_i^{(j)}$ 中通过设定 $\bar{\tau}$ 和 $\bar{\omega}$ 可以有效地将跳跃剔除。根据 Bollerslev 等（2013）的研究，设定 $\bar{\tau}=2.5$，$\bar{\omega}=0.49$。

区分连续和跳跃的条件为

$$k_{t:\tau}^{(j)} = \bar{\tau} n^{-\bar{\omega}}\sqrt{\left(\text{BV}_t^{(j)} \wedge \text{RV}_t^{(j)}\right) \times \text{TOD}_\tau^{(j)}}, \quad \tau=1,2,\cdots,n \quad (4.12)$$

3. 跳跃贝塔的估计

根据高频收益率数据的幂次，跳跃部分的极端数据在估计贝塔时将起到决定

性的作用，而连续部分可以忽略不计。此时 $\beta_t^{(d,i)}$ 的估计式为

$$\hat{\beta}_t^{(d,i)} = \sqrt{\frac{\sum_{s=t-l}^{t-1}\sum_\tau \left(r_{s:\tau}^{(i)} r_{s:\tau}^{(0)}\right)^2}{\sum_{s=t-l}^{t-1}\sum_\tau \left(r_{s:\tau}^{(0)}\right)^4}} \qquad (4.13)$$

**4. 隔夜贝塔的估计**

由于开盘前的集合竞价机制，股票价格从前一天收盘到第二天开盘的变动也十分重要，通常这些价格变动较大，可以视作跳跃过程。基于此，对连续交易时间内跳跃贝塔的估计方法可以扩展到这种隔夜的非连续交易时间。用隔夜非连续时间估计得到的隔夜贝塔 $\beta_t^{(n,i)}$ 的估计式如下，其中，$p_{s+1,o}^{()}$ 表示后一日的开盘价；$p_{s,c}^{()}$ 表示前一日的收盘价：

$$\hat{\beta}_t^{(n,i)} = \sqrt{\frac{\sum_{s=t-l}^{t-1}\left[(p_{s+1,o}^{(i)} - p_{s,c}^{(i)})(p_{s+1,o}^{(0)} - p_{s,c}^{(0)})\right]^2}{\sum_{s=t-l}^{t-1}(p_{s+1,o}^{(0)} - p_{s,c}^{(0)})^4}} \qquad (4.14)$$

**5. 基于 CAPM 的贝塔估计**

除了基于高频数据的日内和隔夜贝塔外，我们也计算每一只个股的标准 CAPM 的贝塔值 $\beta_i^s$，即用 $l$ 天内个股日收益率与市场组合日收益率做回归得到的系数。

综上，我们得到了四种不同的贝塔，分别为连续贝塔 $\beta_i^c$、跳跃贝塔 $\beta_i^d$、隔夜贝塔 $\beta_i^n$ 和市场贝塔 $\beta_i^s$。

## 4.3 数据与方法设计

### 4.3.1 样本数据

本章所使用的数据为 2000 年 1 月至 2016 年 7 月所有的 A 股高频数据，频率为 15 分钟，为了进行稳健性检验，还选用了 5 分钟和 30 分钟数据。对不满足要求的数据进行了剔除，具体如下：①去掉了该时间段内所有的 ST/*ST 股票；②交易日内存在临时停牌的股票，停牌造成当日收益数据的缺失，破坏数据结构，估计贝塔时十分不便，因此予以剔除；③剔除上市时间不足 1 年的股票，这是由于

对贝塔进行估计时选用的时间跨度为 1 年，交易天数不足导致数据不可用。此外，选择用发布时间最久、受关注程度最高的上证综合指数代表市场组合。所有高频数据均来自标普永华数据中心。理论上，上文的各个估计式需要满足 $n \to \infty$，即数据的频率越高，对贝塔的估计越趋近真实的贝塔，但是实际交易过程中存在市场微观结构的混乱，如买卖价差、价格的离散化、异步交易等，当选择的数据频率越高时，微观结构的混乱越严重，而降低数据频率是解决微观结构混乱较好的方法（Bollerslev et al., 2008）。Bollerslev 等（2008）通过实证研究表明，选择使用 17.5 分钟的数据（每天取 22 个数据）可以有效降低市场微观结构混乱对结果造成的影响。估计贝塔时结果的准确程度对市场微观结构更为敏感，因此 Bollerslev 等（2016）选择使用 75 分钟频率的数据进行估计（每天仅 5 个数据）。综合以上文献的分析，再结合中国股票市场的交易时间，选择使用 15 分钟频率数据（每天取 16 个数据）。当然，为了保证结果的稳健性，还使用了 5 分钟和 30 分钟数据做了稳健性检验。本章使用高频交易数据构造月度水平上的贝塔值，在构造多空交易策略时需要对组合收益率进行风险调整，所以需要 Fama-French 三因子的月度数据，该数据来自国泰安金融数据库。

此外，为研究市场上存在的其他异象能否解释跳跃贝塔的风险定价，还引入反转因子 REV、特质波动率 IVOL、最大日收益率 MAX、非流动性指标 ILLIQ 和换手率 Turnover 等变量，分别表示我国股票市场上存在的反转异象、特质波动率异象、最大日收益效应、流动性异象和换手率异象。市值 Size 和账面市值比 BM 作为控制变量。构造变量所需的个股收益率、交易量和换手率等数据均来自 Wind 资讯金融终端。这些指标的具体构造方法如下。

（1）反转因子 REV。根据 Jegadeesh（1990）、Lehmann（1990）的研究，股票在 $t$ 月末的短期反转变量为当月实现的收益率。

（2）特质波动率 IVOL。根据 Ang 等（2006a）的研究，某只股票 $t$ 月末的特质波动率用当月收益率进行 Fama-French 三因子回归得到的残差的标准差度量。

$$r_{i,d} - r_{f,d} = \alpha_i + \beta_i(r_{0,d} - r_{f,d}) + \gamma_i \text{SMB}_d + \phi_i \text{HML}_d + \varepsilon_{i,d} \quad (4.15)$$

其中，$r_{i,d}$ 和 $r_{0,d}$ 分别表示股票 $i$ 和市场组合在 $d$ 天的日收益率；SMB 和 HML 分别表示 Fama 和 French（1993）中的市值和账面市值比因子。

（3）最大日收益率 MAX，表示 $t$ 月内最大的日收益率，根据 Bali 等（2011）的研究由式（4.16）给出：

$$\text{MAX}_{i,t} = \max(R_{i,d}), \quad d = 1, 2, \cdots, D_t \quad (4.16)$$

其中，$R_{i,d}$ 表示股票 $i$ 在第 $d$ 天的日收益率；$D_t$ 表示第 $t$ 月的交易天数。

（4）非流动性指标 ILLIQ。由于我们的研究用到日内 15 分钟高频数据，故同样需要高频的流动性指标相对应。借鉴 Amihud（2002）的研究，股票 $i$ 在 $t$

月末的非流动性指标度量方法是当月所有 15 分钟收益率绝对值与对应交易额之比的平均值：

$$\text{ILLIQ}_{i,t} = \frac{1}{N}\sum_{t:\tau}\left(\frac{|r_{i,\tau}|}{\text{volume}_{i,\tau} \times \text{price}_{i,\tau}}\right) \quad (4.17)$$

（5）换手率 Turnover。用股票 $i$ 在 $t$ 月所有交易日交易总量与流通市值之比度量。

### 4.3.2 方法设计

1. 排序

第一步，首先，根据前文所述估计方法，使用半年内频率为 15 分钟的高频收益率数据，分别估计出月度的日内连续贝塔和日内跳跃贝塔，用半年内日收益率数据估计出隔夜跳跃贝塔、标准 CAPM 的市场贝塔。其次，用单变量分组的方法根据某个贝塔分 5 组排序，通过买入相应的低贝塔组股票、卖空相应的高贝塔组股票构造零投资组合，研究各个贝塔组合的风险溢价情况。

第二步，由于各个贝塔之间可能存在较强的相关性，上述方法在使用某一贝塔进行排序分组时，可能造成另一贝塔也在每组中具有较大差异，此时无法识别各个组合之间的收益差别到底是来自哪个贝塔的差异，因此使用双变量排序分组的方法，控制每组中其他变量的差异。具体做法如下：在每个月末先按控制变量排序，均分为 5 组（$C_1 \sim C_5$），再在每个组内按照相应贝塔排序，分为 5 组（$B_1 \sim B_5$），然后将具有相同贝塔序号的组合并，形成组合 $P_1 \sim P_5$，如表 4.1 所示。

表 4.1 双变量排序分组法的具体操作

| 变量 | 变量 $C_1$ | 变量 $C_2$ | 变量 $C_3$ | 变量 $C_4$ | 变量 $C_5$ | 最终组合 |
|---|---|---|---|---|---|---|
| 变量 $B_1$ | $C_1B_1$ | $C_2B_1$ | $C_3B_1$ | $C_4B_1$ | $C_5B_1$ | $P_1$ |
| 变量 $B_2$ | $C_1B_2$ | $C_2B_2$ | $C_3B_2$ | $C_4B_2$ | $C_5B_2$ | $P_2$ |
| 变量 $B_3$ | $C_1B_3$ | $C_2B_3$ | $C_3B_3$ | $C_4B_3$ | $C_5B_3$ | $P_3$ |
| 变量 $B_4$ | $C_1B_4$ | $C_2B_4$ | $C_3B_4$ | $C_4B_4$ | $C_5B_4$ | $P_4$ |
| 变量 $B_5$ | $C_1B_5$ | $C_2B_5$ | $C_3B_5$ | $C_4B_5$ | $C_5B_5$ | $P_5$ |

由于 $P_1$ 和 $P_5$ 组中都既有 $C$ 值高又有 $C$ 值低的股票，平均后认为 $P_1$ 和 $P_5$ 组合中 $C$ 值没有差异，其差异主要是 $B$ 值的大小，于是便控制了 $C$ 的差异。通过控制其他贝塔值的差异，即可单独研究某一个贝塔的风险溢价情况。

2. Fama-MacBeth 回归

为了研究各个贝塔的风险溢价是否与市场其他异象有关，使用 Fama 和

MacBeth（1973）的回归方法，在横截面上个股持有期收益对贝塔和其他变量进行回归，然后在时间序列上求各个系数的均值及显著性水平，观察控制其他市场异象后贝塔对股票的未来收益是否仍具有解释能力，从而研究贝塔风险溢价是否可被其他市场异象解释。

## 4.4　连续贝塔、跳跃贝塔与横截面收益

实证结果主要是基于对样本期内每只个股高频交易数据的连续贝塔、日内跳跃贝塔和隔夜跳跃贝塔的估计，使用滚动重叠的 1 年期数据估计各个贝塔的月度数据，之所以选择较长估计窗口是由于系统性跳跃过程出现次数太少，需要从较长时间内捕捉（Todorov and Bollerslev，2010）。此外，出于稳健性考虑也使用了半年时间窗口进行估计，得到的结果依然具有较强显著性。

### 4.4.1　单变量排序分组下各个贝塔的风险溢价

在每个月末，分别根据市场贝塔、连续贝塔、跳跃贝塔、隔夜贝塔进行单变量排序，均分成 5 组，构造多空组合。对于每个组合，计算其对应的贝塔构造期未来一个月的月收益率，考察当期贝塔对未来收益的预测作用，实证结果在表 4.2 中显示。

表 4.2　按各个贝塔分组时各组中贝塔值和收益

| 分组变量贝塔 | | 市场贝塔 | 连续贝塔 | 跳跃贝塔 | 隔夜贝塔 | 下月收益 收益 | 下月收益 t 值 |
|---|---|---|---|---|---|---|---|
| 市场贝塔 | 1（低） | 0.58 | 0.62 | 0.67 | 1.06 | 2.13*** | （2.72） |
| | 2 | 0.94 | 0.89 | 0.94 | 1.17 | 1.75** | （2.34） |
| | 3 | 1.12 | 1.02 | 1.07 | 1.24 | 1.76** | （2.24） |
| | 4 | 1.28 | 1.13 | 1.19 | 1.32 | 1.64** | （2.03） |
| | 5（高） | 1.55 | 1.32 | 1.39 | 1.52 | 1.14 | （1.34） |
| | 1–5 | 0.97 | 0.70 | 0.72 | 0.46 | 0.99** | （2.17） |
| | FF3 alpha | | | | | 0.64 | （1.48） |
| 连续贝塔 | 1（低） | 0.80 | 0.37 | 0.84 | 1.16 | 1.93** | （2.43） |
| | 2 | 1.01 | 0.77 | 1.00 | 1.20 | 1.78** | （2.30） |
| | 3 | 1.12 | 1.00 | 1.07 | 1.24 | 1.77** | （2.26） |
| | 4 | 1.21 | 1.24 | 1.13 | 1.29 | 1.65** | （2.09） |
| | 5（高） | 1.33 | 1.67 | 1.21 | 1.41 | 1.19 | （1.48） |
| | 1–5 | 0.53 | 1.30 | 0.37 | 0.25 | 0.74** | （2.07） |
| | FF3 alpha | | | | | 0.50 | （1.46） |

续表

| 分组变量贝塔 | | 市场贝塔 | 连续贝塔 | 跳跃贝塔 | 隔夜贝塔 | 下月收益 | |
|---|---|---|---|---|---|---|---|
| | | | | | | 收益 | t 值 |
| 跳跃贝塔 | 1（低） | 0.68 | 0.71 | 0.57 | 1.02 | 2.29*** | （3.01） |
| | 2 | 0.99 | 0.95 | 0.89 | 1.16 | 1.92** | （2.59） |
| | 3 | 1.13 | 1.03 | 1.07 | 1.25 | 1.84** | （2.32） |
| | 4 | 1.23 | 1.24 | 1.24 | 1.34 | 1.50 | （1.84） |
| | 5（高） | 1.42 | 1.50 | 1.50 | 1.51 | 0.81 | （0.95） |
| | 1−5 | 0.74 | 0.79 | 0.93 | 0.49 | 1.48*** | （3.15） |
| | FF3 alpha | | | | | 1.12** | （2.55） |
| 隔夜贝塔 | 1（低） | 0.89 | 0.83 | 0.83 | 0.57 | 1.77** | （2.41） |
| | 2 | 1.06 | 0.97 | 1.01 | 0.93 | 1.69** | （2.24） |
| | 3 | 1.13 | 1.03 | 1.08 | 1.19 | 1.68** | （2.15） |
| | 4 | 1.17 | 1.05 | 1.14 | 1.51 | 1.72** | （2.15） |
| | 5（高） | 1.20 | 1.06 | 1.17 | 2.26 | 1.66* | （1.97） |
| | 1−5 | 0.31 | 0.23 | 0.34 | 1.69 | 0.12 | （0.37） |
| | FF3 alpha | | | | | 0.00 | （0.03） |

*、**、***分别表示显著性水平为 10%、5%、1%

注：表中收益率数据均省略%；FF3 alpha 表示经 Fama-French 三因素调整的超额收益

表 4.2 第 2~5 列为各贝塔分组下每组中 4 种贝塔的具体数值，可以看出不管按照哪个贝塔排序分组，各个贝塔均体现出递增的趋势，说明 4 种贝塔的相关性较强，分完组后每组不仅分组贝塔有差异，其他三种贝塔也有差异。由表 4.2 可知，按 CAPM 回归得到的市场贝塔进行排序分组时，当通过买入最低市场贝塔组股票、卖空最高市场贝塔组股票构建的零投资组合在持有一个月时，其持有期收益为 0.99%，t 值为 2.17，且持有期收益体现出收益与风险的负向关系，说明总体上当期的市场贝塔风险溢价并未被市场充分反应，当月的贝塔值对下月的收益具有负向预测作用。按日内连续贝塔进行排序分组时，数据显示收益特征与市场贝塔分组时表现相似，对于多空策略构造的零投资组合，持有一个月的收益率为 0.74%，t 值为 2.07，在 5%的水平下是显著的。连续贝塔与市场贝塔表现出相似的特征是可以理解的，这是由于市场上系统性非连续的跳跃行为较少出现。当用 Fama-French 三因素模型对以上两组的持有期收益进行风险调整后，t 值显示收益率不再显著，说明 CAPM 和连续部分的低贝塔异象可以用已有的 Fama-French 三因子解释。

表 4.2 中，按日内跳跃贝塔进行排序分组时，在未来的一个月，最高跳跃贝塔组收益率为 0.81%，最低跳跃贝塔组收益率为 2.29%，零投资组合收益率为 1.48%，

$t$ 值为 3.15，进行 Fama-French 三因素风险调整后的收益率为 1.12%，$t$ 值为 2.55，依然具有显著性，说明日内跳跃贝塔存在低贝塔异象且不能用 Fama-French 三因子解释，与其他因素有关。当按非交易时间的隔夜贝塔分组时，不同组合的收益分布与前述三种贝塔的特征均类似，但是零投资组合持有一个月的收益率为 0.12%，$t$ 值不显著，说明隔夜贝塔组合的超额收益在当期已被市场反应，这与市场表现具有一致性，因为非交易时间的消息公布可能会通过次日集合竞价得以反应，隔夜贝塔组合的超额收益存在时间较短，不具有持续性。

### 4.4.2 双变量排序分组下各个贝塔的风险溢价

由于各个贝塔之间可能存在较强的相关性，无法识别各个组合之间的持有期收益差别到底是来自哪个贝塔的差异，因此使用双变量排序分组的方法进行变量控制，考察控制另一贝塔后各个投资组合持有期收益的显著性。由于非交易时间的隔夜组合持有期收益不具有显著性，因此没有处理，实证结果如表 4.3 所示。

表 4.3 双变量排序分组下各个组合持有期收益率

| 控制/分组变量 | 控制跳跃贝塔 | | 控制连续贝塔 | | 控制市场贝塔 | |
|---|---|---|---|---|---|---|
| | 连续贝塔 | 市场贝塔 | 跳跃贝塔 | 市场贝塔 | 连续贝塔 | 跳跃贝塔 |
| 1（低） | 1.64** (2.04) | 1.27 (1.62) | 2.21*** (2.98) | 1.75** (2.33) | 1.66** (2.02) | 2.16*** (2.83) |
| 2 | 1.71** (2.21) | 1.65** (2.14) | 1.92** (2.57) | 1.78** (2.36) | 1.74** (2.23) | 1.94** (2.59) |
| 3 | 1.76** (2.26) | 1.85** (2.37) | 1.78** (2.28) | 1.79** (2.31) | 1.79** (2.31) | 1.78** (2.29) |
| 4 | 1.71** (2.20) | 1.75** (2.26) | 1.54* (1.89) | 1.67** (2.08) | 1.68** (2.19) | 1.52* (1.90) |
| 5（高） | 1.62** (2.07) | 1.86** (2.29) | 0.90 (1.07) | 1.39 (1.63) | 1.54* (1.99) | 0.93 (1.13) |
| 低−高 | 0.02 (0.09) | −0.59** (−2.27) | 1.31*** (3.40) | 0.36 (1.07) | 0.11 (0.54) | 1.23*** (4.33) |
| FF3 alpha | −0.10 (−0.31) | −0.71*** (−2.71) | 1.09*** (3.00) | 0.15 (0.45) | 0.01 (0.31) | 1.14*** (4.04) |

*、**、***分别表示显著性水平为 10%、5%、1%

注：表中收益率数据均省略%；FF3 alpha 表示经 Fama-French 三因素调整的超额收益

根据表 4.3，可以看出，当控制了跳跃贝塔的差异后，按连续贝塔分组构造的各个组合在未来一个月持有期收益率没有显著差异，买入最低连续贝塔组股票，卖空最高连续贝塔组股票的零投资组合持有期收益率为 0.02%且不显著。当控制市场贝塔后，按连续贝塔分组构造的零投资组合在持有期的收益率为0.11%且同样不显著。这与表4.2中连续贝塔分组得到低连续贝塔异象是不同的，但与其FF3 alpha不显著是一致的，说明单变量分组时连续贝塔的低贝塔异象仅是表象。对于按市场贝塔分组构造的组合，当控制了连续贝塔的差异后，按市场贝塔构造的多空策略的持有期收益率是不显著的，而控制了跳跃贝塔后，按连续贝塔分组构造的组合持有期收益率反而与市场贝塔呈现出正向关系，随着市场贝塔的增大，组合持有期收益是递增的，多空策略的持有期收益为负数且显著（-0.59%，t值为-2.27），用Fama-French三因素风险调整后，收益依然显著为负，这与低贝塔异象的显著为正是不同的，说明了由市场贝塔造成的低贝塔异象也是不存在的。对于按跳跃贝塔分组构造的组合，不论是控制了连续贝塔还是市场贝塔的差异，一方面，跳跃贝塔表现出与前文一致的特征，即随着跳跃贝塔的增大，组合的持有期收益是递减的，零投资组合的收益都是显著为正的（分别为1.31%和1.23%，t值分别为3.40和4.33）；另一方面，对组合收益率进行Fama-French三因素风险调整后，超额收益依然显著为正（收益分别为1.09%和1.14%，t值分别为3.00和4.04），即存在低贝塔异象，这与表4.2是一致的。综合以上分析，低贝塔异象主要是由日内跳跃贝塔造成的。

### 4.4.3　低贝塔异象与其他市场异象

在双变量排序分组的方法中没有进行任何模型形式设定，然而在根据不同贝塔进行分组时却忽略了很多诸如市值、账面市值比等公司层面的横截面信息的差异，而且双变量分组尽管可以起到控制变量的作用，但是每一次只能控制一个变量，因此在研究其他异象对低贝塔效应的影响时需要进行回归分析。借鉴Fama-MacBeth的方法，先在横截面上将股票持有期收益率与贝塔及其他变量做回归分析，然后在时间序列上求各个系数的均值及t值，研究变量是否对持有期收益具有解释能力。

为了研究由日内跳跃部分造成的低贝塔异象是否与其他市场异象有关，引入变量反转因子REV、特质波动率IVOL、最大日收益率MAX、非流动性ILLIQ、换手率Turnover，另外，市值Size和账面市值比BM作为控制变量。回归前先对各个变量之间做相关性检验，相关系数在表4.4中显示。

表4.4　贝塔与各个变量之间的相关性

| 变量 | 跳跃贝塔 | 连续贝塔 | 隔夜贝塔 | 市场贝塔 | 市值 | 账面市值比 | 反转因子 | 特质波动率 | 最大日收益率 | 非流动性 | 换手率 |
| --- | --- | --- | --- | --- | --- | --- | --- | --- | --- | --- | --- |
| 跳跃贝塔 | 1 | 0.44 | 0.50 | 0.60 | 0.10 | 0.15 | -0.04 | 0.07 | 0.18 | -0.32 | 0.30 |

续表

| 变量 | 跳跃贝塔 | 连续贝塔 | 隔夜贝塔 | 市场贝塔 | 市值 | 账面市值比 | 反转因子 | 特质波动率 | 最大日收益率 | 非流动性 | 换手率 |
|---|---|---|---|---|---|---|---|---|---|---|---|
| 连续贝塔 | | 1 | 0.29 | 0.78 | 0.04 | 0.18 | -0.03 | -0.01 | 0.10 | -0.12 | 0.09 |
| 隔夜贝塔 | | | 1 | 0.48 | 0.08 | 0.03 | -0.03 | 0.06 | 0.13 | -0.21 | 0.17 |
| 市场贝塔 | | | | 1 | 0.01 | 0.22 | -0.04 | 0.00 | 0.17 | -0.16 | 0.19 |
| 市值 | | | | | 1 | 0.05 | 0.05 | -0.06 | -0.02 | -0.63 | -0.29 |
| 账面市值比 | | | | | | 1 | -0.10 | -0.30 | -0.15 | -0.02 | -0.15 |
| 反转因子 | | | | | | | 1 | 0.29 | 0.39 | -0.04 | 0.18 |
| 特质波动率 | | | | | | | | 1 | 0.69 | 0.12 | 0.51 |
| 最大日收益率 | | | | | | | | | 1 | -0.12 | 0.42 |
| 非流动性 | | | | | | | | | | 1 | -0.27 |
| 换手率 | | | | | | | | | | | 1 |

表 4.4 展示了四种不同贝塔和其他变量在横截面上的相关系数在时间序列上的月度水平平均值，从表中可以发现四种贝塔相互之间都有一定水平的相关性，但除了市场贝塔和连续贝塔的相关系数很大外（0.78），其他的贝塔之间相关系数均不超过 0.6。贝塔与非流动性、反转因子表现为负相关关系，与账面市值比、最大日收益率为正向关系，与特质波动率相关性较弱，这些变量与各个贝塔的关系相对都比较弱。此外，特质波动率与最大日收益率和换手率都有较大的正相关性，非流动性则与市值有负相关性。

表 4.5 展示了 Fama-MacBeth 回归结果，Panel A 中数据为解释变量为单个变量的结果，四种贝塔系数均为负，体现了贝塔与持有期收益的负相关关系，其中跳跃贝塔系数的 $t$ 值绝对值最大，说明其对持有期收益影响作用最大。代表各个异象的变量在单变量回归时系数也都是显著的，说明中国股票市场存在较为显著的反转异象、特质波动率异象、最大日收益效应、流动性异象、换手率异象等。

表 4.5 中 Panel B 为分别控制了相应变量后的回归结果，由于连续贝塔和市场贝塔相关性很强，为避免共线性问题，同时本部分也主要研究跳跃贝塔产生的低贝塔异象，故回归中不再包括市场贝塔。

回归（1）为控制市值和账面市值比后，各贝塔对持有期收益的影响效果，跳跃贝塔的系数依然显著为负，连续贝塔的系数不再显著，这与表 4.3 的结果一致。值得注意的是，控制跳跃贝塔、市值和账面市值比后，隔夜贝塔的系数显著为正，这反映了消除跳跃贝塔的影响后，非交易时间隔夜贝塔与收益呈正向关系，属于正常的风险溢价，不再是异常现象。

表 4.5 持有期收益率与贝塔及其他变量的 Fama-MacBeth 回归

| 变量 | 跳跃贝塔 | 连续贝塔 | 隔夜贝塔 | 市场贝塔 | 市值 | 账面市值比 | 反转因子 | 特质波动率 | 最大日收益率 | 非流动性 | 换手率 |
|---|---|---|---|---|---|---|---|---|---|---|---|
| Panel A: 单变量回归 | | | | | | | | | | | |
| 系数 | −0.019*** | −0.008* | −0.003 | −0.01* | −0.012** | 0.010 | −0.057*** | −0.783*** | −0.195*** | 0.007*** | −0.019*** |
| t值 | (−3.35) | (−1.84) | (−0.90) | (−1.80) | (−2.41) | (0.94) | (−4.48) | (−6.46) | (−4.53) | (3.01) | (−5.32) |
| Panel B: 多变量回归 | | | | | | | | | | | |
| (1) | −0.016*** | −0.002 | 0.004** | | −0.012** | 0.016* | | | | | |
| | (−3.18) | (−0.74) | (2.23) | | (−2.41) | (1.89) | | | | | |
| (2) | −0.015*** | −0.002 | 0.004* | | −0.009** | 0.010 | −0.056*** | | | | |
| | (−3.13) | (−0.65) | (1.87) | | (−2.04) | (1.16) | (−5.70) | | | | |
| (3) | −0.013*** | −0.004 | 0.005** | | −0.013*** | 0.003 | | −0.783*** | | | |
| | (−2.62) | (−1.13) | (2.30) | | (−2.62) | (0.33) | | (−7.99) | | | |
| (4) | −0.012** | −0.002 | 0.005** | | −0.013** | 0.010 | | | | | |
| | (−2.46) | (−0.57) | (2.36) | | (−2.54) | (1.23) | | | | | |
| (5) | −0.014*** | −0.003 | 0.004* | | −0.010** | 0.001 | −0.037*** | −0.763*** | −0.186*** | | |
| | (−2.88) | (−1.10) | (1.86) | | (−2.26) | (0.17) | (−3.20) | (−5.45) | (−6.65) | | |
| (6) | −0.008* | −0.003 | 0.003 | | −0.003 | 0.013** | | | 0.038 | 0.006*** | |
| | (−1.86) | (−0.99) | (1.43) | | (−1.03) | (2.06) | | | (1.18) | (3.56) | |
| (7) | −0.004 | −0.004 | 0.006*** | | −0.018*** | 0.006 | | | | | |
| | (−0.83) | (−1.29) | (2.95) | | (−3.52) | (0.75) | | | | | |
| (8) | −0.009* | −0.004 | 0.002 | | −0.002 | 0.002 | −0.038*** | −0.676*** | 0.031 | 0.006*** | −0.023*** |
| | (−1.95) | (−1.19) | (0.89) | | (−0.85) | (0.36) | (−2.94) | (−4.79) | (0.90) | (3.26) | (−7.93) |
| (9) | −0.006 | −0.004 | 0.002 | | −0.003 | 0.002 | −0.036*** | −0.451*** | 0.022 | 0.006*** | −0.011*** |
| | (−1.33) | (−1.20) | (0.80) | | (−1.20) | (0.35) | (−2.75) | (−3.24) | (0.66) | (2.95) | (−3.60) |

*、**、***分别表示显著性水平为10%、5%、1%

回归（2）~（4）中显示，分别单独控制反转因子、特质波动率、最大日收益率后，跳跃贝塔的系数显著为负。回归（5）显示将以上三个变量同时控制后，跳跃的系数依然显著为负，说明由日内跳跃贝塔造成的低贝塔异象不是由反转异象、特质波动率异象、最大日收益效应等造成的。

回归（6）中加入流动性指标 ILLIQ 后，跳跃贝塔的系数显著性水平由 1%降为 10%；回归（7）中加入换手率变量 Turnover 后，跳跃贝塔的系数变得不再显著；回归（9）中同时加入 ILLIQ 和 Turnover 后，跳跃贝塔的系数也是不显著的。这些结果说明在一定程度上我国股票市场跳跃贝塔造成的低贝塔异象可以由流动性异象和换手率异象解释。这与股市中价量同步是一致的，日内发生跳跃的股票一般会同步发生流动性或者换手率的较大变化，跳跃贝塔大的股票受到欢迎，其下一期的收益反而较低，投资者对高跳跃贝塔的喜爱则直接体现在流动性和换手率上，控制这两个因素后高、低跳跃贝塔组合的差异消失。

### 4.4.4 稳健性检验

高频数据中，通常采用 5 分钟的数据进行分析，考虑到微观结构噪声的影响，前面的分析中主要使用 15 分钟的数据。为了保证结果的稳健性，使用 5 分钟数据对低贝塔异象进行实证检验，结果在表 4.6 中。

**表 4.6　频率为 5 分钟时按各个贝塔分组时各组中贝塔值和收益**

| 分组变量贝塔 | | 跳跃贝塔 | 连续贝塔 | 下月收益 | |
|---|---|---|---|---|---|
| | | | | 收益 | $t$ 值 |
| 跳跃贝塔 | 1（低） | 0.61 | 0.68 | 2.55*** | （3.16） |
| | 2 | 0.89 | 0.76 | 2.26*** | （2.89） |
| | 3 | 1.04 | 0.85 | 2.07** | （2.58） |
| | 4 | 1.19 | 0.95 | 1.84** | （2.22） |
| | 5（高） | 1.45 | 1.17 | 1.20 | （1.41） |
| | 1–5 | | | 1.35*** | （3.77） |
| | FF3 alpha | | | 1.44*** | （4.21） |
| 连续贝塔 | 1（低） | 0.90 | 0.49 | 2.17** | （2.48） |
| | 2 | 1.00 | 0.68 | 1.97** | （2.49） |
| | 3 | 1.05 | 0.85 | 1.93** | （2.43） |
| | 4 | 1.09 | 0.97 | 2.04** | （2.56） |
| | 5（高） | 1.15 | 1.21 | 1.81** | （2.28） |
| | 1–5 | | | 0.35 | （1.16） |
| | FF3 alpha | | | 0.10 | （0.34） |

**、***分别表示显著性水平为 5%、1%

注：表中收益率数据均省略%；FF3 alpha 表示经 Fama-French 三因素调整的超额收益

从表 4.6 中可以看出，当按照跳跃贝塔分组时，零投资组合的超额收益和经 Fama-French 三因素调整的超额收益都显著为正，说明低贝塔异象存在；当按照连续贝塔分组时，零投资组合的超额收益和经三因素调整的超额收益都不显著，说明低贝塔异象与连续贝塔无关。可见，表 4.6 的结果与表 4.2 的结果是类似的，这说明数据频率的选择对结果影响较小。

另外，为保证结果的稳健性，在对连续贝塔和跳跃贝塔进行估计时，除了选用 15 分钟高频数据外，还使用了 30 分钟数据，所选用的估计窗口除了 12 个月，还选用了 6 个月。表 4.7 为持有期收益与各个时间选择下的贝塔及其他变量的 Fama-MacBeth 回归结果。

表 4.7　不同数据频率及构造窗口下 Fama-MacBeth 回归

| 回归方程序号 | 跳跃贝塔 | 连续贝塔 | 市值 | 账面市值比 | 反转因子 | 特质波动率 | 最大日收益率 | 非流动性 | 换手率 |
|---|---|---|---|---|---|---|---|---|---|
| \multicolumn{10}{c}{跳跃贝塔为 15 分钟，连续贝塔为 30 分钟} ||||||||||
| 1 | −0.016*** (−3.08) | 0.002 (0.60) | −0.012** (−2.31) | 0.014 (1.62) | | | | | |
| 2 | −0.013** (−2.55) | 0.001 (0.56) | −0.010** (−2.02) | −0.001 (−0.11) | −0.036*** (−3.23) | −0.743*** (−5.44) | 0.035 (1.15) | | |
| 3 | −0.005 (−1.23) | −0.000 (−0.08) | −0.005 (−0.89) | −0.002 (−0.31) | −0.034*** (−2.94) | −0.386*** (−3.28) | 0.027 (0.85) | 0.005*** (2.85) | −0.013*** (−4.42) |
| \multicolumn{10}{c}{跳跃贝塔为 30 分钟，连续贝塔为 15 分钟} ||||||||||
| 4 | −0.011** (−2.16) | −0.002 (−0.53) | −0.012** (−2.40) | 0.014 (1.66) | | | | | |
| 5 | −0.009** (−2.03) | −0.004 (−0.94) | −0.009** (−2.18) | −0.000 (−0.04) | −0.040*** (−3.39) | −0.72*** (−5.42) | 0.036 (1.08) | | |
| 6 | −0.006 (−1.56) | −0.005 (−1.38) | −0.04 (−1.08) | −0.002 (−0.22) | −0.034*** (−2.90) | −0.383*** (−2.82) | 0.025 (0.76) | 0.006*** (3.01) | −0.016*** (−5.07) |
| \multicolumn{10}{c}{跳跃贝塔和连续贝塔都为 30 分钟} ||||||||||
| 7 | −0.013*** (−2.68) | −0.001 (−0.33) | −0.012** (−2.37) | 0.014 (1.67) | | | | | |
| 8 | −0.010** (−2.45) | −0.001 (−0.49) | −0.009** (−2.00) | −0.001 (−0.07) | −0.039*** (−3.39) | −0.756*** (−5.60) | 0.040 (1.24) | | |
| 9 | −0.004 (−1.03) | −0.001 (−0.44) | 0.001 (0.57) | −0.002 (−0.28) | −0.033*** (−2.91) | −0.039*** (−2.92) | 0.029 (0.89) | 0.005*** (2.82) | −0.017*** (−5.95) |

续表

| 回归方程序号 | 跳跃贝塔 | 连续贝塔 | 市值 | 账面市值比 | 反转因子 | 特质波动率 | 最大日收益率 | 非流动性 | 换手率 |
|---|---|---|---|---|---|---|---|---|---|
| 跳跃贝塔和连续贝塔都为15分钟 ||||||||||
| 10 | −0.013***<br>(−2.63) | 0.001<br>(0.39) | −0.009**<br>(−2.14) | 0.018**<br>(2.36) | | | | | |
| 11 | −0.011**<br>(−2.26) | −0.000<br>(−0.10) | −0.007*<br>(−1.80) | 0.004<br>(0.59) | −0.033***<br>(−2.92) | −0.772***<br>(−5.83) | 0.039<br>(1.19) | | |
| 12 | −0.003<br>(−0.64) | −0.000<br>(−0.31) | −0.002<br>(−0.87) | 0.002<br>(0.28) | −0.027**<br>(−2.31) | −0.412***<br>(−3.06) | 0.025<br>(0.74) | 0.005**<br>(2.56) | −0.018***<br>(−6.33) |

*、**、***分别表示显著性水平为10%、5%、1%

从表4.7中可以看出，不管高频数据的频率选择15分钟还是30分钟，不管贝塔值的估计窗口选择6个月还是12个月，回归结果均显示出相同的特征：①当控制了市值和账面市值比后，跳跃贝塔的系数是显著为负的，而连续贝塔的系数不显著（回归1、4、7、10），说明低贝塔异象主要是由于跳跃贝塔造成的；②在回归方程中引入表征反转异象、特质波动率异象、最大日收益效应的变量后，跳跃贝塔的系数依然是显著为负的（回归2、5、8、11），说明这些异象并不能解释低贝塔异象的论断是稳健的；③当引入非流动性指标 ILLIQ 和换手率变量 Turnover 后，ILLIQ 和 Turnover 的系数是显著的，但是跳跃贝塔的系数变得不再显著（回归3、6、9、12），跳跃贝塔引起的低贝塔异象能被流动性和换手率异象解释的结论也具有稳健性。

在日内数据中，股票极端情形的一种表现为股价跳跃。本章使用中国A股市场2000年1月至2016年7月所有股票的高频数据，基于二次变差、二次幂变差等统计方法，将全部交易区间按照价格的平滑程度划分为交易日内连续部分、交易日内跳跃部分和非交易时间隔夜部分，并分别估计三部分的个股的贝塔值：日内连续、日内跳跃贝塔和隔夜跳跃贝塔，还用个股日度交易数据估计 CAPM 市场贝塔值，考察这四种贝塔的风险溢价情况。

用单因素排序分组的方法，发现对于市场贝塔、连续贝塔和跳跃贝塔，随着贝塔值的增加，未来一个月的收益反而减小；买入最低贝塔组股票、卖空最高贝塔组的股票，可以得到显著为正的超额收益，说明中国股票市场上存在较强的低贝塔异象。在非交易时间的隔夜期间，零投资组合没有显著的超额收益，可能是由于集合竞价机制的存在，非交易时间发布的市场信息在集合竞价时得以充分反应，该段时间内贝塔的风险溢价并没有较长的持续性，据此构造的零投资组合在未来1个月没有超额收益。由于存在多个不同的贝塔，故采用单独控制了每组中其他贝塔的双变量分组排序方法，研究低贝塔异象。结果显示，低贝塔异象在控制市场贝塔和连续贝塔后是存在的，而控制跳跃贝塔后低贝塔异象没有了。因此，中国股票市场中日内收益跳跃部分是引起低贝塔异象的主要原因。

　　本章进一步研究跳跃贝塔的低贝塔异象与市场上其他异象之间的关系，发现控制反转异象、特质波动率异象和最大日收益效应后，低贝塔异象依然是显著的，但是控制流动性和换手率变量后，跳跃贝塔的系数变得不再显著，说明在一定程度上中国股票市场跳跃贝塔造成的低贝塔异象可以被流动性异象和换手率异象解释。这种关系与股票市场交易过程中的价量同步表现是一致的。这些结论说明：一方面，趋势或者反转因素、公司特征和投资者的赌博心理等与低贝塔异象关系不大；另一方面，个股跳跃与市场跳跃的关系，即跳跃贝塔与换手率和流动性有较大关系，这与价量一致是相符的，也反映了中国市场中典型的"同涨同跌"特征。因此，在构造组合时，投资者可以积极关注那些低贝塔的组合，一方面充分考虑日内数据上个股与市场同步发生的极端跳跃行为；另一方面考察其流动性和换手率的变化情况，这样有助于防范风险并提升投资组合的业绩。

# 第5章 考虑极端市场的流动性指标改进测度与定价

## 5.1 流动性测度与中国市场的特征

金融市场中的流动性被认为是影响资产收益的重要因素，但流动性的表现通常有多个方面，衡量流动性的方法也有多种，如何合理地衡量流动性一直是有争议的。国外研究中衡量流动性的方法有买卖价差、换手率和非流动性指标等，Fong 等（2017）发现不同的情况下各指标的表现有差异。国内大多研究直接采用这些指标，但是中国股票市场是订单驱动市场，而且存在着个股的停牌交易和涨跌停限制等特殊交易制度，简单采用这些指标有一定的缺陷。鉴于此，本章针对停牌交易和涨跌停限制等特殊现象，采用 5 分钟高频数据构造新的流动性测度指标，考察新指标能否更好地反映流动性特征，分析与其他方法构造的指标之间的关联，检验新的流动性指标在组合定价中的应用。停牌交易和涨跌停限制是我国股票交易中的极端现象，因此，考虑两者进行流动性测度将有助于对流动性更合理地定价。

股票市场的流动性，通常是指能够以低成本快速大量完成交易，同时对市场价格基本不造成影响的能力。因此，一般从交易成本、交易量、成交速度及价格冲击四个维度测度流动性的大小，但是现有文献中的指标较多从某一个特定维度来度量流动性。在交易成本方面，Amihud 和 Mendelson（1986）、Roll（1984）认为做市商报出的买卖价差反映真实的交易成本，某一资产买卖价差越大意味着流动性越差。在交易量方面，Datar 等（1998）用换手率作为流动性度量指标，换手率高意味着成交量大，流动性好。在成交速度方面，Lesmond 等（1999）采用零成交量天数占比（Zeros）作为流动性指标，因为零成交量意味着有交易需求的投资者要等待更长的时间。Liu（2006）在此基础上进一步用 ILLIQ 调整后的零成交天数占比作为流动性指标。在价格冲击方面，Amihud（2002）构造非流动性指标 ILLIQ，反映的是每单位成交量所引起的收益率绝对值的变动，是应用最广泛的流动性测度指标。在这些指标的对比方面，Goyenko 等（2009）用 Horserace 方法比较 Roll（1984）的买卖价差、Amihud（2002）的 ILLIQ、Lesmond 等（1999）的 Zeros、Pástor 和 Stambaugh（2003）的个股超额收益与当日成交额的回归系数 Gamma 等流动性指标，发现 ILLIQ 在价格冲击维度表现很好。Fong 等（2017）的研究结果表明收盘百分比价差是交易成本维度最好的指标，ILLIQ 在月度和日度上是价格冲击维度最好的指标。Amihud（2002）的 ILLIQ 由于构造方法简单，容易获得，且能较好地体现流动性在价格冲击维度的衡量，故在流动性研究中得到广泛应用，上述文献也证实其具有较好的表现。

然而，ILLIQ 主要适用于正常交易时段，因为它是根据收益率和成交量计算的。Kang 和 Zhang（2014）指出，在新兴资本市场无成交量的交易日比发达市场更多，ILLIQ 在无成交量的交易日中没有定义，所以该指标无法合理度量新兴市场的流动性。更为重要的是，中国股票市场由于存在涨跌停和较为频繁的停牌，非正常交易时间较多。我们对中国股票市场停牌现象与涨跌停的情况进行了统计，结果显示停牌与触及涨跌停板的现象比较严重，尤其是市场下行阶段。例如，在 2015 年 6~12 月的股市深度调整时，有超过 50%的交易日中停牌的个股数目大于 417 只，占全部 A 股个数的 13.9%；有超过 50%的交易日中当日触及涨跌停的个股数目大于 170 只，占全部 A 股个数的 5.7%。在情况更极端的几个交易日中，停牌的个股数目超过 1 349 只，占全部 A 股个数的 40%以上，触及涨跌停的个股数目超过了 2 056 只，占全部 A 股个数的 60%以上。在这些交易日中，ILLIQ 要么因停牌存在数据缺失，要么因无法测度由涨跌停限制引起的无法即时交易而与真实的流动性情况差异巨大。截至 2018 年 2 月，沪深二市仍有 348 家公司的股票处于停牌状态。由此可见，A 股市场滥用停牌避险已不仅仅是股灾时期的特殊现象，逾 10%的停牌率说明其已经普遍化。停牌和涨跌停时段的流动性好坏不仅体现在"价格冲击"维度，更体现在"成交速度"维度，而 ILLIQ 无法给出任何"成交速度"维度的信息，直接用 ILLIQ 度量流动性存在问题。由此可见，Amihud（2002）的 ILLIQ 在正常交易时段较适合流动性度量，但是在停牌、涨跌停等特殊时段并不能有效度量流动性。本章针对这一问题对 ILLIQ 做出改进，构造新的测度指标 Liquid，一方面定义停牌日的流动性；另一方面用日内高频交易数据识别出涨跌停交易时段，重新定义涨跌停时段的流动性，并尝试从多个维度合理反映流动性的特征。

实证研究表明，改进的指标 Liquid 可以很好地度量中国 A 股市场的流动性，并且有效地反映市场的流动性风险。主要体现如下：首先，Liquid 月度指标识别出的流动性差的股票为小市值、低成交量、低换手率、较多的停牌天数、较多次触及涨跌停的股票，符合市场投资者对低流动性的认知，而 ILLIQ 指标并不能识别出停牌天数和触及涨跌停等特征，这也是改进的指标 Liquid 比非流动性指标更适合中国市场的地方；其次，Liquid 日度指标可以精确识别出涨跌停对流动性的影响，该指标显示，触及涨跌停在当日抑制流动性，但是却能促进次日的流动性；再次，对各个整体市场流动性指标与合成指标进行相关性检验，发现新的 Liquid 指标与合成指标的相关系数最大，Liquid 包含更多维度的市场流动性信息；最后，验证新的流动性指标 Liquid 在组合定价中具有显著的作用，用排序分组构造零投资组合、流动性因子、Fama-MacBeth 回归等方法进行研究，发现新的流动性指标 Liquid 具有显著的定价作用。总之，Liquid 既能在市场正常交易时段具备 ILLIQ 指标的优点，又将其适用性扩展到了原本 ILLIQ 无法适用的停牌时段和涨跌停时段，在市场极端情况出现时依然能较好地捕捉个股流动性的特征，同时又保持了 ILLIQ 在组合定价中良好的效果。

## 5.2 流动性测度方法及其适用性评述

### 5.2.1 买卖价差

买卖价差从交易成本角度衡量流动性，是报价驱动市场中重要的衡量指标，但在中国股票市场的适用性值得商榷。第一，中国股票市场是订单驱动，没有做市商，无法直接获取报买报卖价格构造买卖价差；第二，即便可以用逐笔 Tick 数据中的买和卖订单差价代表买卖价差，但是 A 股换手率普遍较高，卖1买1基本保持在价格最小变动单位（0.01 元），因此构造的指标无法很好地区分个股流动性的差异；第三，买卖价差仅能体现正常交易的股票的流动性大小，一些特殊情况（如停牌、涨跌停等）直接限制股票的正常交易，是更需要考虑的流动性风险，但是买卖价差指标却无法度量这些非正常交易时段的流动性。

### 5.2.2 换手率

换手率是从成交量角度衡量流动性的。国内外有较多文献将换手率或成交量作为流动性度量的指标，然而，也有很多文献认为换手率反映投资者对于资产价格未来走势的意见分歧。Hong 和 Stein（2007）认为将成交量看作流动性的衡量不能解释现实世界中大数量的交易，将成交量或换手率看作投资者的异质信念则可以解释。Garfinkel（2009）发现换手率的变化率能更好地表示意见分歧。Bamber 等（2011）认为成交量的变化能反映投资者之间的意见分歧。在中国，张峥和刘力（2006）、左浩苗等（2011）、林虎等（2013）、刘维奇等（2014）都将换手率视作投资者异质性信念。由此可见，换手率作为流动性的度量指标存在一定争议。

### 5.2.3 零成交量天数占比

零成交量天数占比（Zeros）从交易时间或交易速度的角度衡量流动性，零成交量的天数越多，说明股票越不能及时成交。这种方法适用于度量一段较长时间内股票的流动性。在国外对于某些成交量极低的股票或者国内某些远月合约的期货，存在当日没有任何成交的情况，但是对于中国股票市场，只要当日没有停牌，成交量为零的情况基本不存在（即使涨跌停），因此该指标不完全适用 A 股。考虑到停牌与这种情况具有相似性，都是没有成交发生，因此一段时间内某只股票的停牌天数也可以作为流动性的代理指标，停牌天数越多，表示该段时间流动性越差。

### 5.2.4 ILLIQ

Amihud（2002）的 ILLIQ 指标是从价格冲击的角度衡量流动性。ILLIQ 体现的是成交 1 单位股票对股票收益率造成的冲击，这种思想在 A 股股票能正常交易的时段具有较好的适用性。当较小的成交量造成当日较大的股价变动时，说明流动性较差，而很大的成交量仅造成当日股价较小的变动，说明价格冲击较小，流动性好。但是，ILLIQ 指标也有欠缺考虑的方面：第一，ILLIQ 指标的数据范围很大，最大和最小之间相差 6 个数量级，在用 ILLIQ 指标进行实证研究时，尤其是在回归方程中做控制变量或解释变量时，效果较差。第二，当价格达到涨停或跌停时，成交量无法对价格造成影响，因此 ILLIQ 无法涉及涨跌停情况下的流动性。我国股票市场存在涨跌停情况，即股票触及涨跌停后，成交量不会再引起收益率的变动，使用 ILLIQ 指标便没有了意义，且涨跌停后成交速度明显放缓，流动性变差，ILLIQ 也不适用。第三，ILLIQ 越小，说明流动性越好，ILLIQ 越大，说明流动性越差，而对某只股票而言，流动性最差的情况就是当日停牌，因此理论上当日停牌的股票 ILLIQ 指标值为无穷，即停牌时 ILLIQ 没有定义，但是如果当日停牌就忽略掉这一天的流动性度量，显然更加不合适，破坏了流动性数据的连续性，直接高估了该股票的流动性。由于中国股票市场停牌较频繁，在停牌日交易量为零，于是 ILLIQ 在当日没有定义。根据构造思想，流动性越差，ILLIQ 值越大，因此在零交易量日的 ILLIQ 为无穷大，月度 ILLIQ 会因为零交易日数据的缺失而使得度量值比真实值偏小，计算的流动性会高于真实的流动性。

从上述分析可以看到，基于报价驱动的买卖价差不适合订单驱动的中国市场，换手率或成交量不仅体现流动性还体现投资者意见分歧，因此，这两者不是适合中国的流动性测度指标。零成交量天数占比（Zeros）能衡量部分流动性，在中国仅适合在停牌时使用。Amihud（2002）的 ILLIQ 指标是最常用的，但是一方面数值大小数量级相差很大，另一方面没有考虑涨跌停和停牌情况。鉴于新兴市场的零成交日期较多，Kang 和 Zhang（2014）在 Amihud（2002）的基础上，考虑了零成交量天数占比对月度流动性的影响，构造了调整后的指标调整 ILLIQ，实证结果表明度量的效果优于单一指标 Zeros 和 ILLIQ。

中国股票市场的流动性呈现出了一些独有的特征：第一，与发达资本市场相比，停牌更频繁，具有更多的零成交量天数；第二，更为特殊的是，中国市场存在涨跌停制度，对流动性造成很大影响，严重时巨量的封单直接造成流动性枯竭，而现有的指标中都没有考虑涨跌停对流动性的影响。这两个特征均直接影响市场上各个股票的流动性，因此，一个适合中国股市流动性的指标应该考虑以上独特性。

## 5.3 考虑特殊交易制度的新流动性 Liquid 构造方法

### 5.3.1 Liquid 指标构造

由于 ILLIQ 在正常交易时段较适合流动性度量，但是在停牌时没有定义，在涨跌停时段未体现流动性"成交速度"维度的信息，因此，在 ILLIQ 的基础上进行改进，构造考虑特殊交易制度的新指标 Liquid。

根据 Amihud（2002）非流动性指标 ILLIQ 的构造思想，股票 $i$ 在 $t$ 月的 ILLIQ 度量方法是当月所有交易日收益率绝对值与对应交易额之比的平均值：

$$\text{ILLIQ}_{i,t} = \frac{1}{N_t} \sum_{n=1}^{N_t} \left( \frac{|r_{i,n}|}{\text{volume}_{i,n} \times \text{price}_{i,n}} \right) \tag{5.1}$$

其中，$N_t$ 表示第 $t$ 月的交易天数。在构造流动性指标时，使用成交量与成交额在构造思想上是基本一致的。当使用成交量时，表示每成交单位股股票对股票收益率造成的冲击。

首先，为了方便定义非正常交易日股票的流动性，对 ILLIQ 用指数函数进行一次单调变换，使得 ILLIQ 高时，Liquid 小；ILLIQ 低时，Liquid 大。变换方式选择如下指数形式：

$$\text{Liquid}_{i,d} = \exp\left(-\frac{|r_{i,d}|}{\text{Volume}_{i,d}}\right) \quad (5.2)$$

其中，$r_{i,d}$ 为股票 $i$ 在 $d$ 日的收益率；$\text{Volume}_{i,d}$ 为股票 $i$ 在 $d$ 日的成交量。这样 $\text{Liquid}_{i,d}$ 最大值为 1，最小值为 0，且 $\text{Liquid}_{i,d}$ 越大，流动性越好，$\text{Liquid}_{i,d}$ 越小，流动性越差，因此对于零成交量交易日，其流动性最差，可以直接定义为 0，这也是用指数变换的目的。

为了使构造的 $\text{Liquid}_{i,d}$ 对不同个股的流动性有较大的区分，对收益率、成交量数据的数量级做一定的限定，收益率用百分比（乘以 100），成交量用万手（除以 $10^6$），最后得到的结果乘以 100 方便流动性的直观比较：

$$\text{Liquid}_{i,d} = 100 \times \exp\left(-\frac{100 \times |r_{i,d}|}{\text{Volume}_{i,d} \div 10^6}\right) \quad (5.3)$$

这样得到的日度流动性指标 $\text{Liquid}_{i,d}$ 在 0 到 100 之间。

其次，考虑到停牌和涨跌停交易制度的影响，用股票 5 分钟日内高频数据，按照 6 种不同的市场交易状态分别给出流动性新的测度，计算流动性日度指标 $\text{Liquid}_{i,d}$。

第一，股票 $i$ 在 $d$ 日正常交易，无盘中停牌、无涨跌停的股票，则流动性为

$$\text{Liquid}_{i,d} = 100 \times \exp\left(-\frac{100 \times |r_{i,d}|}{\text{Volume}_{i,d} \div 10^6}\right) \quad (5.4)$$

这样 $\text{Liquid}_{i,d}$ 越接近 0，说明流动性越差，$\text{Liquid}_{i,d}$ 越接近 100，说明流动性越好。

第二，股票 $i$ 在 $d$ 日全天停牌的股票，当日的流动性为

$$\text{Liquid}_{i,d} = 0 \quad (5.5)$$

第三，股票 $i$ 在 $d$ 日有部分时间停牌，如当日公告财报等重大事项临时停牌，当日的流动性为

$$\text{Liquid}_{i,d} = \frac{T_{正常}}{T_{总}} \times 100 \times \exp\left(-\frac{100 \times |r_{i,d}|}{\text{Volume}_{i,d} \div 10^6}\right) \quad (5.6)$$

其中，$T_{正常}$ 为当日正常交易时长；$T_{总}$ 为当日交易总时长，这样设定可以使当日流动性随当日停牌时长成比例减小，停牌对流动性的影响大于价格冲击对流动性的影响。

第四，当日没有停牌时间，但是有涨跌停的股票，当日的流动性需区分正常交易时段和涨跌停时段。正常交易时段的流动性与以上相同，但是对于涨跌停时段，需要做特殊处理，由于交易量无法造成对价格的冲击，需要考虑另外可以代

理流动性的变量。为保证形式一致和指标的可加性，设变量为 $k$，涨跌停时段流动性指标形式为

$$\text{Liquid}_{i,d} = \exp\left(-\frac{100 \times k}{\text{Volume}_{i,d} \div 10^6}\right) \tag{5.7}$$

变量 $k$ 越大，流动性越小，$k$ 越小，流动性越大，能满足这一要求的变量如下：实时的封单数量（封单越大，想挂单卖掉时等待的时间越长，流动性越差）、封板的时长（正常交易时间一般流动性较好，封板时间越长，成交需等待时间也越长；而且封板时间越长，一般说明封单量也较大，总体上封板时间越长说明流动性越差）。考虑到封板时间数据比实时封单数量数据更易获得和处理，而且也是从交易时长维度考虑流动性，因此选择封板时长占比（封板时长/当日交易时长）作为 $k$ 比较合理。此时，当天的流动性为

$$\text{Liquid}_{i,d} = \frac{T_{\text{正常}}}{T_{\text{总}}} \times 100 \times \exp\left(-\frac{100 \times |r_{i,d}|}{\text{Volume}_{i,d} \div 10^6}\right) + \frac{T_{\text{涨/跌停}}}{T_{\text{总}}}$$

$$\times 100 \times \exp\left(-\frac{100 \times \dfrac{T_{\text{涨/跌停}}}{T_{\text{总}}}}{\text{Volume}_{i,d} \div 10^6}\right) \tag{5.8}$$

第五，股票 $i$ 在 $d$ 日没有停牌，且全天保持涨停或跌停时，由于 $T_{\text{涨/跌停}}/T_{\text{总}} = 1$，流动性为

$$\text{Liquid}_{i,d} = 100 \times \exp\left(-\frac{100 \times 1}{\text{Volume}_{i,d} \div 10^6}\right) \tag{5.9}$$

当全天处于涨停或跌停时，所计算出的流动性是相当差的，比较符合实际情况。

第六，股票 $i$ 在 $d$ 日有盘中停牌，同时又有涨跌停，由于停牌时段流动性为 0，因此流动性为

$$\text{Liquid}_{i,d} = \frac{T_{\text{正常}}}{T_{\text{总}}} \times 100 \times \exp\left(-\frac{100 \times |r_{i,d}|}{\text{Volume}_{i,d} \div 10^6}\right) + \frac{T_{\text{涨/跌停}}}{T_{\text{总}}}$$

$$\times 100 \times \exp\left(-\frac{100 \times \dfrac{T_{\text{涨/跌停}}}{T_{\text{总}}}}{\text{Volume}_{i,d} \div 10^6}\right) + \frac{T_{\text{停牌}}}{T_{\text{总}}} \times 0 \tag{5.10}$$

上述 6 种情况基本包括了价格冲击、涨跌停和停牌等各种情况对个股流动性的影响，同时考虑价格冲击、成交速度和成交时间维度下的流动性，是比较全面的，由此可以得到股票 $i$ 在 $d$ 日的日度的高频流动性 $\text{Liquid}_{i,d}$。

对于月度高频流动性，用日度高频流动性指标计算，用股票当月所有交易日的流动性 $\text{Liquid}_{i,d}$ 的平均值计算，记作 $\text{Liquid}_{i,m}$：

$$\text{Liquid}_{i,m} = \frac{1}{N_m} \sum_{d=1}^{N_m} \text{Liquid}_{i,d} \quad (5.11)$$

其中，$\text{Liquid}_{i,d}$ 表示个股 $i$ 在 $m$ 月中第 $d$ 个交易日的流动性；$N_m$ 表示 $m$ 月总交易天数。

### 5.3.2 Liquid 指标的说明

式（5.8）体现了当某个交易日既有正常交易时段，又有触及涨跌停板时段时，随着涨跌停时间的增加，当日的流动性总体上呈现出下降的特点：其一，当涨跌停时长很短时，$T_{涨/跌停}/T_{总}$ 数值很小，当日流动性主要由正常交易时段成交量与收益率的关系体现，受涨跌停时长的影响很小；其二，当涨跌停时长较长时，导致 $T_{正常}$ 减小而使得该日流动性下降；其三，涨跌停时间长导致正常交易时段的成交量相应减少，流动性也会下降。综合看，Liquid 会随着涨跌停时间的增长而非线性下降。为了进一步说明这些特征，下面分析式（5.8）在定义域上的单调性情况。

令 $t = \dfrac{T_{涨/跌停}}{T_{总}}$，由于式（5.8）适用的条件是至少存在一个涨跌停时段（5 分钟），所以 $t \in [1/48, 1]$。固定当日成交量和收益率，即 $r_0 = r$，$v_0 = \text{Volume} \div 10^6$，则式（5.8）可写为

$$f(t) = (1-t) \times \exp\left(-\frac{100 \times |r_0|}{v_0}\right) + t \times \exp\left(-\frac{100 \times t}{v_0}\right) \quad (5.12)$$

进一步分析 $f(t)$ 如何随 $t$ 值的变化而变动。对 $f(t)$ 关于 $t$ 求导有

$$f'(t) = -\exp\left(-\frac{100}{v_0}|r_0|\right) + \left(1 - \frac{100}{v_0}t\right)\exp\left(-\frac{100}{v_0}t\right) \quad (5.13)$$

需要考察流动性 $f(t)$ 是否随涨跌停时间占比 $t$ 的增加而减小，即 $f'(t) < 0$ 是否在定义域上成立。设 $f'(t) < 0$ 的解集为 $t \in (t_0, +\infty)$，所以如果 $t_0 < 1/48$ 时，$f(t)$ 在定义域 $[1/48, 1]$ 上是严格单调递减的。如果 $t_0 > 1/48$，则 $f(t)$ 不是单调递减的，但是 $[1/48, t_0]$ 区间的异常在实际运用式（5.8）衡量流动性时并没有影响。

其一，在 $r_0$ 和 $v_0$ 任何的取值范围中，局部极值点 $t_0$ 都是很小的。由于受到当日涨跌停的限制，故 $|r_0| \leqslant 0.1$，成交量 $v_0$ 理论上可以取任意正值，历史成交量的统计

中全部样本内 95% 的样本中 $v_0 < 40.63$。通过变动 $|r_0|$ 和 $v_0$ 的取值，计算了极值点 $t_0$，结果见表 5.1。

表 5.1 $t_0$ 随 $|r_0|$ 和 $v_0$ 变动的取值情况

| 取值 | 成交量 $v_0$ 的取值/万手 |||||||||| 
|---|---|---|---|---|---|---|---|---|---|
| | 10 | 20 | 30 | 40 | 50 | 60 | 70 | 80 | 90 | 100 |
| $|r_0|$ 0.01 | 0.004 9 | 0.005 0 | 0.005 0 | 0.005 0 | 0.005 0 | 0.005 0 | 0.005 0 | 0.005 0 | 0.005 0 | 0.005 0 |
| 0.02 | 0.009 7 | 0.009 9 | 0.009 9 | 0.009 9 | 0.009 9 | 0.010 0 | 0.010 0 | 0.010 0 | 0.010 0 | 0.010 0 |
| 0.03 | 0.014 4 | 0.014 7 | 0.014 8 | 0.014 9 | 0.014 9 | 0.014 9 | 0.014 9 | 0.014 9 | 0.014 9 | 0.014 9 |
| 0.04 | 0.019 0 | 0.019 5 | 0.019 7 | 0.019 7 | 0.019 8 | 0.019 8 | 0.019 9 | 0.019 9 | 0.019 9 | 0.019 9 |
| 0.05 | 0.023 4 | 0.024 2 | 0.024 5 | 0.024 6 | 0.024 7 | 0.024 7 | 0.024 8 | 0.024 8 | 0.024 8 | 0.024 8 |
| 0.06 | 0.027 6 | 0.028 8 | 0.029 2 | 0.029 4 | 0.029 5 | 0.029 6 | 0.029 7 | 0.029 7 | 0.029 7 | 0.029 8 |
| 0.07 | 0.031 8 | 0.033 4 | 0.034 0 | 0.034 3 | 0.034 4 | 0.034 5 | 0.034 6 | 0.034 6 | 0.034 7 | 0.034 7 |
| 0.08 | 0.035 8 | 0.037 9 | 0.038 6 | 0.039 0 | 0.039 2 | 0.039 3 | 0.039 4 | 0.039 5 | 0.039 6 | 0.039 6 |
| 0.09 | 0.039 6 | 0.042 4 | 0.043 3 | 0.043 7 | 0.044 0 | 0.044 1 | 0.044 3 | 0.044 4 | 0.044 4 | 0.044 5 |
| 0.1 | 0.043 3 | 0.046 8 | 0.047 9 | 0.048 4 | 0.048 7 | 0.048 9 | 0.049 1 | 0.049 2 | 0.049 3 | 0.049 4 |

从表 5.1 可以看出，$t_0$ 很小。设定最严格的情况，即 $|r_0|=0.1$ 时，$\lim_{v_0 \to \infty} t = 0.05$，这就意味着，即使在最严格的条件下（当日 $|r_0|=0.1$，成交量无限大），只要涨跌停时长超过 0.05（即 12 分钟，2.5 个时段的涨跌停），当日的流动性便会随 $t$ 的增加而减少。涨跌停时间超过 0.05 小时的样本数与所有当日有涨跌停时段的样本数之比为 85.2%。

其二，即使在某些 $r_0$ 和 $v_0$ 的取值中，在 $[1/48, t_0]$ 区间上函数表现为单调递增，但是通过计算发现，当固定 $r_0$ 和 $v_0$ 时，$t$ 在 $[1/48, t_0]$ 上的变动对流动性基本没有影响。为此在各个 $r_0$ 和 $v_0$ 的取值下计算了 $t = 1/48$（局部极小）与 $t = t_0$（局部极大）处流动性指标 Liquid 的差异百分比，结果在表 5.2 中显示。

表 5.2 在极值点的左侧 $t \in [1/48, t_0)$ 时，流动性差异的百分比

| 取值 | 成交量 $v_0$ 的取值/万手 |||||||||| 
|---|---|---|---|---|---|---|---|---|---|
| | 10 | 20 | 30 | 40 | 50 | 60 | 70 | 80 | 90 | 100 |
| $|r_0|$ 0.01 | 0.002 4 | 0.001 2 | 0.000 8 | 0.000 6 | 0.000 5 | 0.000 4 | 0.000 4 | 0.000 3 | 0.000 3 | 0.000 2 |
| 0.02 | 0.001 2 | 0.000 6 | 0.000 4 | 0.000 3 | 0.000 2 | 0.000 2 | 0.000 2 | 0.000 1 | 0.000 1 | 0.000 1 |
| 0.03 | 0.000 4 | 0.000 2 | 0.000 1 | 0.000 1 | 0.000 1 | 0.000 1 | 0.000 1 | 0.000 0 | 0.000 0 | 0.000 0 |
| 0.04 | 0.000 0 | 0.000 0 | 0.000 0 | 0.000 0 | 0.000 0 | 0.000 0 | 0.000 0 | 0.000 0 | 0.000 0 | 0.000 0 |
| 0.05 | 0.000 1 | 0.000 1 | 0.000 1 | 0.000 1 | 0.000 1 | 0.000 1 | 0.000 1 | 0.000 1 | 0.000 1 | 0.000 1 |
| 0.06 | 0.000 6 | 0.000 4 | 0.000 3 | 0.000 2 | 0.000 2 | 0.000 1 | 0.000 1 | 0.000 1 | 0.000 1 | 0.000 1 |

续表

| 取值 | | 成交量 $v_0$ 的取值/万手 | | | | | | | | |
|---|---|---|---|---|---|---|---|---|---|---|
| | | 10 | 20 | 30 | 40 | 50 | 60 | 70 | 80 | 90 | 100 |
| $\|r_0\|$ | 0.07 | 0.0015 | 0.0009 | 0.0006 | 0.0005 | 0.0004 | 0.0003 | 0.0003 | 0.0002 | 0.0002 | 0.0002 |
| | 0.08 | 0.0030 | 0.0017 | 0.0012 | 0.0009 | 0.0007 | 0.0006 | 0.0005 | 0.0005 | 0.0004 | 0.0004 |
| | 0.09 | 0.0051 | 0.0028 | 0.0019 | 0.0014 | 0.0011 | 0.0010 | 0.0008 | 0.0007 | 0.0006 | 0.0006 |
| | 0.1 | 0.0077 | 0.0041 | 0.0028 | 0.0021 | 0.0017 | 0.0014 | 0.0012 | 0.0011 | 0.0009 | 0.0008 |

从表 5.2 可以看出，当 $t$ 小于 $t_0$ 时，涨跌停时长对流动性基本不造成影响。这在市场交易时是可以理解的：当涨跌停持续时间较短时，正常交易时段体现的流动性水平占主要部分，此时当日的流动性主要受成交量与收益率变动关系的影响，而与涨跌停时长本身关系并不大，因此，涨跌停时长此时并不会显著影响流动性指标的度量。

## 5.4 新流动性指标 Liquid 在中国市场的改进效果分析

本章选择 2006 年 1 月至 2016 年 12 月中国 A 股市场所有股票数据。由于 2006 年之前尚未进行股权分置改革，上市公司流通股占比较少，股票流动性普遍较差，2006 年进行股权分置改革后，非流通股逐渐解禁，流通股数量越来越多，市场的流动性发生了很大改变，选择 2006 年之后的数据，主要是为了研究现行流通制度下的股市流动性问题。剔除了所有 ST、*ST 股票，以及所有异常数据（股票日收益率高于 11% 或低于 −11%）。为避免幸存者偏差，所用数据包含了现已退市的股票当年的数据。所需的数据具体如下：使用 A 股所有股票交易停复牌数据、日收益率、日成交量和 5 分钟高频交易数据等构造流动性指标 Liquid；使用日度和月度 Amihud 非流动性指标、月度成交量、换手率等数据与 Liquid 进行对比；使用个股的月收益率数据、无风险收益率、Fama-French 三因子和五因子等数据研究流动性指标在资产定价中的作用；使用市值、账面市值比等数据作为实证检验中的控制变量。数据中 5 分钟高频交易数据来自标普永华数据中心，其他数据均来自国泰安金融数据库。

在日度和月度的流动性指标 Liquid 构造完成后，检验 Liquid 指标在中国股票市场衡量个股流动性的改进效果，主要从以下几个方面展开：第一，检验根据 Liquid 指标测算的流动性是否反映流动性的基本特征，是否符合市场投资者对流动性的认知，尤其是能否合理反映停牌对流动性的影响；第二，检验 Liquid 指标能否合理反映涨跌停限制对流动性的影响；第三，在衡量市场流动性时，检验 Liquid 指标与其他流动性指标相比是否具有优势。

### 5.4.1 新流动性指标对流动性特征和停牌的反映

在月度频率上，从市值、账面市值比、成交量、成交额、换手率、零成交量天数及其占比、涨跌停天数和涨跌停时长占比等角度，考察高、低流动性股票的差异。其中，零成交量天数，即个股在当月全天停牌的总天数，用 Zero-days 表示。零成交量天数占比，即个股在当月全天停牌的天数占当月交易日总数的比值，用 Zeros 表示。涨跌停天数，即个股在当月的交易日中触及当日涨停价或跌停价的总天数，用 Limit-days 表示。

涨跌停时长占比，即当月个股每个交易日涨跌停封板时长占当日交易总时长的平均值，用 Limits 表示，公式为

$$\text{Limits}_{i,m} = \frac{1}{N_{i,m}} \sum_{d=1}^{N_{i,m}} \frac{\text{limit-time}_d}{\text{trade-time}_d} \quad (5.14)$$

其中，$N_{i,m}$ 表示个股 $i$ 在第 $m$ 月的交易日总数；trade-time$_d$ 表示第 $d$ 个交易日的交易总时长；limit-time$_d$ 表示第 $d$ 个交易日的涨跌停时长。

在每个月根据月度流动性指标 Liquid 排序，并均分为 10 组，考察不同流动性水平分组中股票各个特征指标的差异。考察的特征包括 Amihud 非流动性指标 ILLIQ、换手率 Turnover、成交量 Volume、成交额 Money、市值 Size、账面市值比 BM、零成交量天数 Zero-days、零成交量天数占比 Zeros、触及涨跌停天数 Limit-days 和涨跌停时长占比 Limits 等，结果在表 5.3 中显示，表中数据为各个月度 Liquid 的 10 个分组中所有股票对应指标的均值。

表 5.3　按新流动性 Liquid 排序分组时每个组合的特征

| 变量 | $L_1$ | $L_2$ | $L_3$ | $L_4$ | $L_5$ | $L_6$ | $L_7$ | $L_8$ | $L_9$ | $L_{10}$ |
| --- | --- | --- | --- | --- | --- | --- | --- | --- | --- | --- |
| 新流动性 | 10.04 | 30.12 | 41.71 | 50.40 | 57.59 | 63.81 | 69.56 | 75.20 | 81.35 | 90.20 |
| 非流动性 | 722.02 | 45.38 | 16.51 | 10.46 | 7.47 | 5.63 | 4.27 | 3.13 | 2.13 | 1.04 |
| 换手率 | 0.31 | 0.66 | 0.66 | 0.65 | 0.64 | 0.64 | 0.63 | 0.63 | 0.63 | 0.55 |
| 成交量 | 20.89 | 52.71 | 68.28 | 86.83 | 111.00 | 137.73 | 178.52 | 235.74 | 341.15 | 863.44 |
| 成交额 | 4.22 | 11.15 | 13.04 | 14.77 | 16.92 | 19.43 | 23.28 | 28.67 | 39.21 | 84.04 |
| 市值 | 23.74 | 24.62 | 28.21 | 33.11 | 36.49 | 41.42 | 49.28 | 60.56 | 89.28 | 373.43 |
| 账面市值比 | 0.27 | 0.29 | 0.31 | 0.32 | 0.34 | 0.36 | 0.37 | 0.40 | 0.42 | 0.48 |
| 零成交量天数 | 10.10 | 1.71 | 0.74 | 0.44 | 0.31 | 0.25 | 0.21 | 0.16 | 0.11 | 0.05 |

续表

| 变量 | $L_1$ | $L_2$ | $L_3$ | $L_4$ | $L_5$ | $L_6$ | $L_7$ | $L_8$ | $L_9$ | $L_{10}$ |
| --- | --- | --- | --- | --- | --- | --- | --- | --- | --- | --- |
| 零成交量天数占比 | 49.87% | 8.38% | 3.62% | 2.15% | 1.51% | 1.24% | 1.03% | 0.81% | 0.57% | 0.23% |
| 触及涨跌停天数 | 1.55 | 1.43 | 1.36 | 1.35 | 1.31 | 1.22 | 1.15 | 1.05 | 0.98 | 0.72 |
| 涨跌停时长 | 0.52 | 0.37 | 0.33 | 0.31 | 0.30 | 0.26 | 0.24 | 0.21 | 0.17 | 0.09 |

注：非流动性为对应数据×$10^{-9}$，成交量单位为万手，成交额单位为亿元，市值单位为亿元

表 5.3 显示，随着各个组合中新流动性 Liquid 的增加，非流动性 ILLIQ 递减，二者呈现出很强的反向关系。换手率在 Liquid 最低的组合中最小，在其他各个 Liquid 分组中并未呈现出显著的差异。成交量和成交额随 Liquid 的增加而递增，Liquid 高的股票体现为高的成交量（额）。市值也是逐渐增加，说明市值大的股票一般表现为流动性好，市值小的股票一般表现为流动性差。账面市值比随 Liquid 的增加变动较小，但总体表现为递增的过程，说明一般账面市值比较高的股票流动性较好，而账面市值比较小的股票流动性较差。停牌天数最多的股票主要集中于流动性最差的组合中，而且随着 Liquid 的增加，零成交量天数和零成交量天数占比均逐渐减少，在流动性最差的组合中，零成交量天数占比高达近 50%，在流动性最好的股票组合中，零成交量天数占比仅为 0.23%，说明 Liquid 度量的流动性很好地体现了停牌对流动性的影响。触及涨跌停天数和涨跌停时长在 Liquid 各个分组中，随着 Liquid 的增加，触及涨跌停天数和涨跌停时长均越来越小，说明在可以正常交易的交易日中，较少触及涨跌停的股票一般流动性较好，而较多触及涨跌停的股票流动性较差。

综合表 5.3 的分析，构建的新流动性 Liquid 识别的高流动性股票的特征一般如下：大市值、高成交量、较高的换手率、较少的停牌天数、较少触及涨跌停。低流动性股票的特征一般如下：小市值、低成交量、较低的换手率、较多的停牌天数、较多触及涨跌停。

为了比较新流动性 Liquid 与非流动性 ILLIQ 指标对中国股票流动性度量的合理性，我们也用 ILLIQ 指标进行了排序分组，考察相同的特征指标，结果在表 5.4 中显示。

表 5.4 按非流动性 ILLIQ 排序分组时每个组合的特征

| 变量 | $I_1$ | $I_2$ | $I_3$ | $I_4$ | $I_5$ | $I_6$ | $I_7$ | $I_8$ | $I_9$ | $I_{10}$ |
| --- | --- | --- | --- | --- | --- | --- | --- | --- | --- | --- |
| 非流动性 | 0.90 | 1.94 | 2.84 | 3.80 | 4.93 | 6.35 | 8.32 | 11.29 | 16.67 | 350.95 |
| 新流动性 | 87.66 | 79.71 | 74.25 | 69.25 | 64.22 | 58.83 | 52.62 | 45.55 | 36.66 | 22.92 |
| 换手率 | 0.56 | 0.63 | 0.63 | 0.62 | 0.61 | 0.62 | 0.62 | 0.64 | 0.66 | 0.65 |
| 成交量 | 956.16 | 341.32 | 235.67 | 177.25 | 139.60 | 110.17 | 86.33 | 65.81 | 47.57 | 36.69 |

续表

| 变量 | $I_1$ | $I_2$ | $I_3$ | $I_4$ | $I_5$ | $I_6$ | $I_7$ | $I_8$ | $I_9$ | $I_{10}$ |
|---|---|---|---|---|---|---|---|---|---|---|
| 成交额 | 93.05 | 39.78 | 28.89 | 22.83 | 19.32 | 16.41 | 14.23 | 12.42 | 10.88 | 9.96 |
| 市值 | 399.92 | 88.83 | 61.68 | 50.15 | 42.10 | 36.77 | 32.28 | 28.25 | 22.98 | 18.87 |
| 账面市值比 | 0.47 | 0.42 | 0.40 | 0.38 | 0.36 | 0.35 | 0.33 | 0.31 | 0.30 | 0.26 |
| 零成交量天数 | 0.55 | 0.60 | 0.60 | 0.60 | 0.59 | 0.60 | 0.62 | 0.63 | 0.73 | 1.58 |
| 零成交量天数占比 | 2.72% | 2.94% | 2.96% | 2.95% | 2.90% | 2.92% | 3.05% | 3.09% | 3.55% | 7.78% |
| 触及涨跌停天数 | 0.88 | 1.04 | 1.08 | 1.12 | 1.18 | 1.21 | 1.24 | 1.25 | 1.30 | 1.78 |
| 涨跌停时长 | 0.16 | 0.20 | 0.22 | 0.23 | 0.25 | 0.26 | 0.28 | 0.29 | 0.31 | 0.62 |

注：非流动性为对应数据$\times 10^{-9}$，成交量单位为万手，成交额单位为亿元，市值单位为亿元

将表 5.4 与表 5.3 的结果做比较，发现当按照非流动性 ILLIQ 排序分组时，成交量、成交额、市值和账面市值比等特征表现出与新流动性 Liquid 相同的规律，ILLIQ 大，即流动性差的股票主要表现为成交量（额）小、市值小和账面市值比小。不管用 Liquid 还是 ILLIQ 分组，各个组合的换手率并未表现出明显的单调性，这说明从价格冲击维度测度的流动性与换手率之间相关性不大。与 Liquid 差异较大的是，用 ILLIQ 度量流动性，在流动性最差的分组中，零成交量天数的集中度不如 Liquid 指标，说明 Liquid 指标比 ILLIQ 指标更好地体现停牌对流动性的影响。

为了更好地比较 Liquid 与 ILLIQ 指标，我们还计算了各个指标之间的相关系数：先在每个月计算所有股票的各个指标之间的相关系数，然后在时间序列上求相关系数的均值，结果在表 5.5 中展示。

表 5.5 新流动性、非流动性与其他各个指标之间的相关系数

| 变量 | 新流动性 | 非流动性 | 换手率 | 成交量 | 成交额 | 市值 | 账面市值比 | 零成交量天数 | 涨跌停时长 |
|---|---|---|---|---|---|---|---|---|---|
| 新流动性 | 1 | −0.90 | 0.13 | 0.89 | 0.69 | 0.61 | 0.27 | −0.39 | −0.15 |
| 非流动性 |  | 1 | 0 | −0.92 | −0.67 | −0.65 | −0.26 | 0.06 | 0.07 |
| 换手率 |  |  | 1 | 0.27 | 0.37 | −0.42 | −0.08 | −0.05 | 0.31 |
| 成交量 |  |  |  | 1 | 0.81 | 0.60 | 0.21 | −0.21 | 0.15 |
| 成交额 |  |  |  |  | 1 | 0.66 | −0.05 | −0.19 | 0.16 |
| 市值 |  |  |  |  |  | 1 | 0.03 | −0.01 | −0.11 |
| 账面市值比 |  |  |  |  |  |  | 1 | −0.10 | −0.14 |
| 零成交量天数 |  |  |  |  |  |  |  | 1 | 0.05 |
| 涨跌停时长 |  |  |  |  |  |  |  |  | 1 |

注：非流动性为对应数据$\times 10^{-9}$，成交量单位为万手，成交额单位为亿元，市值单位为亿元

在表 5.5 中，新流动性 Liquid 与非流动性 ILLIQ 之间具有较强的相关性（-0.90），说明新流动性 Liquid 基本保持了 ILLIQ 在价格冲击维度对流动性的度量。二者与成交量、成交额、市值、账面市值比的相关系数大小近似，符号相反，所反映的特征基本相同。非流动性 ILLIQ 与换手率之间相关系数为 0，新流动性 Liquid 与换手率之间的相关性也较弱（相关系数为 0.13）。Liquid 与 ILLIQ 较明显的差异体现在它们与零成交量天数的相关性上：新流动性 Liquid 与零成交量天数具有较强的负相关性（相关系数为-0.39），非流动性 ILLIQ 与零成交量天数的相关性很弱，说明 Liquid 比 ILLIQ 更好地体现停牌对流动性的影响。需要说明的是，Liquid 与 ILLIQ 相关性较高（-0.90），这是月度水平上的相关系数，平滑了两者在日度数据上的差异。在日度水平上，两者的相关系数为-0.598，这个数据还没有包含停牌日带来的差异（某些个股在停牌日 ILLIQ 数据缺失，因此没有计算），这个结果显示了 Liquid 确实捕捉到了流动性中与 ILLIQ 有差别的信息。

### 5.4.2 新流动性指标对涨跌停的反映

表 5.5 中，涨跌停时长与新流动性的相关系数（-0.15）强于与非流动性的相关系数（0.07），说明在月度水平上，新流动性所体现的涨跌停对流动性的影响稍好，但总体上相关性也较弱。

在日度频率上，对比涨跌停当日、次日的流动性与月平均流动性，以及剔除涨跌停日后的月平均流动性，研究涨跌停前后流动性的变动情况。在月度频率上，按照当月个股涨跌停天数的多少对个股进行分组，研究涨跌停天数对当月流动性均值和方差的影响。

对于当月有涨跌停情况的所有个股和月份，我们分别计算每只股票当月所有涨跌停日（Limit-days）的日度新流动性 Liquid 平均值、涨跌停次日（Limit-aft1）新流动性 Liquid 平均值、所有交易日（all-days）新流动性 Liquid 平均值，以及去掉涨跌停日后其他交易日（Normal-days）新流动性 Liquid 平均值，然后计算每个月所有股票以上数值的算术平均值，通过数据的对比、配对 $t$ 检验研究涨跌停在日度频率上对流动性的影响，结果在表 5.6 中显示。

表 5.6 配对 $t$ 检验

| 组别 | 变量 | 新流动性均值 | 成对差分 | | | |
|---|---|---|---|---|---|---|
| | | | 差值 | 标准误 | $t$ 值 | sig.（双侧） |
| 1 | 涨跌停次日 | 62.19 | 30.94 | 0.412 5 | 75.00 | 0.000 |
| | 涨跌停日 | 31.26 | | | | |

续表

| 组别 | 变量 | 新流动性均值 | 成对差分 差值 | 标准误 | t值 | sig.（双侧） |
|---|---|---|---|---|---|---|
| 2 | 所有交易日 | 50.32 | 19.06 | 0.408 7 | 46.63 | 0.000 |
|   | 涨跌停日 | 31.26 |  |  |  |  |
| 3 | 其他交易日 | 53.70 | 22.44 | 0.456 5 | 49.17 | 0.000 |
|   | 涨跌停日 | 31.26 |  |  |  |  |
| 4 | 涨跌停次日 | 62.19 | 11.87 | 0.311 4 | 38.14 | 0.000 |
|   | 所有交易日 | 50.32 |  |  |  |  |
| 5 | 涨跌停次日 | 62.19 | 8.49 | 0.358 3 | 23.70 | 0.000 |
|   | 其他交易日 | 53.70 |  |  |  |  |

表 5.6 结果显示，第一，涨跌停当日流动性显著低于次日流动性；第二，涨跌停当日流动性显著低于月平均流动性；第三，涨跌停当日流动性显著低于剔除了涨跌停日后的月平均流动性；第四，涨跌停次日流动性显著高于月平均流动性；第五，涨跌停次日流动性显著高于剔除了涨跌停日后的月平均流动性。将涨跌停次日改为涨跌停后 2、3 日，数据具有相同的特征，由此可以看出涨跌停对流动性的影响：当日的涨跌停限制了当日的流动性，但是却能促进未来 1~3 天的流动性，不仅显著高于涨跌停日，还显著高于当月流动性平均值。

从表 5.6 可以看出，对于存在涨跌停情况的个股和月份，涨跌停会使得当月的流动性不稳定，即流动性的波动增大，但是对当月流动性的均值影响是不确定的，这也是表 5.5 中流动性指标 Liquid 与涨跌停指标 Limits 相关性较弱的原因。为了说明这个问题，我们研究当月触及涨跌停交易日天数与当月新流动性 Liquid 均值、当月新流动性 Liquid 标准差之间的关系：首先，按照个股在当月触及涨跌停交易日的天数进行分组，无涨跌停情况的为第 1 组，触及涨跌停天数为 1~2 天的为第 2 组，3~4 天的为第 3 组，5~6 天的为第 4 组，多于 6 天的为第 5 组；其次，计算每组中当月所有交易日日度新流动性 Liquid 的均值和标准差，结果在表 5.7 中显示。

表 5.7 按照触及涨跌停天数分组时当月日度新流动性的统计

| 分组 | 1 | 2 | 3 | 4 | 5 |
|---|---|---|---|---|---|
| 涨跌停日 | 0 | 1~2 | 3~4 | 5~6 | >6 |
| 观测值占比 | 63% | 24% | 6% | 3% | 4% |
| 新流动性均值 | 51.18 | 51.26 | 48.96 | 45.90 | 39.59 |
| 新流动性标准差 | 20.09 | 21.94 | 24.54 | 26.84 | 27.60 |

表 5.7 中，当月触及涨跌停天数增加，新流动性均值逐渐减小，但是新流动性的标准差却是递增的，且标准差增加的幅度大于均值减小的幅度。具体而言，当触及涨跌停天数为 1~2 天时，与无涨跌停的月份相比，新流动性均值基本保持不变，而标准差增加了近 10%；当触及涨跌停天数为 3~4 天时，新流动性均值稍降 4%，而标准差增加了 22%；当触及涨跌停交易日天数较多时，对均值和标准差的影响都很大，触及涨跌停天数大于 6 天时，新流动性均值下降了 23%，标准差增加了 37%。总体而言，触及涨跌停天数越多，流动性越差，流动性的波动性越大，即流动性越不稳定。触及涨跌停天数少于 4 天时，对流动性影响不大，但是对流动性的波动影响很大，而触及涨跌停天数大于 4 天的观测值仅占 7%，所以在月度频率上涨跌停天数与新流动性 Liquid 的相关性较弱，这也就解释了表 5.5 中新流动性与涨跌停时长的相关系数较小。

综合以上分析，新流动性 Liquid 在日度频率上合理地包含了涨跌停对流动性的影响，触及涨跌停时虽然造成当日的流动性显著下降，但是会促进未来 1~3 天的流动性，造成流动性的不稳定，这可能与追涨杀跌行为造成流动性提供者增加有关。

### 5.4.3 新流动性指标与其他测度方法的对比：主成分分析

为了考察新流动性 Liquid 是否比其他指标更适合度量中国股票市场的流动性，借鉴 Korajczyk 和 Sadka（2008）、Kim 和 Lee（2014）的主成分分析方法，首先，用个股的 Liquid、ILLIQ、Turnover、Zeros、Limits 等指标，通过算术平均计算整体市场的对应指标，从各个维度衡量市场流动性。对于 ILLIQ，当分别采用算术平均和市值加权计算市场流动性时，得到的两个指标相关性较低（相关系数为 0.59），由于市值加权的结果更倾向体现大市值股票的流动性，而算术平均的结果倾向体现小市值股票的流动性，二者具有一定的差异，故主成分分析时视作两个指标对待。主成分分析后，按照贡献度大小，选取合适的主成分构造流动性的合成指标。其次，通过对比各个指标与合成指标的相关性大小，衡量并对比 Liquid 及其他指标对流动性度量的合理性。

根据前文的分析，主成分分析选择的流动性度量指标如下：①所有股票 Liquid 的市值加权平均作为市场新流动性 MKT-Liquid；②所有股票 ILLIQ 的市值加权平均作为市场非流动性 MKT-ILLIQ；③所有股票日换手率的市值加权平均作为市场换手率 MKT-Turnover；④当日停牌个股比例 MKT-Zeros，用当日停牌个股数目比当日市场个股总数，一般认为，当日停牌个股比例越大，说明当天市场的流动性越差；⑤当日触及涨跌停个股比例 MKT-Limits，用当日触及涨跌停个股数目比当日市场个股总数，一般认为，当日触及涨跌停比例越大，说明当日流动性差的股票数目多，当天市场的整体流动性差。

以上选择的指标中，MKT-Liquid、MKT-Turnover 为正向指标，数值越大表示流动性越好；MKT-ILLIQ、MKT-Zeros 和 MKT-Limits 为反向指标，数值越小表示流动性越好。在做主成分分析前，先对反向指标取相反数，使所有指标的大小与流动性高低方向相同，然后对所有指标进行标准化，再做主成分分析。根据累计方差解释率需达到 85%的统计标准，选择使用前 3 个主成分按照各自贡献度加权平均，构造市场流动性的合成指标，然后考察各个流动性指标与合成指标之间的相关关系，数据结果在表 5.8 的情形 A 中显示。

表 5.8 市场流动性指标与合成指标之间的相关系数

| 不同情形 | MKT-Liquid | MKT-Liquid1 | MKT-ILLIQ | MKT-ILLIQ1 | MKT-Turnover | MKT-Zeros | MKT-Limits |
|---|---|---|---|---|---|---|---|
| 情形 A | 0.92 |  | −0.81 |  | 0.27 | −0.50 | −0.52 |
| 情形 B | 0.90 |  | −0.83 | −0.45 | 0.24 | −0.50 | −0.54 |
| 情形 C | 0.85 | 0.83 | −0.83 | −0.51 | 0.40 | −0.30 | −0.36 |

此外，在使用个股的 ILLIQ 指标构造市值加权市场非流动性 MKT-ILLIQ 时，用市值加权与算术平均两种方法计算的市场流动性相关性并不强（相关系数为 0.59）。根据中国股票市场的特点，包括银行股在内的大市值股票数目少，但是权重大，尤其对市场指数的影响大，而包括中小板、创业板在内的小市值股票数目多，权重小。在构造市场流动性时，若选择市值加权，则主要体现大市值股票的流动性情况，若选择算术平均，则主要体现数目较多的小市值股票的流动性情况，这种现象在 2007 年、2015 年股市暴涨暴跌时体现得更加明显。由于没有好的市场流动性衡量方法，不仅体现大市值（市值大）股票的流动性，而且体现大部分（数目多）股票的流动性，故我们还加入了等权重市场非流动性 ILLIQ 进行主成分分析，用 MKT-ILLIQ1 表示。同样地，对于 Liquid 也进行相同的处理，分别得到市值加权的市场新流动性 MKT-Liquid 与等权重的市场新流动性 MKT-Liquid1。二者相关性强（相关系数为 0.85），对结果影响较小，严谨起见，在主成分分析中加入等权重的市场新流动性 Liquid（即 MKT-Liquid1）。数据结果分别在表 5.8 的情形 B 和情形 C 中显示。

从表 5.8 可以看出，用个股月度 Liquid 指标按市值加权得到的市场流动性 MKT-Liquid 与合成指标之间的相关系数最大，当 Liquid 和 ILLIQ 仅用市值加权时，MKT-Liquid 与合成指标的相关系数为 0.92，MKT-ILLIQ 与合成指标的相关系数相对较小，为−0.81，市场换手率 MKT-Turnover 与合成指标的相关性弱。情形 B 和情形 C 显示，当在主成分分析中分别加入等权重的 MKT-Liquid1 和 MKT-ILLIQ1 时，依然是 MKT-Liquid 与合成指标的相关性最强，因此，从与合成指标相关性的角度考量，Liquid 指标包含更多股票市场流动性的信息。

表 5.9 给出了各个市场流动性指标之间的相关系数，可以发现市场换手率、停牌个股比例、涨跌停个股比例与市场新流动性之间的相关性基本上都比市场非流动性要强。可以看出，与包括非流动性 ILLIQ 在内的其他指标相比，流动性 Liquid 在衡量市场流动性时具有更好的性质。

表 5.9　各个市场流动性指标之间的相关系数

| 变量 | 市场新流动性 | 等权重市场新流动性 | 市场非流动性 | 等权重市场非流动性 | 市场换手率 | 停牌个股比例 | 涨跌停个股比例 |
| --- | --- | --- | --- | --- | --- | --- | --- |
| 市场新流动性 | 1 | 0.85 | −0.65 | −0.16 | 0.17 | −0.43 | −0.42 |
| 等权重市场新流动性 |  | 1 | −0.47 | −0.10 | 0.34 | −0.18 | −0.39 |
| 市场非流动性 |  |  | 1 | 0.59 | −0.10 | 0.39 | 0.22 |
| 等权重市场非流动性 |  |  |  | 1 | 0.08 | 0.26 | 0.22 |
| 市场换手率 |  |  |  |  | 1 | 0.27 | 0.28 |
| 停牌个股比例 |  |  |  |  |  | 1 | 0.38 |
| 涨跌停个股比例 |  |  |  |  |  |  | 1 |

通过以上分析，可以看出在 ILLIQ 基础上构造的 Liquid 指标，可以更合理地体现中国股票市场流动性的特征。主要表现如下：第一，Liquid 指标识别出来的高流动性股票的特征与投资者对流动性的认知基本一致，因为大市值、高成交量和换手率、较少的停牌天数和触及涨跌停的股票的流动性应该比较好，反之，流动性则较差。第二，Liquid 指标比 ILLIQ 指标更优的地方体现在 Liquid 指标比 ILLIQ 指标更好地体现停牌对流动性的影响。第三，Liquid 日度指标可以很好地体现涨跌停对流动性的影响，触及涨跌停时会造成当日的流动性下降，但是会促进次日的流动性。第四，个股 Liquid 指标通过市值加权构造的 MKT-Liquid 与包括 ILLIQ、换手率在内的其他变量相比，与主成分分析方法合成的综合指标有更高的相关性，Liquid 指标比其他指标包含更多市场流动性的信息。综上，新的流动性指标 Liquid 更好地反映中国股票市场流动性的特征。

## 5.5　新流动性指标 Liquid 在组合定价中的有效性检验

ILLIQ 作为流动性度量指标已经被证明具有良好的定价作用，与市值、账面市值比和特质波动率等一起作为各种其他定价因子有效性检验中的控制变量被广泛应用（Amihud，2002；Kim and Lee，2014）。因此，进一步考察改进后的 Liquid 指标在组合定价中的作用，并比较 Liquid 与 ILLIQ 的差异。

考察新流动性指标 Liquid 在组合定价中的作用，具体方法如下。

第一步，在个股水平上，对所有股票在月末按照当月月度 Liquid 排序，均分为 10 组，计算每个组合持有 1 个月的收益率。通过买入流动性最差的股票组合，卖空流动性最好的股票组合构造零投资组合，计算其收益率在时间序列上的显著性，并用 Fama-French 三因素和五因素模型对组合的超额收益进行风险调整，考察 Liquid 度量的流动性的风险溢价情况。

第二步，借鉴 Fama 和 French（1993，2015）构造 SMB、HML 等因子的方法，构造流动性因子 IML，考察 IML 因子溢价是否显著，然后用 Fama-French 三因子和 Fama-French 五因子进行风险调整，考察风险调整后流动性因子溢价是否依然显著，从而确定流动性的定价作用。IML 因子的具体构造方法如下：在 $t$ 月末，将所有股票按照市值大小分为两组（大、小），同时将所有股票按照月度 Liquid 大小以 30%、40%、30%比例分为高、中、低三组（Liquid 分组与市值分组独立），便交叉形成 6 个组合（大高、大中、大低、小高、小中、小低），用大高和小高组合第 $t+1$ 月市值加权收益率的均值，减去大低和小低组合市值加权收益率的均值，即得到 $t$ 月的 IML 因子，这样得到的 IML 因子可以获取由于 Liquid 差异而产生的收益差，同时又控制了市值对收益差的影响。

第三步，用 Fama-MacBeth 回归的方法，控制市场和市值等因素，研究股票当期的流动性是否对下一期的收益具有显著的预测作用。由于中国股票市场在月度频率存在显著的反转效应，即前一个月收益率高导致后一个月收益率低，为了控制反转效应对结果的影响，在回归中还控制了 $t$ 月收益率。为了与 Liquid 指标的定价作用做对比，分别用 Amihud 非流动性指标、换手率、Zeros、Limits 作为流动性度量，考察各个指标的显著性。具体做法如下：在 $t$ 月末，将个股 $t+1$ 月收益作为因变量，将月度流动性指标 Liquid 作为自变量，回归得到 Liquid 的系数，然后求系数在所有样本期间时间序列上的平均值和显著性水平。

### 5.5.1 按新流动性指标构造零投资组合的收益分析

在每个月末，根据新构造的月度 Liquid 进行排序，并均分为 10 组构造投资组合。通过等权重买入最低 Liquid 组股票，卖空最高 Liquid 组股票，构造零投资组合。考察每个组合的收益 return 的情况并对组合收益进行风险调整，分别获得 Fama-French 三因素和 Fama-French 五因素模型调整后的超额回报 FF3-a、FF5-a，验证中国股票流动性定价作用的显著性，结果在表 5.10 中显示。为了比较 Liquid 与 ILLIQ 在定价中的作用，我们对 ILLIQ 进行同样的排序分组构造组合等处理，数据结果见表 5.11。

表 5.10 按 Liquid 排序分组的组合收益及风险调整后收益

| 收益 | $L_1$ | $L_2$ | $L_3$ | $L_4$ | $L_5$ | $L_6$ | $L_7$ | $L_8$ | $L_9$ | $L_{10}$ | $L_1-L_{10}$ |
|---|---|---|---|---|---|---|---|---|---|---|---|
| 组合收益 | 3.55***<br>(3.45) | 3.21***<br>(3.14) | 3.23***<br>(3.21) | 3.09***<br>(3.08) | 2.91***<br>(2.88) | 2.78***<br>(2.78) | 2.51***<br>(2.53) | 2.11**<br>(2.11) | 1.96**<br>(1.98) | 1.56<br>(1.67) | 1.99***<br>(3.19) |
| FF3-a | 0.64**<br>(1.97) | 0.29<br>(1.08) | 0.28<br>(1.27) | 0.14<br>(0.72) | −0.07<br>(−0.35) | −0.18<br>(−0.88) | −0.39*<br>(−1.80) | −0.72***<br>(−3.08) | −0.73***<br>(−2.91) | −0.64***<br>(−2.80) | 1.29***<br>(3.19) |
| FF5-a | 0.28<br>(0.83) | −0.18<br>(−0.64) | −0.05<br>(−0.21) | −0.10<br>(−0.47) | −0.21<br>(−0.99) | −0.32<br>(−1.43) | −0.45*<br>(−1.88) | −0.77***<br>(−2.97) | −0.68***<br>(−2.61) | −0.54**<br>(−2.42) | 0.83**<br>(2.16) |

\*、\*\*、\*\*\*分别表示显著性水平为 10%、5%、1%

注：表中的收益数据均为百分比，括号内为 $t$ 值。FF3-a、FF5-a 分别表示获得 Fama-French 三因素和 Fama-French 五因素模型调整后的超额收益

表 5.11 按 ILLIQ 排序分组的组合收益及风险调整后收益

| 收益 | $I_1$ | $I_2$ | $I_3$ | $I_4$ | $I_5$ | $I_6$ | $I_7$ | $I_8$ | $I_9$ | $I_{10}$ | $I_{10}-I_1$ |
|---|---|---|---|---|---|---|---|---|---|---|---|
| 组合收益 | 1.50<br>(1.58) | 1.85*<br>(1.87) | 2.09**<br>(2.11) | 2.49**<br>(2.47) | 2.80***<br>(2.82) | 2.86***<br>(2.84) | 3.17***<br>(3.20) | 3.36***<br>(3.32) | 3.34***<br>(3.27) | 3.46***<br>(3.34) | 1.96***<br>(2.86) |
| FF3-a | −0.71***<br>(−3.08) | −0.85***<br>(−3.55) | −0.72***<br>(−3.00) | −0.41*<br>(−1.80) | −0.13<br>(−0.64) | −0.12<br>(−0.67) | 0.24<br>(1.22) | 0.38<br>(1.88) | 0.39<br>(1.51) | 0.54<br>(1.58) | 1.25***<br>(2.89) |
| FF5-a | −0.55**<br>(−2.51) | −0.84***<br>(−3.27) | −0.73***<br>(−2.81) | −0.50**<br>(−2.00) | −0.28<br>(−1.26) | −0.27<br>(−1.31) | 0.01<br>(0.03) | 0.07<br>(0.31) | −0.01<br>(−0.19) | 0.13<br>(0.35) | 0.67<br>(1.68) |

\*、\*\*、\*\*\*分别表示显著性水平为 10%、5%、1%

注：表中的收益数据均为百分比，括号内为 $t$ 值。FF3-a、FF5-a 分别表示获得 Fama-French 三因素和 Fama-French 五因素模型调整后的超额收益

表 5.10 显示，随着 Liquid 的增大，组合的收益率逐渐减小，即流动性差的股票在未来一个月的收益高，流动性好的股票在未来一个月的收益低，零投资组合的月收益率为 1.99%，$t$ 值为 3.19，在 1%的水平下零投资组合具有显著的收益，组合收益在 Fama-French 三因素和五因素模型进行风险调整后月度收益率分别为 1.29%和 0.83%，$t$ 值显示风险调整后收益依然是显著的。

表 5.11 显示，当按照 ILLIQ 进行排序分组时，随着 ILLIQ 的增大，组合的收益率逐渐增大，由于 ILLIQ 是流动性的反向指标，这体现出流动性越好，持有期收益率越低，流动性越差，持有期收益率越高的特征，零投资组合的收益是显著的，组合收益经过 Fama-French 三因素模型风险调整后收益依然是显著的，但是经过 Fama-French 五因素模型风险调整后收益是不显著的。比较 Liquid 和 ILLIQ 分别作为流动性指标时流动性的定价作用，发现二者在资产定价中都是有效的，且 Liquid 的作用体现得稍强于 ILLIQ。

### 5.5.2 新流动性因子的风险溢价分析

借鉴 Fama 和 French 构造 SMB、HML 等因子的方法，构造流动性因子 IML，考察 IML 因子的溢价情况。然后，用 Fama-French 三因素和五因素模型对 IML 因子溢价进行风险调整，考察流动性是否具有定价作用。由于在构造过程中，已经控制了市值的差异，故 IML 因子的收益中不包括市值因素的影响。为了比较 Liquid 与 ILLIQ，同样用 ILLIQ 构造 IML 因子，考察二者在资产定价中的作用，结果在表 5.12 中显示。

表 5.12 用 Liquid 和 ILLIQ 构造流动性因子 IML 的风险溢价

| Panel A 用 Liquid 构造 IML ||| Panel B 用 ILLIQ 构造 IML |||
|---|---|---|---|---|---|
| 变量 | 收益 | $t$ 值 | 变量 | 收益 | $t$ 值 |
| 流动性因子 | 0.96*** | 3.36 | 流动性因子 | 0.89*** | 2.81 |
| FF3-a | 1.05*** | 4.49 | FF3-a | 1.04*** | 4.28 |
| FF5-a | 0.81*** | 3.39 | FF5-a | 0.66*** | 2.77 |

\*\*\*表示显著性水平为 1%

注：表中的收益数据均为百分比；FF3-a、FF5-a 分别表示获得 Fama-French 三因素和 Fama-French 五因素模型调整后的超额收益

表 5.12 显示，不管用 Liquid 还是 ILLIQ 构造 IML，流动性因子溢价都是显著的。在 Panel A 中，用 Liquid 构造的 IML 因子溢价为 0.96%（$t$ 值为 3.36），用 Fama-French 三因素模型对溢价进行风险调整后为 1.05%（$t$ 值为 4.49），用 Fama-French 五因素模型对溢价进行风险调整后为 0.81%（$t$ 值为 3.39），流动性风险溢价不能被市场、市值、账面市值比等因子解释。

Panel B 中用 ILLIQ 构造 IML 因子的结果表现出了相同的特征，这说明用 Liquid 和 ILLIQ 度量股票市场流动性，均能体现出流动性因子溢价的特征。比较 Panel A 与 Panel B，发现流动性因子溢价和 $t$ 值的数值，都是 Panel A 大于 Panel B，说明用改进后的 Liquid 指标度量中国市场的个股流动性所体现出的流动性风险溢价是高于 ILLIQ 指标的，具有一定的优势。

### 5.5.3 新流动性指标的组合定价作用：Fama-MacBeth 回归

采用 Fama-MacBeth 回归的方法研究股票当期流动性对下一期收益的预测作用。流动性分别用非流动性 ILLIQ、换手率 Turnover 和零成交天数占比 Zeros

等度量。回归方程中控制了市值 Size、账面市值比 BM 和代表反转效应的历史收益率 Rev，结果在表 5.13 中展示。

表 5.13　Fama-MacBeth 回归

| 变量 | （1） | （2） | （3） | （4） | （5） | （6） | （7） | （8） | （9） | （10） | （11） |
|---|---|---|---|---|---|---|---|---|---|---|---|
| 新流动性 | -0.038***<br>(-4.70) | | | | | -0.025***<br>(-4.74) | | -0.038***<br>(-3.31) | | -0.036***<br>(-2.81) | |
| 非流动性 | | 0.014***<br>(3.39) | | | | | 0.011***<br>(3.08) | | 0.012***<br>(3.13) | | 0.011 9***<br>(2.86) |
| 换手率 | | | -0.018***<br>(-6.83) | | | | | | | -0.018***<br>(-6.22) | -0.015***<br>(-5.61) |
| 零成交量天数占比 | | | | 0.049***<br>(3.64) | | | | 0.018<br>(1.31) | 0.036***<br>(3.88) | 0.010<br>(0.73) | 0.032***<br>(3.41) |
| 市值 | | | | | -0.006***<br>(-3.82) | -0.003<br>(-1.69) | -0.006***<br>(-3.40) | | | | |
| 账面市值比 | | | | | 0.005<br>(0.78) | 0.010<br>(1.63) | 0.006 4<br>(1.01) | | | | |
| 历史收益率 | | | | | -0.045***<br>(-5.24) | -0.048***<br>(-5.60) | -0.053***<br>(-6.06) | | | | |
| 常数项 | 0.042***<br>(3.47) | 0.017*<br>(1.92) | 0.028***<br>(2.76) | 0.017**<br>(2.01) | 0.038***<br>(3.49) | 0.043***<br>(3.89) | 0.035***<br>(3.20) | 0.041***<br>(3.96) | 0.016**<br>(2.22) | 0.052***<br>(5.02) | 0.024***<br>(3.48) |

*、**、***分别表示显著性水平为 10%、5%、1%
注：表中的收益数据均为百分比

表 5.13 中，回归方程（1）~回归方程（4）分别是第 $t$ 月 Liquid、ILLIQ、Turnover 和 Zeros 四种流动性指标与第 $t+1$ 月收益率的回归，各个指标的回归系数均显著，说明这四种流动性指标在定价中都具有显著的作用。回归方程（1）和回归方程（2）比较，Liquid 的显著性比 ILLIQ 高，说明 Liquid 在组合定价中的效果要优于 ILLIQ 指标。回归方程（5）是第 $t+1$ 月收益率与控制变量（第 $t$ 月的市值、账面市值比、收益率）的回归分析，结果显示，市值、$t$ 月收益率均对 $t+1$ 月收益率具有显著的影响，系数都是负的，市值越小当月收益率越小，下月的收益率越大。回归方程（6）、回归方程（7）中控制了回归方程（5）中的变量，比较 Liquid 和 ILLIQ 指标系数的显著性水平，发现加入控制变量后，流动性指标 Liquid 和 ILLIQ 系数依然是显著的，说明流动性对预期收益的影响不能被市值因子、账面市值比因子和反转效应等解释。回归方程（6）和回归方程（7）的差异在于，回归方程中加入 Liquid 后，Size 的系数不再显著，而加入 ILLIQ 后 Size 的系数依然显著，说明 Liquid

作为流动性的代理指标可以解释市值因子对收益的影响而 ILLIQ 指标则不能。回归方程（8）显示，当同时加入 Liquid 和 Zeros 时，Liquid 的系数显著而 Zeros 的系数不再显著，说明 Liquid 指标中包含停牌对流动性的影响。回归方程（9）显示，当同时加入 ILLIQ 和 Zeros 时，二者的系数依然都是显著的，ILLIQ 无法体现停牌对流动性的影响。比较回归方程（10）和回归方程（11），当同时加入 Liquid、Turnover、Zeros 时，Turnover 和 Liquid 的系数是显著的，Zeros 的系数依然不显著，这两个回归方程同样验证了 Liquid 指标包含停牌对流动性的影响而 ILLIQ 不包含。当同时加入 ILLIQ、Turnover、Zeros 时，三者的系数都是显著的，说明换手率和 Liquid、ILLIQ 不能互相解释，分别包含流动性不同维度的信息，不能将换手率作为流动性因子。

综上可见，通过改进 ILLIQ 构造的新指标 Liquid 度量的流动性在资产定价中的有效性体现如下：第一，用 Liquid 指标进行排序分组，通过买入低 Liquid 组股票、卖空高 Liquid 组股票构造的零投资组合具有显著的正的收益，经过 Fama-French 三因素和 Fama-French 五因素模型进行风险调整后收益依然是显著的，且 Liquid 的作用体现得稍强于 ILLIQ。第二，根据 Liquid 构造的流动性因子 IML，控制市值的差异，具有显著为正的风险溢价，且风险调整后同样显著；Liquid 所体现出的流动性风险溢价是高于 ILLIQ 指标的，具有一定的优势。第三，在 Fama-MacBeth 回归中，Liquid 对未来收益具有显著的影响，在控制市值、账面市值比、反转效应等因素后，影响依然是显著的，这符合资产定价理论的要求。Liquid 指标中包含停牌对流动性的影响，ILLIQ 无法体现停牌对流动性定价作用的影响。

鉴于中国股票市场是订单驱动而不是报价驱动、有较多的零成交量天数和涨跌停制度，直接采用常用的流动性指标有不足，本章分 6 种情况，在 Amihud（2002）的 ILLIQ、Kang 和 Zhang（2014）的基础上对流动性指标进行改进，运用日内高频数据，构造适合我国股票市场的流动性度量指标，使新的流动性指标 Liquid 体现涨跌停对流动性的影响，并解决 ILLIQ 在停牌日无法定义的问题。在得到新的流动性指标后，从新流动性反映的股票特征和特殊交易制度以及与其他流动性测度指标相比较等方面检验新的 Liquid 指标在中国股票市场流动性的合理性，并在组合定价中考察其应用，结果发现新流动性因子很好地体现停牌交易和涨跌停限制对流动性的影响。新的指标能很好体现市场流动性的典型事实，不但体现出明显的公司特征，而且体现出明显的市场流动性特征，这对观察并监测市场流动性变化具有重要的参考价值。在组合定价方面，相比于其他方法，新流动性因子包含更多维度的市场流动性信息；新流动性因子自身以及控制了市值、账面市值比和历史收益率等因素后都有显著的组合风险溢价，这对于制定优秀的投资策略是很有价值的信息，能更好地帮助投资者实现超额收益，减少对缺陷指标的使用。

# 第6章　中国股市流动性螺旋的典型特征：基于流动性共变的视角

## 6.1　流动性共变

在投资组合理论中，资产风险可以被划分为特质性风险和系统性风险两种类型，其中特质性风险可以通过构造投资组合而最终互相抵消掉，但系统性风险则因市场中共同的因素影响而无法在投资组合中被分散掉，因此，投资者更加关心系统性风险。随着近年来市场微观结构理论的发展以及对流动性研究的深入，流动性共变被认为是新的系统性风险（Chordia et al.，2000；Hasbrouck and Seppi，2001）。

流动性共变是指市场中存在某些共同因素影响全体股票的流动性水平，使得不同股票的流动性之间存在显著的相关进而流动性变化表现出趋同现象，亦即个股的流动性倾向同时改善或同时恶化。流动性共变的存在表明个股的流动性至少部分是由整个市场的流动性决定的，因此，这种不可分散的风险被作为股票定价的一个重要因子（Acharya and Pedersen，2005；Korajczyk and Sadka，2008），且这种不可分散的风险因子造成整体流动性的变化，进而使流动性风险成为系统性风险的一种，因此流动性共变又称为系统流动性（systematic liquidity）。

另外，由于不可分散特征，流动性共变也被认为是股价脆弱及当股市下跌时常常出现的市场流动性枯竭的关键因素（Hameed et al.，2010；Greenwood and Thesmar，2011）。具体而言，在股票市场中，流动性非常脆弱，当市场出现危机时，由于流动性共变现象的存在，流动性会迅速减少甚至在短时间内"蒸发"殆尽，进一步引发市场的快速下跌。1987年10月美国股市崩盘的一个关键特征就是整个市场的流动性在很短的时间内迅速"蒸发"；1997年的亚洲金融危机以及1998年秋季固定收益市场的动荡也是由于流动性快速下降造成的；2008年美国爆发的金融危机很快席卷到了如欧盟、亚洲等世界主要的金融市场，并最终演变成全球金融危机。实际上，2008年全球金融危机的根源是信用风险危机，然而其对金融市场造成的恐慌迅速引发流动性危机，并通过金融市场间存在的溢出效应很快蔓延至全球资本市场。此次信用风险造成的恐慌使得全球大型的金融机构大量抛售所持有的金融产品，基于此，提供流动性的流动性供给者的撤出导致融资流动性的枯竭，进而引发资本市场的全面恶化，市场出现流动性螺旋（Brunnermeier and Pedersen，2009）。由此可见，极端市场中的流动性共变是流动性螺旋的典型特征，因此本章探讨中国流动性共变的存在及其特征，进而为深刻理解中国股市流动性螺旋现象提供参考。

## 6.2 中国股市的波动特征与流动性共变

### 6.2.1 散户为主的投资者结构

为改善因中小投资者交易造成的中国资本市场所出现的严重高波动性和非理性投资，2001年，中国证券监督管理委员会（以下简称中国证监会）提出"超常规发展机构投资者"的发展思路，主要目的就是希望利用机构投资者的长期投资、价值投资等特性促进市场稳定并提高市场效率。经过多年的发展，中国的机构投资者队伍日益壮大，形成以证券投资基金为主体，合格境外机构投资者（Qualified Foreign Institutional Investors，QFII）、合格境内机构投资者（Qualified Dmestic Institutional Investor，QDII）、保险、社保基金和企业年金等其他机构投资者结合发展的多元化格局。申万宏源统计，从持有股票市值角度看，截至2016年底，我国个人投资者持有流通股市值占比40%，占据最大比例；合格境内机构投资者持有流动股市值占比持续提升至16.3%，合格境外机构投资者持有流动股市值占比为0.9%，总体规模还非常小。进一步地，从机构投资者的内部结构来看，公募基金持股市值占比从2007年来一直下滑，但仍然是市场上规模最大的机构投资者，而保险机构持股市值占比随险资监管的放开而不断增加，截至2016年底，公募基金及其子公司、私募基金（含有限合伙）和保险公司占机构投资者持股市值的比重分别为33%、28%和11%，由此可见，当前机构投资者的类型日渐多元化，机构投资者之间的竞争也日渐激烈化，且影响力不断提升。

从投资者持股市值结构来看，境内外市场存在三大差异：一是境外专业投资机构持股市值占比较高，美国以共同基金、养老基金等为代表的专业投资者持股市值比重高达40%，如果加上境外专业投资机构，持股市值占比将达到约55%

的水平，而同期 A 股市场专业投资机构持股市值占比仅为 16.3%，未来专业投资机构发展空间巨大。二是 A 股市场开放程度较低，近年来中国一直在推进金融市场的双向开放，但从机构持股市值占比来看，境外投资者持股市值比重仍然偏低，不足 1%，这与美国市场 15%的占比相比，差距较大，未来随着 A 股纳入 MSCI 指数及金融市场更高层次开放的推进，A 股市场境外投资者的比重将显著提升。三是 A 股市场国资直接持股的比重较高，这与中国公有制为主的经济体制直接相关，2016 年底中国政府持股市值占比约为 8.3%，A 股上市公司中实际控制人是国资属性的公司超 600 家，持股市值占比远超境外成熟市场约 1%水平，未来随着国资改革的逐步推进，政府直接持股比例和产业资本中国有资本的持股比例都将持续下降。值得一提的是，美国市场中个人投资者及非营利性组织的持股市值比重也不低，2016 年约 40%的水平，这与同期中国市场的个人投资者占比基本持平。

据中国证券登记结算有限责任公司统计数据，从账户数量上来看，截至 2017 年底，中国投资者账户共有 13 398.30 万个，其中个人投资者账户数量为 13 362.21 万个，占比 99.73%；机构投资者账户数量为 36.08 万个，占比 0.27%。根据个人投资者持有 A 股流通市值来看，截至 2016 年 2 月，个人投资者本期末持有 A 股流通市值在 10 万元以下的账户占个人投资者总数的 76.73%，为绝对多数。更重要的，我们还必须考虑另一结构上的差异，特别是机构投资者和个人投资者参与交易的情况。以美国资本市场为例，2010 年由机构管理的股票比例约 67%（Blume and Keim，2012），而市场上机构以及算法投资者的交易额达到当年整个市场交易额的 80%以上（Glantz and Kissell，2013）。事实上，目前的估计表明，个人投资者的交易额占美国市场总交易额的不到 10%（Sensoy，2017），而且 Sensoy（2017）指出，据路透社报道，与美国这种发达资本市场相比，作为新兴资本市场的中国，2015 年中国股市中大约有 85%的交易总额是由个人投资者完成的，机构投资的交易量仅有 15%左右。

综合上述统计数据可以发现，尽管中国机构投资者在政策支持下取得一定程度的发展，但其规模仍偏小，在市场上还未占据主要地位，无法主导市场投资行为。因此，目前为止，中国资本市场散户为主的市场结构依然未变，而且需要指出的是，数据统计显示中国散户投资者数量众多，且散户投资者素质参差不齐，信息的获取和处理能力薄弱，容易受外界股评、媒体炒作及其他投资者的交易行为的影响，导致他们缺乏独立的投资分析能力而出现投资决策及交易行为的同一性。另外，基金类机构投资者呈现"散户化"趋势，基金的投资行为被基金持有者的行为所左右，出现短期化交易倾向，加剧市场波动。因此，在目前以散户为主体的投资者结构下，中国股市倾向存在更为强烈的流动性共变。

## 6.2.2 高度信息非对称

众多的上市企业每天都会在证券市场上公开披露大量的企业信息，有效市场假说认为资产价格是信息的反映，因此投资者非常关心每天市场中所披露的有关于企业和市场的信息，进而依据信息情况预判资产的价格趋势并做出相应投资决策。但是，由于保护股市的法律制度建设滞后、有效的企业信用评级监管体系尚未形成、上市企业信息披露不完全和相关财务信息虚假披露等原因，故在证券承销发行、上市企业季报披露、并购重组及宏观经济政策等多方面出现比较严重的信息非对称。严重的信息非对称会使市场丧失良好的透明度，进而出现逆向选择风险。此外，知情交易者会利用自己掌握的私有信息或内幕消息操纵股价获利，并可能会导致资产的价格及其流动性水平出现异常波动。

Brockman 和 Chung（2002）指出，个股层面的信息非对称只会对股票自身的流动性水平产生影响，但若出现市场层面的信息非对称则会影响到市场中所有股票的流动性水平。而且，在订单驱动市场交易机制的"自由进入"和"自由退出"特征下，知情交易者与非知情交易者之间严重的信息非对称会降低利用高价差吸引流动性提供者的进入，增加市场交易者的退出，进而增加股票流动性的系统成分，即出现强烈的流动性共变。因此，在订单驱动市场中，导致流动性共变出现的一个重要驱动因素可能就是信息非对称，且由于中国严重的信息非对称现状，中国股市出现相对于发达资本市场更为强烈的流动性共变。

## 6.2.3 系统性风险大

由于受诸多因素的影响，资本市场变幻多端，故随机波动的股价使得投资者时刻面临投资风险。Pagano（1989）、吴卫星和汪勇祥（2004）指出，投资者对待风险的态度是影响股票的流动性水平的重要因素，若投资者对待风险是厌恶的，那么股票风险的增加会影响其投资决策进而改变股票的流动性水平。而且从流动性风险溢价角度考虑，对于价格波动幅度越大的股票，提供流动性的投资者会要求越高的价格补偿，进而股票的流动性受到的影响也越大（Grossman and Miller，1988；Acharya and Pedersen，2005）。对于资产价格的系统性变化，其流动性水平也会受到影响。

相较于国外市场，中国股市存在更大程度的同涨同跌现象（陈梦根和毛小元，

2007），特别是 2015~2016 年中国股市的大起大落，多次经历千股涨停、千股跌停，上证指数从 2015 年 6 月 12 日的 5 178.19 跌到 7 月 9 日的 3 373.54，2016 年 1 月 27 日又跌到 2 638.30。这表明中国股市存在更大的系统性风险。王永宏和赵学军（2001）考察沪市股价的风险结构，结果发现，沪市中有约 67%的风险属于系统性风险；孙培源和施东晖（2002）以沪深股市为研究对象，他们指出，2000 年之前沪深股市价格的风险中包含平均 32.9%的系统性风险部分；宋逢明和江婕（2003）指出在样本研究期内，尽管中国股市总风险与外国成熟市场之间的差别并不大，但系统性风险表现出较大差异，1994~2002 年中国股市价格风险中平均有 65%的风险属于系统性风险，而同期美国 S&P500 指数所代表的股市系统性风险平均仅有 40%。尽管上述文献中学者使用的研究方法各异，提出的中国股价总体风险中系统性风险的构成比例也存在很大不同，但中国股价系统性风险大是一个公认的事实。股价系统性的变化对其流动性水平也会产生系统性的影响（Acharya and Pedersen，2005；Kamara et al.，2008），2015 年爆发的股市的千股跌停就是一个典型的例子。因此，中国股市的高系统性风险特征可能意味着中国存在更为强烈的流动性共变。

### 6.2.4　政府干预过度

在中国股票市场中，往往会出现过多的政府"行政干预"行为，导致股市运行更加受"政策"影响。邹昊平等（2000）对 1992~2000 年沪市出现的异常波动进行研究，发现造成沪市出现异常波动的首要原因为政策性因素，对影响程度进行量化后发现，其中有 46%是政策性因素导致的；市场因素次之，为 21%；第三和第四影响因素分别为扩容因素和消息因素，各占 17%和 12%；其他因素则占 4%。施东晖（2001）指出，1992~2000 年中国沪市出现异常波动达 52 次，30 次是政策性因素所致，占比约 60%。陆正飞等（2002）将投资者投资决策过程中关心的因素分为政策性信息、宏观经济信息、上市企业发布的有关个股的信息、个股成交量、股指的异动、大盘走势、股评家的评论及证券经营机构的评论和小道消息。进一步地，对这几类重要因素按市场周期的特点重新进行排序后，结果发现无论是股市正常运行抑或出现异常波动期间，市场信息和政策信息都是投资者做出投资决策时的首要考虑因素，而非上市企业的基本面状况。中国股市流动性水平表现出很强烈的政策敏感性，每次政策的实施都会导致股市出现剧烈波动的状况。对于股市的异常波动，长期来看会影响市场中资金的供给进而导致流动性共变的改变，短期来看则会改变投资者的心理预期及投资者情绪，最后影响流动性共变程度。

## 6.3 中国股市流动性共变的存在性检验

### 6.3.1 数据与变量

本章选取 1997~2017 年中国 A 股上市公司为研究对象，并剔除了 ST 和 PT 股票，最终样本为 2 968 家上市企业。相关交易数据均来自国泰安金融数据库及锐思金融研究数据库。样本期间为 1997 年 1 月 2 日至 2017 年 12 月 29 日。

尽管股票流动性可以从市场宽度、深度、弹性和即时性四个维度进行衡量，但是，对于投资者，尤其是机构投资者来说，交易价格的冲击是最重要的流动性因素（Kamara et al.，2008）。Amihud（2002）给出的非流动性测度是度量交易冲击的流动性指标，而且，在中国市场上，该测度是与买卖价差相关度最高的日度流动性指标（张峥等，2013）。因此借鉴 Amihud（2002）提供的非流动性测度方法，计算各交易日内股票的非流动性水平。具体模型如下：

$$\text{Illiq}_{i,d} = \frac{|r_{i,d}|}{\text{vol}_{i,d}} \times 10^6 \tag{6.1}$$

其中，$r_{i,d}$ 为股票 $i$ 在 $d$ 交易日的收益率；$\text{vol}_{i,d}$ 为股票 $i$ 在 $d$ 交易日的交易量（单位为元）。为避免过大或过小的数据影响回归结果，对上述计算的非流动性指标 $\text{Illiq}_{i,d}$ 所出现的离群值进行缩尾（winsorize）处理，处理标准为 winsorize(1, 99)。进一步地，为解决 Amihud（2002）非流动性测度可能存在的非平稳问题，采用 Kamara 等（2008）的方法对非流动性指标进行如式（6.2）的差分处理。

$$\Delta\text{Illiq}_{i,d} = \ln\left[\frac{\text{Illiq}_{i,d}}{\text{Illiq}_{i,d-1}}\right] = \ln\left[\frac{|r_{i,d}|/\text{vol}_{i,d}}{|r_{i,d-1}|/\text{vol}_{i,d-1}}\right] \tag{6.2}$$

对于市场总体流动性水平，则为

$$\Delta\text{Illiq}_{m,d} = \frac{1}{N}\sum_{j=1, j\neq i}^{N}\Delta\text{Illiq}_{j,d} \tag{6.3}$$

图 6.1 给出了市场流动性变化 $\Delta\text{Illiq}_{m,d}$ 的时序序列走势，可以看出，市场流动性变化并未表现出特定的时间趋势，因此，避免了流动性共变时序序列走势是流动性变化的时间趋势所致的担忧（Kamara et al.，2008）。此外，进一步计算每月市场流动性变化 $\Delta\text{Illiq}_{m,d}$ 的标准差，用以考察市场流动性变化的波动率情况，图 6.2 给出了市场流动性变化 $\Delta\text{Illiq}_{m,d}$ 的波动率。结合图 6.1 和图 6.2 可以发现，图中所出现的部分峰值期间，恰好与股市出现的重大事件相对应。例如，1997 年 5 月股

票印花税的上调、1997年7月爆发的亚洲金融危机、1999年5月出现的"5·19行情"、2008年爆发的金融危机和2016年1月中国证监会推出的"熔断机制"导致的股市下跌。这一现象表明，除股市系统性风险外，政策性因素的确是影响股市流动性水平的另一重要因素。

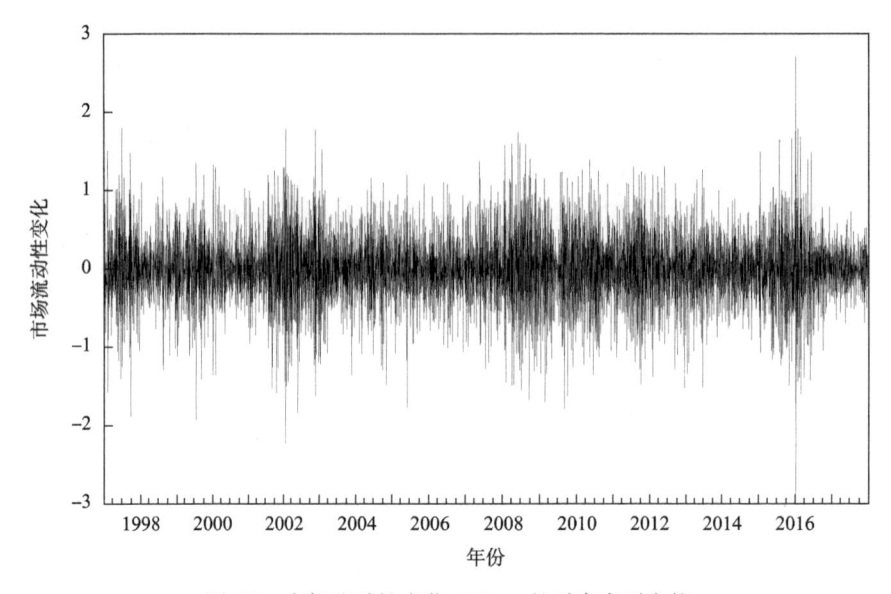

图 6.1 市场流动性变化 $\Delta Illiq_{m,d}$ 的时序序列走势

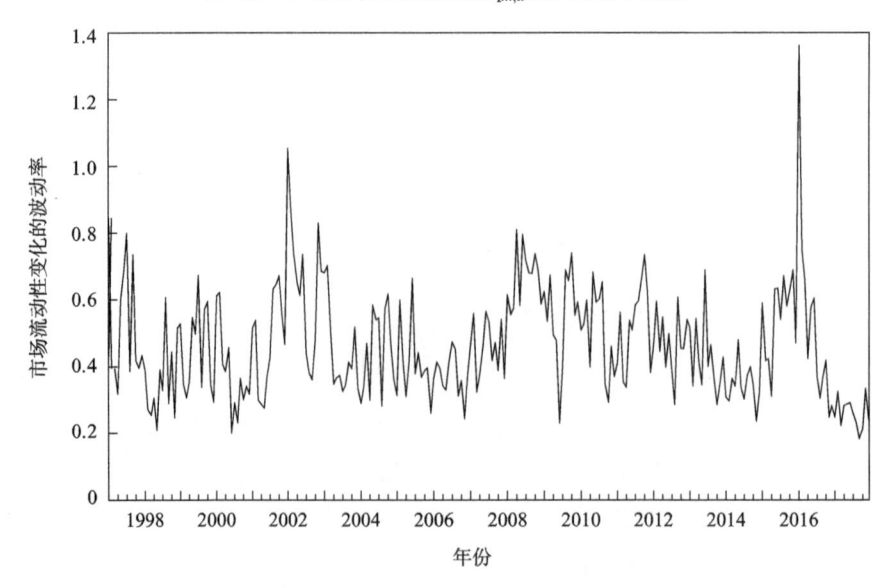

图 6.2 市场流动性变化 $\Delta Illiq_{m,d}$ 的波动率

## 6.3.2 实证结果与分析

借鉴 Chordia 等（2000）、Lowe（2014）的做法，构造如下模型考察各上市公司每季度的流动性共变：

$$\Delta \text{Illiq}_{i,d,t} = \alpha_{i,t} + \beta_{\text{liq},i,t} \Delta \text{Illiq}_{m,d,t} + \beta_{\text{liq},i,t}^{\text{leading}} \Delta \text{Illiq}_{m,d+1,t} + \beta_{\text{liq},i,t}^{\text{lagged}} \Delta \text{Illiq}_{m,d-1,t} \\ + \sigma_{i,t} \Delta \text{squ}_{i,d,t} + \delta_{i,t} \text{ret}_{m,d,t} + \delta_{i,t}^{\text{leading}} \text{ret}_{m,d+1,t} + \delta_{i,t}^{\text{lagged}} \text{ret}_{m,d-1,t} + \varepsilon_{i,d,t} \quad (6.4)$$

其中，$\Delta \text{Illiq}_{i,d,t}$ 为股票 $i$ 在 $t$ 季度 $d$ 交易日的非流动性变化；同样地，市场非流动性变化组合 $\Delta \text{Illiq}_{m,d,t}$、$\Delta \text{Illiq}_{m,d+1,t}$ 和 $\Delta \text{Illiq}_{m,d-1,t}$ 则分别为各交易日内除股票 $i$ 外所有股票的非流动性变化 $\Delta \text{Illiq}_{i,d,t}$、$\Delta \text{Illiq}_{i,d+1,t}$ 和 $\Delta \text{Illiq}_{i,d-1,t}$ 的市值加权。此外，模型中还纳入如下控制变量：领先、滞后及同期市场日收益率 $r_{m,d+1,t}$、$r_{m,d-1,t}$ 和 $r_{m,d,t}$，个股日收益率平方变化 $\Delta \text{squ}_{i,d,t}$，即 $\Delta \text{squ}_{i,d,t} = \ln(r_{i,d,t}^2 / r_{i,d-1,t}^2)$，以控制收益波动率对股票流动性的影响。式（6.4）中回归系数 $\beta_{\text{liq},i,t}$ 为每季度股票 $i$ 的流动性水平对市场总体流动性水平的敏感程度，即个股在每季度下的流动性共变程度。为保证回归方程有足够的自由度，并未对式（6.4）进行月度上的回归（去除非有效交易日后，各月有效的交易数据仅 20 个左右），而是进行季度上的回归，进一步地，对于当季有效交易天数不足 40 天的股票则剔除其在该季度的数据。

在获得各家上市企业每季度的流动性共变水平后，计算各季度下所有股票流动性共变的平均值，以及对所有股票按每季初市值规模大小进行分组（分为大盘股、中盘股和小盘股 3 组），然后计算各分组下所有股票流动性共变的平均值。

表 6.1 给出了中国股市流动性共变描述性统计。除列示了所有样本及大盘股和小盘股分组下 $\beta_{\text{liq}}$ 在各季度期间的均值 Mean 外，还对应地列示了 $\beta_{\text{liq}}$ 在各季度期间的均值和 $t$ 检验结果 $t$-stat、$\beta_{\text{liq}}$ 大于 0 占全样本的百分比 pos 以及双边显著性水平为 10%且 $\beta_{\text{liq}}$ 大于 0 的样本占全样本的百分比 sig。进一步地，对大、小盘股季度平均流动性共变以及这两组流动性共变之间的差异进行了图示，分别为图6.3 和图 6.4。

表 6.1 中国股市流动性共变描述性统计

| 时间 | 所有股票 ||||  大盘股 ||||  小盘股 ||||  大盘股-小盘股 ||
|---|---|---|---|---|---|---|---|---|---|---|---|---|---|---|
|  | Mean | t-stat | pos | sig | Mean | t-stat | pos | sig | Mean | t-stat | pos | sig | Mean | t-stat |
| 1997Q1 | 0.115 | 6.84 | 63.19% | 12.04% | 0.152 | 5.41 | 68.31% | 16.20% | 0.074 | 2.46 | 56.85% | 8.22% | 0.078 | 1.9 |
| 1997Q2 | 0.139 | 11.17 | 69.42% | 16.32% | 0.126 | 5.84 | 67.52% | 15.29% | 0.140 | 6.81 | 74.40% | 13.69% | -0.014 | -0.47 |
| 1997Q3 | 0.207 | 20.60 | 81.55% | 24.31% | 0.255 | 13.86 | 85.64% | 32.31% | 0.155 | 10.02 | 77.32% | 14.95% | 0.100 | 4.14 |

续表

| 时间 | 所有股票 ||||  大盘股 ||||  小盘股 ||||  大盘股-小盘股 ||
|---|---|---|---|---|---|---|---|---|---|---|---|---|---|---|
|  | Mean | t-stat | pos | sig | Mean | t-stat | pos | sig | Mean | t-stat | pos | sig | Mean | t-stat |
| 1997Q4 | 0.187 | 15.27 | 73.84% | 17.72% | 0.219 | 11.51 | 79.70% | 16.24% | 0.164 | 7.57 | 72.28% | 16.83% | 0.055 | 1.89 |
| 1998Q1 | 0.017 | 0.76 | 48.05% | 3.75% | −0.003 | −0.07 | 48.77% | 3.45% | −0.067 | −1.84 | 43.20% | 1.94% | 0.065 | 1.22 |
| 1998Q2 | 0.254 | 19.14 | 78.93% | 17.30% | 0.250 | 10.85 | 79.44% | 14.49% | 0.251 | 10.82 | 78.20% | 18.96% | −0.001 | −0.03 |
| 1998Q3 | 0.327 | 26.02 | 86.35% | 25.37% | 0.350 | 16.81 | 91.48% | 28.70% | 0.295 | 12.31 | 78.95% | 20.18% | 0.055 | 1.73 |
| 1998Q4 | 0.355 | 22.33 | 81.67% | 31.89% | 0.393 | 14.12 | 82.55% | 34.47% | 0.342 | 12.65 | 83.69% | 28.33% | 0.051 | 1.32 |
| 1999Q1 | 0.346 | 22.18 | 79.77% | 26.11% | 0.380 | 14.87 | 84.42% | 30.74% | 0.319 | 11.76 | 76.17% | 23.83% | 0.062 | 1.65 |
| 1999Q2 | 0.251 | 22.72 | 81.90% | 26.80% | 0.252 | 12.91 | 81.07% | 24.69% | 0.212 | 11.16 | 80.16% | 23.89% | 0.040 | 1.48 |
| 1999Q3 | 0.101 | 8.51 | 60.47% | 14.40% | 0.117 | 5.17 | 58.27% | 18.11% | 0.084 | 4.48 | 60.94% | 11.72% | 0.033 | 1.12 |
| 1999Q4 | 0.283 | 17.66 | 75.96% | 19.92% | 0.319 | 10.99 | 76.92% | 22.69% | 0.256 | 9.62 | 74.52% | 15.44% | 0.063 | 1.6 |
| 2000Q1 | 0.265 | 23.59 | 81.30% | 25.22% | 0.296 | 14.51 | 80.08% | 28.20% | 0.239 | 12.85 | 81.95% | 19.92% | 0.057 | 2.05 |
| 2000Q2 | 0.256 | 15.59 | 72.87% | 17.26% | 0.265 | 8.84 | 70.29% | 18.84% | 0.236 | 8.33 | 73.86% | 15.53% | 0.029 | 0.71 |
| 2000Q3 | 0.301 | 17.76 | 74.56% | 17.62% | 0.328 | 10.74 | 74.91% | 18.21% | 0.281 | 9.29 | 73.76% | 17.02% | 0.046 | 1.08 |
| 2000Q4 | 0.255 | 12.01 | 66.67% | 15.59% | 0.262 | 7.22 | 67.68% | 17.85% | 0.242 | 6.51 | 67.23% | 14.53% | 0.020 | 0.38 |
| 2001Q1 | 0.226 | 18.48 | 74.43% | 16.43% | 0.266 | 12.43 | 78.48% | 18.35% | 0.186 | 8.39 | 67.99% | 14.52% | 0.081 | 2.62 |
| 2001Q2 | 0.322 | 19.76 | 77.27% | 20.51% | 0.305 | 10.42 | 75.63% | 20.25% | 0.312 | 11.08 | 77.02% | 18.45% | −0.006 | −0.15 |
| 2001Q3 | 0.260 | 23.09 | 78.86% | 26.63% | 0.252 | 13.65 | 79.01% | 26.23% | 0.266 | 12.99 | 76.83% | 27.62% | −0.014 | −0.5 |
| 2001Q4 | 0.481 | 43.94 | 92.73% | 52.61% | 0.409 | 23.43 | 89.73% | 43.81% | 0.536 | 28.17 | 95.89% | 58.23% | −0.127 | −4.93 |
| 2002Q1 | 0.427 | 51.29 | 94.90% | 68.67% | 0.405 | 27.62 | 93.54% | 63.38% | 0.419 | 29.01 | 95.03% | 67.70% | −0.014 | −0.67 |
| 2002Q2 | 0.222 | 18.37 | 71.76% | 22.11% | 0.191 | 9.21 | 69.03% | 21.53% | 0.287 | 13.07 | 75.78% | 27.33% | −0.096 | −3.18 |
| 2002Q3 | 0.347 | 29.90 | 84.13% | 26.78% | 0.348 | 17.55 | 85.59% | 26.51% | 0.360 | 16.75 | 81.25% | 28.57% | −0.012 | −0.4 |
| 2002Q4 | 0.451 | 49.77 | 93.88% | 59.56% | 0.391 | 24.96 | 92.05% | 52.27% | 0.491 | 31.31 | 94.74% | 64.62% | −0.101 | −4.54 |
| 2003Q1 | 0.323 | 29.64 | 84.00% | 34.75% | 0.329 | 17.91 | 84.38% | 34.38% | 0.305 | 15.72 | 82.62% | 31.91% | 0.024 | 0.89 |
| 2003Q2 | 0.289 | 20.00 | 72.66% | 20.41% | 0.349 | 13.34 | 74.31% | 25.41% | 0.255 | 10.68 | 72.93% | 17.66% | 0.094 | 2.64 |
| 2003Q3 | 0.289 | 19.89 | 73.92% | 20.57% | 0.296 | 11.72 | 73.90% | 21.43% | 0.287 | 11.11 | 72.42% | 20.61% | 0.009 | 0.25 |
| 2003Q4 | 0.327 | 22.46 | 76.49% | 23.96% | 0.282 | 11.75 | 73.44% | 19.78% | 0.405 | 16.00 | 81.59% | 29.12% | −0.123 | −3.54 |
| 2004Q1 | 0.287 | 26.28 | 79.43% | 25.20% | 0.318 | 16.39 | 81.22% | 27.25% | 0.249 | 13.09 | 75.27% | 22.07% | 0.069 | 2.54 |
| 2004Q2 | 0.333 | 26.61 | 80.49% | 27.54% | 0.270 | 12.82 | 77.69% | 23.59% | 0.400 | 17.98 | 84.70% | 32.24% | −0.130 | −4.26 |

续表

| 时间 | 所有股票 ||||  大盘股 ||||  小盘股 ||||  大盘股-小盘股 ||
|---|---|---|---|---|---|---|---|---|---|---|---|---|---|---|
|  | Mean | t-stat | pos | sig | Mean | t-stat | pos | sig | Mean | t-stat | pos | sig | Mean | t-stat |
| 2004Q3 | 0.329 | 35.54 | 85.58% | 31.01% | 0.325 | 20.01 | 84.62% | 30.27% | 0.320 | 19.66 | 85.13% | 29.74% | 0.004 | 0.19 |
| 2004Q4 | 0.439 | 43.92 | 90.43% | 44.72% | 0.393 | 23.18 | 87.87% | 42.08% | 0.453 | 25.89 | 92.29% | 44.28% | -0.060 | -2.46 |
| 2005Q1 | 0.352 | 34.28 | 85.80% | 27.67% | 0.351 | 20.66 | 86.88% | 26.24% | 0.364 | 19.71 | 86.00% | 29.98% | -0.013 | -0.53 |
| 2005Q2 | 0.302 | 28.68 | 80.71% | 25.23% | 0.284 | 15.07 | 77.75% | 25.18% | 0.301 | 16.01 | 79.04% | 22.73% | -0.017 | -0.62 |
| 2005Q3 | 0.413 | 42.65 | 90.48% | 43.43% | 0.400 | 25.21 | 91.07% | 38.21% | 0.403 | 21.82 | 88.21% | 43.98% | -0.004 | -0.15 |
| 2005Q4 | 0.394 | 24.30 | 77.33% | 24.65% | 0.345 | 11.88 | 72.62% | 22.15% | 0.418 | 14.90 | 77.65% | 26.82% | -0.073 | -1.8 |
| 2006Q1 | 0.321 | 21.85 | 79.08% | 28.54% | 0.331 | 11.76 | 77.87% | 30.04% | 0.296 | 12.76 | 77.12% | 25.16% | 0.035 | 0.97 |
| 2006Q2 | 0.189 | 18.18 | 75.00% | 19.26% | 0.181 | 10.47 | 73.40% | 17.95% | 0.169 | 9.07 | 73.14% | 16.83% | 0.012 | 0.46 |
| 2006Q3 | 0.309 | 27.98 | 81.32% | 27.11% | 0.377 | 19.37 | 85.25% | 34.58% | 0.251 | 13.56 | 78.26% | 20.29% | 0.126 | 4.66 |
| 2006Q4 | 0.226 | 21.06 | 73.33% | 18.31% | 0.255 | 13.68 | 75.82% | 17.63% | 0.208 | 10.23 | 71.19% | 19.21% | 0.047 | 1.71 |
| 2007Q1 | 0.193 | 22.82 | 78.48% | 20.60% | 0.195 | 13.63 | 78.55% | 19.52% | 0.179 | 11.15 | 74.87% | 19.31% | 0.016 | 0.76 |
| 2007Q2 | 0.232 | 24.79 | 79.43% | 27.56% | 0.165 | 11.47 | 73.16% | 19.24% | 0.264 | 14.67 | 82.69% | 30.23% | -0.099 | -4.33 |
| 2007Q3 | 0.065 | 8.84 | 58.41% | 9.05% | 0.085 | 6.76 | 63.40% | 11.42% | 0.057 | 4.54 | 57.89% | 7.77% | 0.028 | 1.57 |
| 2007Q4 | 0.158 | 20.01 | 71.17% | 17.44% | 0.174 | 12.80 | 71.53% | 17.31% | 0.121 | 8.65 | 65.35% | 16.58% | 0.053 | 2.72 |
| 2008Q1 | 0.110 | 17.15 | 68.16% | 13.22% | 0.131 | 11.38 | 70.69% | 14.32% | 0.095 | 8.72 | 67.61% | 12.29% | 0.037 | 2.3 |
| 2008Q2 | 0.121 | 16.88 | 67.04% | 17.38% | 0.121 | 9.68 | 66.45% | 18.30% | 0.118 | 9.65 | 64.55% | 15.40% | 0.004 | 0.2 |
| 2008Q3 | 0.127 | 20.33 | 71.64% | 20.69% | 0.134 | 11.69 | 70.02% | 21.38% | 0.130 | 12.49 | 72.92% | 20.90% | 0.004 | 0.26 |
| 2008Q4 | 0.140 | 22.90 | 73.31% | 21.24% | 0.169 | 15.15 | 76.35% | 25.73% | 0.121 | 11.22 | 68.51% | 19.79% | 0.049 | 3.13 |
| 2009Q1 | 0.239 | 37.55 | 85.52% | 35.41% | 0.259 | 21.94 | 87.22% | 37.73% | 0.210 | 19.33 | 82.28% | 29.54% | 0.049 | 3.07 |
| 2009Q2 | 0.185 | 20.88 | 72.26% | 17.33% | 0.216 | 14.25 | 74.74% | 19.71% | 0.154 | 9.35 | 69.44% | 15.81% | 0.061 | 2.74 |
| 2009Q3 | 0.165 | 25.26 | 77.77% | 22.23% | 0.194 | 15.92 | 77.94% | 26.72% | 0.140 | 13.09 | 75.37% | 17.89% | 0.054 | 3.33 |
| 2009Q4 | 0.082 | 11.33 | 60.74% | 13.49% | 0.091 | 7.20 | 61.32% | 14.31% | 0.067 | 5.15 | 57.76% | 13.15% | 0.024 | 1.31 |
| 2010Q1 | 0.065 | 7.83 | 57.37% | 12.26% | 0.103 | 7.26 | 63.25% | 14.81% | 0.047 | 3.09 | 52.35% | 11.86% | 0.056 | 2.68 |
| 2010Q2 | 0.041 | 7.04 | 53.19% | 9.53% | 0.040 | 3.99 | 52.95% | 10.24% | 0.036 | 3.43 | 53.39% | 7.97% | 0.003 | 0.23 |
| 2010Q3 | 0.087 | 13.21 | 60.65% | 15.22% | 0.094 | 8.16 | 62.33% | 18.24% | 0.097 | 8.04 | 60.40% | 14.42% | -0.003 | -0.15 |
| 2010Q4 | -0.006 | -0.82 | 46.63% | 5.43% | 0.007 | 0.55 | 47.92% | 4.33% | -0.034 | -2.85 | 44.12% | 3.81% | 0.041 | 2.39 |
| 2011Q1 | 0.105 | 14.00 | 63.67% | 11.90% | 0.126 | 9.57 | 66.31% | 13.76% | 0.108 | 7.93 | 63.33% | 11.54% | 0.018 | 0.98 |

续表

| 时间 | 所有股票 ||||  大盘股 |||| 小盘股 |||| 大盘股-小盘股 ||
|---|---|---|---|---|---|---|---|---|---|---|---|---|---|---|
| | Mean | t-stat | pos | sig | Mean | t-stat | pos | sig | Mean | t-stat | pos | sig | Mean | t-stat |
| 2011Q2 | 0.102 | 13.30 | 61.18% | 12.67% | 0.101 | 8.20 | 61.50% | 11.95% | 0.104 | 7.00 | 59.04% | 13.76% | -0.003 | -0.17 |
| 2011Q3 | 0.177 | 30.09 | 77.24% | 25.00% | 0.177 | 18.26 | 77.64% | 22.93% | 0.195 | 18.42 | 78.48% | 27.42% | -0.018 | -1.26 |
| 2011Q4 | 0.164 | 28.37 | 74.73% | 19.63% | 0.156 | 15.49 | 74.33% | 19.78% | 0.171 | 16.37 | 74.45% | 19.12% | -0.015 | -1.04 |
| 2012Q1 | 0.237 | 44.51 | 85.20% | 33.24% | 0.233 | 25.08 | 83.68% | 34.57% | 0.247 | 26.16 | 86.53% | 32.81% | -0.014 | -1.04 |
| 2012Q2 | 0.149 | 21.57 | 68.21% | 16.87% | 0.164 | 13.96 | 71.06% | 18.71% | 0.158 | 12.41 | 66.95% | 17.93% | 0.006 | 0.34 |
| 2012Q3 | 0.092 | 14.98 | 60.28% | 10.45% | 0.105 | 10.43 | 62.65% | 11.80% | 0.098 | 8.59 | 60.00% | 11.01% | 0.007 | 0.46 |
| 2012Q4 | 0.127 | 19.41 | 64.96% | 16.89% | 0.155 | 14.00 | 70.10% | 18.80% | 0.118 | 10.40 | 61.35% | 15.18% | 0.037 | 2.34 |
| 2013Q1 | 0.141 | 23.07 | 70.36% | 14.16% | 0.121 | 11.62 | 68.98% | 11.91% | 0.146 | 13.56 | 70.25% | 13.89% | -0.025 | -1.69 |
| 2013Q2 | 0.197 | 32.88 | 77.20% | 18.58% | 0.191 | 18.41 | 75.60% | 17.64% | 0.206 | 20.18 | 79.30% | 17.74% | -0.015 | -1.04 |
| 2013Q3 | 0.133 | 15.43 | 64.31% | 16.53% | 0.160 | 10.56 | 64.91% | 18.73% | 0.100 | 6.85 | 61.90% | 14.04% | 0.060 | 2.83 |
| 2013Q4 | 0.063 | 8.61 | 56.03% | 10.00% | 0.043 | 3.42 | 53.37% | 9.91% | 0.050 | 3.85 | 54.50% | 9.13% | -0.007 | -0.38 |
| 2014Q1 | 0.148 | 19.32 | 66.40% | 12.60% | 0.145 | 10.43 | 63.80% | 13.15% | 0.141 | 10.61 | 67.25% | 11.16% | 0.004 | 0.2 |
| 2014Q2 | 0.129 | 15.11 | 62.91% | 14.65% | 0.089 | 6.34 | 58.61% | 11.61% | 0.156 | 10.25 | 65.16% | 16.22% | -0.067 | -3.25 |
| 2014Q3 | 0.208 | 24.13 | 71.67% | 19.98% | 0.228 | 15.41 | 73.62% | 21.78% | 0.215 | 13.69 | 72.06% | 19.48% | 0.013 | 0.58 |
| 2014Q4 | 0.165 | 25.75 | 72.70% | 14.08% | 0.156 | 14.03 | 71.35% | 13.00% | 0.162 | 14.57 | 72.70% | 14.00% | -0.005 | -0.33 |
| 2015Q1 | 0.014 | 1.67 | 49.75% | 10.01% | 0.029 | 2.01 | 51.60% | 12.52% | 0.007 | 0.51 | 49.70% | 7.49% | 0.022 | 1.07 |
| 2015Q2 | 0.191 | 33.47 | 80.65% | 27.70% | 0.201 | 21.17 | 82.41% | 30.68% | 0.162 | 15.26 | 76.72% | 20.52% | 0.040 | 2.78 |
| 2015Q3 | 0.202 | 32.30 | 75.77% | 19.21% | 0.166 | 16.72 | 72.94% | 17.05% | 0.219 | 19.47 | 76.91% | 19.69% | -0.053 | -3.55 |
| 2015Q4 | 0.132 | 24.46 | 69.78% | 18.03% | 0.137 | 14.69 | 70.88% | 18.90% | 0.123 | 12.86 | 68.06% | 17.47% | 0.014 | 1.06 |
| 2016Q1 | 0.371 | 94.73 | 97.62% | 79.05% | 0.387 | 55.02 | 97.58% | 79.88% | 0.354 | 55.28 | 97.76% | 77.74% | 0.033 | 3.5 |
| 2016Q2 | 0.114 | 19.62 | 63.67% | 16.60% | 0.094 | 9.84 | 61.47% | 15.37% | 0.127 | 12.01 | 64.86% | 16.93% | -0.032 | -2.28 |
| 2016Q3 | 0.119 | 18.15 | 63.27% | 12.65% | 0.097 | 8.63 | 59.17% | 11.52% | 0.137 | 11.83 | 65.25% | 12.64% | -0.040 | -2.5 |
| 2016Q4 | 0.086 | 10.27 | 57.03% | 9.95% | 0.076 | 5.70 | 56.00% | 9.90% | 0.096 | 6.18 | 57.92% | 10.17% | -0.020 | -0.98 |
| 2017Q1 | 0.205 | 21.92 | 68.70% | 13.59% | 0.159 | 9.90 | 65.06% | 11.06% | 0.212 | 12.83 | 68.94% | 14.10% | -0.053 | -2.29 |
| 2017Q2 | 0.321 | 27.73 | 72.44% | 23.61% | 0.195 | 10.48 | 65.03% | 18.04% | 0.467 | 22.34 | 79.93% | 30.49% | -0.272 | -9.69 |
| 2017Q3 | 0.203 | 19.37 | 67.18% | 11.14% | 0.159 | 9.08 | 63.66% | 9.47% | 0.248 | 13.78 | 69.22% | 12.05% | -0.089 | -3.56 |
| 2017Q4 | 0.135 | 19.48 | 66.46% | 10.07% | 0.120 | 10.23 | 65.01% | 9.27% | 0.165 | 13.30 | 67.14% | 12.36% | -0.045 | -2.65 |

注：Q 代表季度；Mean 代表流动性共变均值；t-stat 代表 t 检验结果；pos 代表 $\beta_{liq}$ 大于 0 占全样本的百分比；sig 代表双边显著性水平为 10%且 $\beta_{liq}$ 大于 0 的样本占全样本的百分比

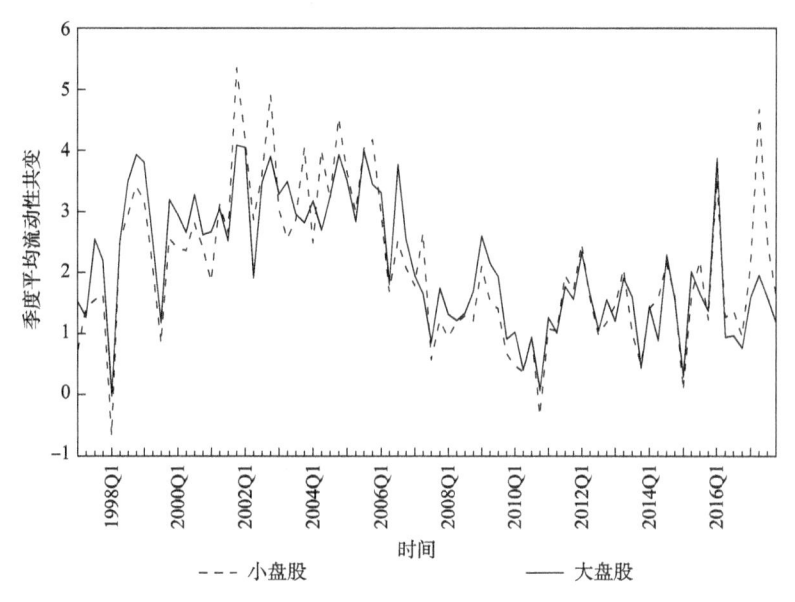

图 6.3 大、小盘股季度平均流动性共变

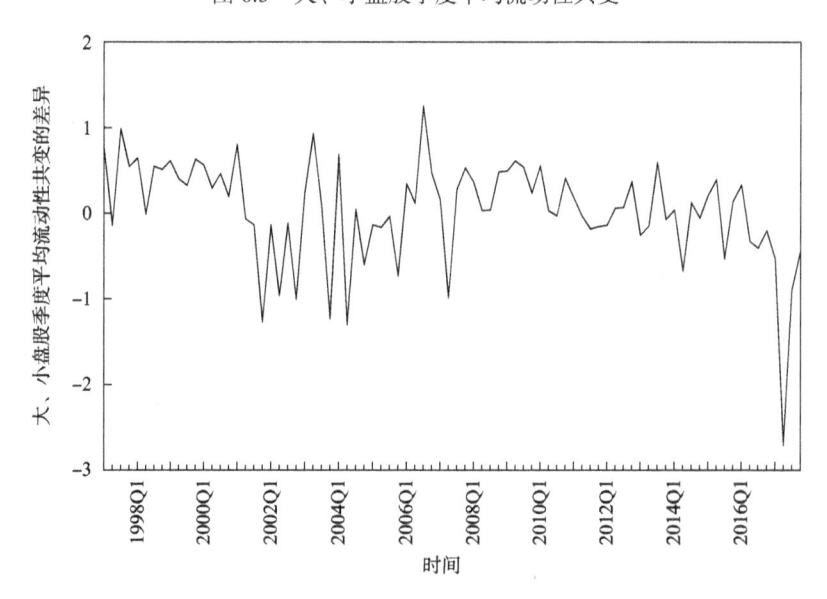

图 6.4 大、小盘股季度平均流动性共变的差异

结合表 6.1 和图 6.3 可以发现，以 2007 年为分水岭，对于所有样本或依据股票市值分组后的大、小盘股，流动性共变的前后变化较大，1997~2006 年是流动性共变程度较大的时期，而 2007 年后，流动性共变程度总体上明显下降。1997~2006 年，季度平均流动性共变程度为 0.287，其中流动性共变程度大于 0.2 的季度约占 85%；而 2007~2017 年，季度平均流动性共变程度为 0.146，其中流动

性共变程度低于 0.2 的季度则约占 79%。对于大、小盘股，1997~2006 年，季度平均流动性共变程度为 0.290（小盘股为 0.279），其中流动性共变程度大于 0.2 的季度约占 85%（小盘股为 80%）；而 2007~2017 年，季度平均流动性共变程度为 0.144（小盘股为 0.147），其中流动性共变程度低于 0.2 的季度则约占 86%（小盘股为 77%）。

需要指出的是，市场总体流动性共变程度出现分化的 2007 年恰好是中国股权分置改革结束之年。自 20 世纪 90 年代成立至 2006 年底，中国股市一直处于股权分置状态，混合的所有权结构包括如下不同类型的股份：国有股、法人股、员工股、A 股、B 股及海外交易所发行的股票。前两种类型的股票不可交易，员工股通常规模较小并在短暂的持有期后可自由在市场进行交易，后三种类型的股票的交易则不会受到任何限制。一般而言，国有股由政府或政府所有企业持有，法人股通常由政府拥有的国内商业机构持有，A 股可以由国内投资者持有并交易，B 股可以由国外投资者持有并交易。与其他国家不同，在这一结构下，A 股市场中可交易的投资者大多为散户投资者，且非流通股（国有股和法人股）占多数，约占发行股份的三分之二。这一股权分置结构不利于股市健康运行，也可能会造成流动性共变增加。例如，非流通股因无法交易导致上市企业的经营状况未能得到真实的反映，进而增加市场中的信息不对称程度，并最终导致市场出现较为强烈的流动性共变。股权分置改革的完成，一方面有助于降低市场中的信息不对称程度，提高个股与市场的流动性；另一方面流通股的增加扩大投资者基数，促进交易的活跃程度的提高，进一步使得个股和整个市场的流动性水平得到改善，最终市场中的流动性共变程度有所下降。这与 2007 年前后流动性共变程度出现明显的差异性变化的发现相一致，年荣伟和顾乃康（2018）的实证分析也得出了相似的结论。

观察图 6.3 可以发现，无论是在股权分置改革结束前，还是在股权分置改革结束后，中国大、小盘股流动性共变始终呈现出收敛的状态，这与 Kamara 等（2008）分析美国股市时发现样本期间内大、小盘股流动性共变呈现发散的趋势不同，而且图 6.4 表明，中国股票市场的制度改革过程中大、小盘股流动性共变并未呈现出规则性的变化趋势，因此更加突显出探讨驱动流动性共变因素的重要性。

## 6.4　中国股市流动性共变的特征分析

### 6.4.1　流动性共变的时变特征

Huberman 和 Halka（2001）发现，纽约证券交易所股票存在明显的流动性共变和时变特征。Kamara 等（2008）分析 1963~2005 年美国股市流动性共变的历史状况，发现流动性共变表现出明显而又强烈的时变行为，随着时间的变化，不同规模的股票的流动性共变表现出相反的走势，小盘股之间的流动性共变程度下降，而大盘股之间的流动性共变却明显上升。Kempf 和 Mayston（2008）、Brockman 等（2009）同样从实证的角度证实，流动性共变的确具有明显的时变特征。Hameed 等（2010）、Rösch 和 Kaserer（2013）发现，当市场下跌或爆发金融危机时，流动性共变程度明显增加。近年来，国内学者对流动性共变的研究也表现出极大的兴趣。宋逢明和谭慧（2005）利用日内高频交易数据，证实中国股票市场的确存在流动性共变。游达明等（2008）综合考察中国期货市场的流动性共变，结果显示，中国期货市场同样存在明显的流动性共变现象。张玉龙等（2012）利用拓展的伪发现率法，深入分析中国股市的流动性共变，结果发现，中国市场显著存在与市场有正向变动的流动性共变，且具有一定的持续性。基于中国股市存在流动性共变的事实，接下来将详尽分析其时变特征。Roll（1988）第一次使用市场模型回归得到的 $R^2$ 研究股票市场中的股价同步现象，随后被用来测度股票的流动性共变强度及其时变特征（Hameed et al.，2010；Rösch and Kaserer，2013）。因此，运用如下单因子市场模型来估计股票的流动性共变测度 $R^2$ 并考察其时变特征。

$$\Delta\text{Illiq}_{i,s} = \alpha_i + \beta_{\text{liq},i}\Delta\text{Illiq}_{m,s} + \varepsilon_{i,s} \quad (6.5)$$

其中，$\Delta\text{Illiq}_{i,s}$ 代表股票 $i$ 在交易日 $s$ 非流动性水平的变化；$\Delta\text{Illiq}_{m,s}$ 代表交易日 $s$ 市场非流动性水平的变化。为更加详尽地考察中国股市的流动性共变时变特征，使用式（6.5），估计 1997~2017 年样本期内每只股票 $i$ 在每个月份 $t$ 下的 $R^2$，记为 $R_{i,t}^2$。在此基础上，对所有股票的 $R_{i,t}^2$ 进行加权平均，进而得到给定月份 $t$ 下市场整体的流动性共变测度 $R_{\text{liq},t}^2$。测度 $R_{\text{liq},t}^2$ 值越大，表明市场上的流动性共变程度越强，市场总体流动性变动对股票流动性变化的影响就越大，反之亦反。

选取上证综合指数的收益率 $R_{m,t}$ 作为市场变化的代理变量。图 6.5 为 1997 年 1 月至 2017 年 12 月中国股市月度流动性共变测度 $R_{\text{liq},t}^2$ 的时间序列变化图。可以发现，首先，流动性共变表现出明显的时变特征，特别是当市场大幅下跌时或爆发金融危机期间，流动性共变明显增加甚至会出现峰值。例如，1998 年 8 月、1999 年 7 月、2001 年 7 月至 2002 年 2 月、2009 年 8 月、2013 年 6 月、2015 年 6 月至 2015 年 9 月及 2016 年 1 月的股市暴跌期间及 1997 年亚洲金融危机、2008 年全球金融危机期间，中国股市流动性共变强度均出现大幅度的上升（详见图 6.5 阴影区域）。其次，若市场回报为负期间，$R_{\text{liq},t}^2$ 的平均值会由市场回报为正时的 20.12%增加到 26.33%，这表明当市场处于下跌期间时，市场流动性的变动对股票的流动性影响更大，即当市场下行时，股票流动性与市场流动性之间的共变强度会变得更加明显。

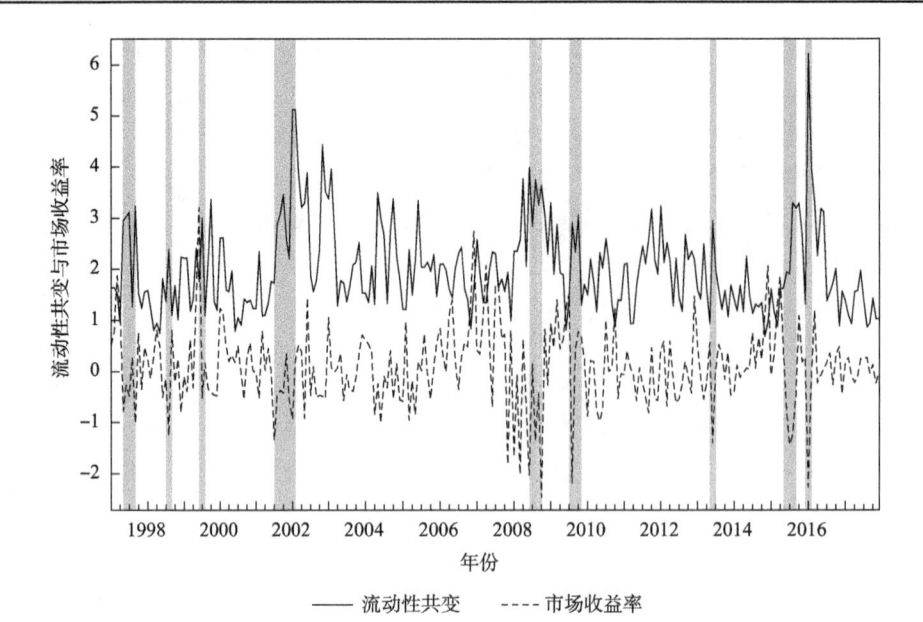

图 6.5 中国股市流动性共变时变特征

对于图 6.5 中所显示的流动性共变随市场变化所表现出的时变性质,进一步构造如下模型考察市场收益变化对流动性共变的影响。

$$\text{Liqcom}_{m,t} = \alpha + \beta R_{m,t} + c_1 \text{Liqcom}_{m,t-1} \\ + c_2 \text{Std}_{m,t} + c_3 \text{Turnover}_{m,t} + c_4 \text{Illiq}_{m,t} + \varepsilon_t \quad (6.6)$$

$$\text{Liqcom}_{m,t} = \alpha + \beta R_{m,t} + \beta_{\text{Down}} R_{m,t} D_{\text{Down},m,t} + c_1 \text{Liqcom}_{m,t-1} \\ + c_2 \text{Std}_{m,t} + c_3 \text{Turnover}_{m,t} + c_4 \text{Illiq}_{m,t} + \varepsilon_t \quad (6.7)$$

$$\text{Liqcom}_{m,t} = \alpha + \beta R_{m,t} + \beta_{\text{DownLarge}} R_{m,t} D_{\text{DownLarge},m,t} + \beta_{\text{UpLarge}} R_{m,t} D_{\text{UpLarge},m,t} \\ + c_1 \text{Liqcom}_{m,t-1} + c_2 \text{Std}_{m,t} + c_3 \text{Turnover}_{m,t} + c_4 \text{Illiq}_{m,t} + \varepsilon_t \quad (6.8)$$

其中,$\text{Liqcom}_{m,t}$ 为流动性共变。由于式(6.5)中 $R^2_{\text{liq},t}$ 介于(0,1)之间,不符合普通最小二乘(ordinary least squares,OLS)法回归正态分布假定,故将流动性共变测度 $R^2_{\text{liq},t}$ 进行对数化处理,得到流动性共变的代理指标 $\text{Liqcom}_t$。$\text{Liqcom}_t$ 的构造如下:

$$\text{Liqcom}_t = \ln\left[\frac{R^2_{\text{liq},t}}{1 - R^2_{\text{liq},t}}\right] \quad (6.9)$$

此外,大量研究表明,流动性成本受股市波动率、股票活跃程度的影响。首先,流动性成本随着股市波动率的增长而增加,存在逆向选择和存货风险,股市波动率的增加导致流动性水平的下降(Stoll,1978;Copeland and Galai,1983)。其次,股票的活跃度越高,其流动性越好。高成交量会降低每笔交易的库存风险,进而增加股票的流动性水平（Demsetz，1968；Ho and Stoll，1980）。因此，在模型（6.6）~模型（6.8）中，选取市场收益的月波动率 $Std_{m,t}$、换手率 $Turnover_{m,t}$ 作为股市波动率、股票活跃程度的代理变量，并视为控制变量纳入回归模型。此外，还将月度市场非流动性水平 $Illiq_{m,t}$ 以及滞后一期的流动性共变 $Liqcom_{t-1}$ 作为控制变量纳入回归模型。月波动率 $Std_{m,t}$ 由当月市场收益 $R_m$ 的标准差表示；换手率 $Turnover_{m,t}$ 由当月市场各股票月换手率的市值加权平均值表示；市场非流动性水平 $Illiq_{m,t}$ 由当月股票流动性水平的市值平均值表示。

表 6.2 给出了模型（6.6）~模型（6.8）中主要变量的描述性统计特征。数据显示样本期内，市场流动性共变对数化处理后分布在 $-2.6$ 和 $0.49$ 的范围内，标准差为 $0.528$，波动程度较大；市场波动率在 $0.003$~$0.043$ 中变化；市场换手率的均值为 $32.335\%$；市场非流动性水平的均值为 $0.002$，标准差为 $0.002$；市场收益率的均值 $0.821\%$，标准差为 $7.905\%$，最小值和最大值分别为 $-24.631\%$ 和 $32.056\%$，说明我国股票市场变化的幅度非常大。从主要变量的相关系数矩阵来看，市场波动率和市场非流动性与流动性共变显著正相关，换手率和市场收益率与市场流动性共变显著负相关，这些结果初步表明市场波动的增加、流动性水平的恶化、交易活跃程度的下降以及市场环境变差等会对流动性共变产生正向影响，增加市场流动性共变强度。

**表 6.2 主要变量的描述性统计与相关系数矩阵**

Panel A：描述性统计

| 变量 | 均值 | 标准差 | 最小值 | Q1 | 中值 | Q3 | 最大值 |
| --- | --- | --- | --- | --- | --- | --- | --- |
| 流动性共变 | −1.462 | 0.528 | −2.600 | −1.840 | −1.508 | −1.157 | 0.495 |
| 波动率 | 0.015 | 0.008 | 0.003 | 0.009 | 0.012 | 0.018 | 0.043 |
| 换手率 | 32.335% | 20.686% | 5.169% | 18.264% | 25.677% | 39.404% | 120.288% |
| 非流动性 | 0.002 | 0.002 | 0.000 | 0.000 | 0.001 | 0.002 | 0.007 |
| 市场收益率 | 0.821% | 7.905% | −24.631% | −4.290% | 0.694% | 5.019% | 32.056% |

Panel B：相关系数矩阵

| 变量 | 流动性共变 | 波动率 | 换手率 | 非流动性 | 市场收益率 |
| --- | --- | --- | --- | --- | --- |
| 流动性共变 | 1.000 | 0.518*** | −0.148** | 0.276*** | −0.282*** |
| 波动率 | 0.504*** | 1.000 | 0.457*** | 0.156** | −0.000 |
| 换手率 | −0.125** | 0.449*** | 1.000 | −0.122** | 0.425*** |
| 非流动性 | 0.276*** | 0.075 | −0.238*** | 1.000 | −0.175*** |
| 市场收益率 | −0.313*** | −0.113* | 0.431*** | −0.194*** | 1.000 |

\*、\*\*、\*\*\*分别表示显著性水平为 10%、5%、1%

注：相关系数矩阵中下三角为 Pearson 相关系数，上三角为 Spearman 相关系数

表 6.3 给出了式（6.6）~式（6.8）的实证回归结果。观察表 6.3 中的第（1）、（4）、（7）、（9）列的结果可以看出，无论是全样本回归还是将股票按市值规模分组后回归，市场收益率对流动性共变均造成显著的负向影响，表明市场环境变差时流动性共变程度会更强烈；波动率对流动性共变的影响显著为正，表明流动性共变在市场波动大时会更为强烈。

为了进一步考察市场恶化对流动性共变的影响，在式（6.7）中加入虚拟变量市场下跌 $D_\text{Down}$，当市场收益率 $R_m$ 为负时，其值取 1；否则取值 0。表 6.3 第（2）、（5）、（8）、（11）列给出了式（6.9）的实证检验结果，发现交互项变量市场收益×市场下跌对流动性共变的影响的确是显著负向的，表明在市场下跌期间，流动性水平的相关程度会更加明显。此外，需要指出的是，检验结果中市场收益 $R_m$ 对流动性共变的影响不再显著，这进一步表明市场收益对流动性共变的负向影响主要存在于下跌的市场走势下。

图 6.5 表明，当市场出现大幅下跌或爆发危机时，流动性共变会明显增强甚至会出现峰值。因此，在式（6.8）中加入虚拟变量极端下跌和极端上涨，考察极端市场环境对流动性共变的影响。虚拟变量极端下跌和极端上涨的取值如下：若市场收益 $R_m$ 低于（或者高于）其样本均值的 1.5 倍标准差时取值 1；否则取值 0[①]。表 6.3 第（3）、（6）、（9）、（12）列实证检验结果中交互项变量市场收益×极端下跌对流动性共变的影响均显著为负，而市场收益×极端上涨的影响不显著，这进一步表明，市场趋势变化对流动性共变造成的影响是非对称的，相对于市场上升，市场大幅下跌的情况下流动性共变对市场收益的变化更为敏感。

综合图 6.5 流动性共变的时变趋势和表 6.3 市场收益对流动性共变影响的实证检验结果，可以发现中国股市流动性共变表现出明显的时变特征，并表现出明显的非对称特征，当市场大幅下跌时或在爆发金融危机期间，流动性共变明显增加甚至出现峰值，且相对于市场上升，在市场大幅下跌的情况下，流动性共变对市场收益的变化更为敏感。此外，需要指出的是，尽管市场大幅下跌，流动性共变强度的明显增加有利于流动性供给侧因素（融资流动性）作为流动性共变出现原因的解释，但这一现象的出现也可能由于其他原因所致，如机构投资者的行为变化或者市场下跌期间投资者情绪的变化（Karolyi et al., 2012）。

### 6.4.2 流动性共变的规模效应

关于流动性共变特征的文献中，流动性共变是否会表现出规模效应的研究结论各不相同。Chordia 等（2000）、Brockman 和 Chung（2002）发现个股与市场流

---

[①] 对于虚拟变量极端下跌和极端上涨的取值，设置市场收益 $R_m$ 低于（或者高于）其样本均值的 1 倍或 2 倍标准差时，实证检验结果依然稳健。

## 表 6.3 市场收益与流动性共变

| 变量 | 全部股票 (1) | (2) | (3) | 大盘股 (4) | (5) | (6) | 中盘股 (7) | (8) | (9) | 小盘股 (10) | (11) | (12) |
|---|---|---|---|---|---|---|---|---|---|---|---|---|
| 截距项 | -1.518*** (-24.38) | -1.520*** (-24.29) | -1.613*** (-24.97) | -1.632*** (-24.13) | -1.641*** (-24.21) | -1.583*** (-23.98) | -1.573*** (-25.22) | -1.582*** (-2.34) | -1.611*** (-25.43) | -1.641*** (-25.07) | -1.684*** (-25.72) | -1.621*** (-25.28) |
| 市场收益 | -0.134*** (-2.82) | 0.004 (0.37) | -0.017 (-0.45) | -0.143*** (-3.18) | -0.010 (-0.48) | -0.030 (-0.99) | -0.137*** (-2.96) | 0.042 (0.87) | -0.015 (-0.45) | -0.089** (-2.43) | 0.012 (0.57) | 0.009 (0.31) |
| 市场收益×市场下跌 | | -0.298*** (-3.21) | | | | | | -0.330*** (-3.16) | | | -0.309*** (-2.88) | |
| 市场收益×极端下跌 | | | -0.317*** (-2.89) | | -0.315*** (-2.90) | -0.315*** (-3.12) | | | -0.348*** (-3.67) | | | -0.322*** (-2.73) |
| 市场收益×极端上涨 | | | -0.094 (-1.03) | | | -0.078 (-0.82) | | | -0.082 (-0.93) | | | -0.08 (-1.04) |
| 流动性共变 | 0.237*** (3.68) | 0.242*** (3.72) | 0.219*** (3.32) | 0.236*** (3.69) | 0.248*** (3.87) | 0.231*** (3.62) | 0.233*** (3.42) | 0.226*** (3.01) | 0.231*** (3.38) | 0.221*** (3.07) | 0.228*** (3.12) | 0.235*** (3.29) |
| 波动率 | 46.135*** (14.31) | 43.298*** (13.02) | 43.133*** (12.91) | 47.091*** (14.63) | 44.302*** (12.94) | 44.483*** (13.16) | 47.892*** (14.71) | 43.989*** (13.34) | 44.092*** (13.78) | 46.294*** (13.97) | 42.138*** (12.89) | 43.433*** (13.10) |
| 非流动性 | 42.581** (2.57) | 47.712*** (2.64) | 42.634*** (2.61) | 42.746*** (2.71) | 42.695*** (2.67) | 42.633*** (2.58) | 41.827** (2.34) | 40.735** (1.98) | 41.065** (2.12) | 40.060* (1.92) | 40.065* (1.94) | 40.051* (1.87) |
| 换手率 | -0.918*** (-5.43) | -0.845*** (-4.72) | -0.883*** (-5.09) | -0.783*** (-4.94) | -0.725*** (-4.31) | -0.747*** (-4.48) | -0.752*** (-4.59) | -0.724*** (-4.29) | -0.741*** (-4.44) | -0.827*** (-4.55) | -0.834*** (-4.69) | -0.851*** (-4.88) |
| 观测值 | 252 | 252 | 252 | 252 | 252 | 252 | 252 | 252 | 252 | 252 | 252 | 252 |
| $R^2$ | 0.312 | 0.315 | 0.322 | 0.320 | 0.324 | 0.336 | 0.309 | 0.313 | 0.326 | 0.302 | 0.317 | 0.345 |

\*、\*\*、\*\*\*分别表示显著性水平为10%、5%、1%，括号中为 $t$ 值

动性之间的流动性共变程度与其市值规模有关,且随着市值规模的增加,流动性共变程度也是增强的,即流动性共变表现出一定的规模效应。Fabre 和 Frino(2004)指出流动性共变并未表现出显著的规模效应特征,Sujoto 等(2005)也指出流动性共变的横截面均值未表现出明显的规模效应特征。王春峰和董向征(2006)考察了中国股市流动性共变的规模效应,但王春峰和董向征(2006)是先估计出流动性共变系数 $\beta_{\text{liq}}$ 的,然后再按市值规模大小将 $\beta_{\text{liq}}$ 分为五组后考察规模效应,而非先对股票按市值分组后,再根据模型估计各分组中流动性共变系数 $\beta_{\text{liq}}$,故王春峰和董向征(2006)的做法会因未控制其他因素的影响而对实证结果产生影响,选择1997年1月2日至2005年12月30日 136 只股票的数据为研究样本,可能会因过少的股票样本量而使得结果不足以反映市场中流动性共变的整体特征。因此,为更加严谨地考察中国股票市场中流动性共变是否存在规模效应特征,参考 Chordia 等(2000)、Brockman 和 Chung(2002)、Narayan 等(2015)的做法,在样本期内(1997年1月2日至2017年12月29日)每个季度初将所有股票按市值大小由小到大分为 5 组(低,2,3,4,高),分组完成后,对各组样本再次依据模型(6.4)计算流动性共变程度的系数 $\beta_{\text{liq}}$。

此外,考虑到计算均值相对应的 $t$ 统计量可能出现的跨方程相关(cross-equation correlations)问题,采用 Hameed 等(2010)的做法,对模型(6.4)中所有系数均值的 $t$ 统计量进行跨方程相关调整。具体做法如下(以系数 $\beta_{\text{liq}}$ 为例):

$$\text{Std Dev}\left(\overline{\beta}_{\text{liq}}\right) = \text{Std Dev}\left(\frac{1}{N}\sum_{i=1}^{N}\beta_{\text{liq},i}\right)$$
$$= \frac{1}{N}\sqrt{\sum_{i=1}^{N}\text{Var}(\beta_{\text{liq},i}) + \sum_{i=1}^{N}\sum_{j=1,j\neq i}^{N}\rho_{i,j}\sqrt{\text{Var}(\beta_{\text{liq},i})\text{Var}(\beta_{\text{liq},j})}} \quad (6.10)$$

$$t = \overline{\beta}_{\text{liq}} \Big/ \frac{\text{Std Dev}\left(\overline{\beta}_{\text{liq}}\right)}{\sqrt{N}} \quad (6.11)$$

式(6.10)中,对于每只股票 $i$,$\beta_{\text{liq},i}$ 的方差 $\text{Var}(\beta_{\text{liq},i})$ 可通过回归模型(6.4)获得;对于 $\beta_{\text{liq},i}$ 和 $\beta_{\text{liq},j}$ 的相关系数 $\rho_{i,j}$,通过估计股票 $i$ 与股票 $j$ 的模型回归残差之间的相关系数获得;$N$ 为股票样本数量;$\text{Std Dev}\left(\overline{\beta}_{\text{liq}}\right)$ 为所有回归系数 $\beta_{\text{liq},i}$ 的均值 $\overline{\beta}_{\text{liq}}$ 所对应的标准差。基于此,再根据式(6.11),最终得到经过跨方程相关调整后的 $t$ 统计量。

表 6.4 给出市值分组下的流动性共变检验。观察全样本分组回归结果(Panel A)可以发现,规模最大 High 组下 $\beta_{\text{liq}}$ 均值为 0.058,规模最小 Low 组下 $\beta_{\text{liq}}$ 均值为 0.241,且随着市值规模的增加 $\beta_{\text{liq}}$ 均值大小整体呈现下降的趋势,这表明在中国股票市场上,股票的规模越小,其对市场整体流动性的变化则越敏感。这与 Chordia 等(2000)、Brockman 和 Chung(2002)的发现相反,即中国股市流动性共变并不

存在规模效应特征。进一步地，还分别考察中国沪市（Panel B）和深市（Panel C）下流动性共变的市值分组回归结果，同样发现规模越小的股票对市场整体流动性的改变越敏感。对于中国股市，大盘股往往拥有稳定的业绩、较高的信息透明度和不易炒作的特性，个股流动性受市场流动性的影响较小；而对于小盘股而言，业绩起伏波动大、信息透明度低，且规模小而更容易受到游资的过度炒作，从而使得小盘股流动性受市场整体流动性变化的影响较大。

表 6.4 市值分组下的流动性共变检验

Panel A：所有样本

| 估计值 | 统计量 | 低 | 2 | 3 | 4 | 高 |
| --- | --- | --- | --- | --- | --- | --- |
| $\beta_{liq}$ | Mean | 0.241*** | 0.273*** | 0.135*** | 0.097*** | 0.058*** |
| | t-stat | 13.27 | 11.09 | 8.83 | 6.28 | 5.97 |
| | pos | 81.41% | 79.43% | 60.75% | 57.33% | 53.67% |
| | sig | 24.44% | 16.95% | 14.51% | 12.19% | 9.53% |

Panel B：部分样本——沪市

| 估计值 | 统计量 | 低 | 2 | 3 | 4 | 高 |
| --- | --- | --- | --- | --- | --- | --- |
| $\beta_{liq}$ | Mean | 0.269*** | 0.307*** | 0.237*** | 0.178*** | 0.147*** |
| | t-stat | 11.77 | 18.21 | 15.69 | 9.35 | 4.79 |
| | pos | 80.24% | 82.18% | 89.38% | 83.29% | 60.31% |
| | sig | 30.21% | 37.38% | 26.19% | 19.27% | 10.86% |

Panel C：部分样本——深市

| 估计值 | 统计量 | 低 | 2 | 3 | 4 | 高 |
| --- | --- | --- | --- | --- | --- | --- |
| $\beta_{liq}$ | Mean | 0.179*** | 0.201*** | 0.183*** | 0.142*** | 0.094*** |
| | t-stat | 12.63 | 14.48 | 13.32 | 10.27 | 4.58 |
| | pos | 82.37% | 88.64% | 84.39% | 76.38% | 63.21% |
| | sig | 26.38% | 30.27% | 18.98% | 13.24% | 8.92% |

\*\*\*表示显著性水平为1%

注：Mean 代表流动性共变均值；t-stat 代表跨方程调整后的 t 检验结果；pos 代表 $\beta_{liq}$ 大于 0 占全样本的百分比；sig 代表双边显著性水平为 10% 且 $\beta_{liq}$ 大于 0 的样本占全样本的百分比

### 6.4.3 流动性共变的流动性效应

Amihud 等（1990）指出，当市场整体流动性水平恶化时，流动性相对较好的股票会得到更多投资者的青睐，此时市场会出现资本从流动性差的股票流向流动性好的股票中去，即市场出现"飞向流动性"现象。这种现象的发生，对于流动性较好的股票，有助于缓解因系统性因素致使其流动性恶化程度；对于流动性较差的股票，则会加重其流动性的恶化程度。一般情况下，小盘股的流动性水平相对大盘股要低,因此,"飞向流动性"的存在使小盘股流动性水平对市场整体流动性变化的反应更为敏感,流动性共变程度更大。

"飞向流动性"的存在表明流动性水平较差的股票对市场总体流动性变化应更为敏感,为此接下来同检验流动性共变是否存在规模效应的程序一样,对样本期内(1997年1月2日至2017年12月29日)每个季度初将所有股票按非流动性指标平均值由小到大分为5组(低,2,3,4,高),分组完成后对各组样本再次依据模型(6.4)计算流动性共变程度的系数$\beta_{liq}$,考察随着流动性水平的变化,流动性共变表现出何种特征。

表6.5给出了非流动性分组下的流动性共变检验。可以发现,随着组合非流动性水平的增加,组合内股票的流动性水平对市场整体流动性水平的敏感程度也在增强,这与表6.4的结果是对称的。因此,在中国股市中,无论是基于时序序列分析还是横截面分析,流动性水平差的股票会表现出更大的流动性风险。Chordia等(2000)在研究美国股票的流动性共变时指出,对于市场规模和流动性水平越高的股票,其流动性风险中系统性部分就越大,即流动性共变就越强,这恰好与我国股市流动性共变的存在特征相反。

表6.5 非流动性分组下的流动性共变检验

Panel A:所有样本

| 估计值 | 统计量 | 低 | 2 | 3 | 4 | 高 |
| --- | --- | --- | --- | --- | --- | --- |
| $\beta_{liq}$ | Mean | 0.123*** | 0.188*** | 0.221*** | 0.274*** | 0.325*** |
|  | t-stat | 4.43 | 7.02 | 10.78 | 12.16 | 16.48 |
|  | pos | 69.82% | 73.69% | 69.82% | 79.25% | 87.34% |
|  | sig | 27.65% | 32.78% | 26.58% | 29.30% | 34.47% |

Panel B:部分样本——沪市

| 估计值 | 统计量 | 低 | 2 | 3 | 4 | 高 |
| --- | --- | --- | --- | --- | --- | --- |
| $\beta_{liq}$ | Mean | 0.132*** | 0.178*** | 0.252*** | 0.312*** | 0.268*** |
|  | t-stat | 8.63 | 12.05 | 15.98 | 18.28 | 16.29 |
|  | pos | 72.15% | 69.27% | 75.38% | 82.17% | 78.29% |
|  | sig | 24.15% | 22.01% | 26.13% | 38.17% | 30.18% |

Panel C:部分样本——深市

| 估计值 | 统计量 | 低 | 2 | 3 | 4 | 高 |
| --- | --- | --- | --- | --- | --- | --- |
| $\beta_{liq}$ | Mean | 0.132*** | 0.195*** | 0.259*** | 0.337*** | 0.273*** |
|  | t-stat | 3.75 | 9.97 | 17.35 | 22.93 | 14.72 |
|  | pos | 66.97% | 62.18% | 70.37% | 81.91% | 76.29% |
|  | sig | 13.92% | 10.13% | 19.27% | 27.92% | 23.15% |

***表示显著性水平为1%

注:Mean 代表流动性共变均值;t-stat 代表跨方程调整后的 $t$ 检验结果;pos 代表$\beta_{liq}$大于0占全样本的百分比;sig 代表双边显著性水平为10%且$\beta_{liq}$大于0的样本占全样本的百分比

## 6.5 流动性共变与股票流动性的关联性分析

流动性资产定价主要讨论个股流动性对其收益的影响，但是理论和经验发现不同股票或资产之间存在流动性的传染问题，在危机时这种传染就会导致流动性枯竭（Kyle and Xiong，2001；Cespa and Foucault，2014）。在经验分析中，Chordia 等（2000）发现个股的流动性之间存在共同变动。流动性共变导致流动性传染，在股市下跌时则会造成流动性枯竭。在理论上，Kyle 和 Xiong（2001）基于噪声交易者模型证实在财富效应驱动下股市下跌时会出现流动性枯竭。Brunnermeier 和 Pedersen（2009）基于资产抵押模型认为做市商等流动性提供者在面临资金约束时融资流动性紧缩，市场流动性下降，流动性共变及流动性枯竭会出现，在此过程中"流动性螺旋"机制扮演着重要角色。因此，基于现有文献对流动性枯竭的研究及"流动性螺旋"机制的提出，可以预测，股票流动性共变程度的增加会对股票流动性水平产生显著的负向影响，特别是在股市出现大幅下跌的情况时，为验证这个推测构建如下实证模型：

$$\text{Illiq}_{i,t} = \beta_{0,i,t} + \beta_{1,i,t}\text{Liqcom}_{i,t-1} + \beta_{2,i,t}\text{Liqcom}_{i,t-1} \times \text{Disstress}_{t-1} + \beta_{3,i,t}\text{Disstress}_{t-1} \\ + c_1\text{Mv}_{i,t} + c_2\text{Turnover}_{i,t} + c_3R_{i,t} + c_4\text{Std}_{i,t} + \varepsilon_{i,t}$$

（6.12）

其中，市场危机 Disstress 为虚拟变量，若市场出现危机，其值取 1；否则取 0。分别构造虚拟变量市场危机 1——Disstress1、市场危机 2——Disstress2 和市场危机 3——Disstress3 以检验市场出现不同程度的危机时股票流动性共变对其流动性水平的影响程度。若市场收益为负，则令变量 Disstress1 取值 1，否则取值 0；若市场收益低于 5%，Disstress2 取值 1，否则取值 0；若市场收益低于 10%，Disstress3 取值 1，否则取值 0。月度非流动性水平 Illiq 用股票当月各交易日非流动性的算术平均值表示；股票市值 Mv，用当月度各交易日市值的算术平均值表示；股票月度换手率水平 Turnover；股票月收益波动率水平 Std，用当月收益的标准差表示；流动性共变 Liqcom 经过式（6.11）的对数化处理。

表 6.6 给出了式（6.12）中主要变量的描述性统计特征。数据显示样本期内，个股流动性共变对数化处理后分布在 −33.072 和 27.532 的范围内，标准差为 2.162，波动程度较大；波动率在 0~5.946 中变化；换手率的均值为 49.930%；个股非流动性水平的均值为 0.002，标准差为 0.049；收益率的均值 1.735%，标准差为 17.281%，最小值和最大值分别为 −78.188% 和 2 205.263%。从主要变量的相关系数矩阵来看，个股的收益率和换手率水平与非流动性水平显著负相关，初步表明个股收益水平

及其交易活跃程度会对股票自身的流动性水平产生影响。同时，个股流动性共变程度 Liqcom 与其自身非流动性水平显著正相关，初步表明流动性共变的变化会影响股票的流动性水平。

**表 6.6　主要变量的描述性统计与相关系数矩阵**

Panel A：描述性统计

| 变量 | 均值 | 标准差 | 最小值 | $Q_1$ | 中值 | $Q_3$ | 最大值 |
|---|---|---|---|---|---|---|---|
| 非流动性 | 0.002 | 0.049 | 0.000 | 0.000 | 0.001 | 0.002 | 26.319 |
| 流动性共变 | −2.227 | 2.162 | −33.072 | −3.169 | −1.758 | −0.779 | 27.532 |
| 市值 | 7.703 | 1.317 | 3.246 | 6.740 | 7.634 | 8.546 | 14.546 |
| 换手率 | 49.930% | 54.747% | 0.009% | 16.310% | 32.456% | 63.714% | 958.055% |
| 波动率 | 0.028 | 0.026 | 0.000 | 0.019 | 0.025 | 0.035 | 5.946 |
| 收益率 | 1.735% | 17.281% | −78.188% | −6.874% | 0.438% | 8.545% | 2 205.263% |

Panel B：相关系数矩阵

| 变量 | 非流动性 | 流动性共变 | 市值 | 换手率 | 波动率 | 收益率 |
|---|---|---|---|---|---|---|
| 非流动性 | 1.000 | 0.126*** | −0.839*** | −0.318*** | −0.032*** | −0.146*** |
| 流动性共变 | 0.006*** | 1.000 | −0.035*** | −0.129*** | 0.075*** | −0.170*** |
| 市值 | −0.050*** | −0.022*** | 1.000 | −0.081*** | −0.040*** | 0.013*** |
| 换手率 | −0.014*** | −0.096*** | −0.105*** | 1.000 | 0.591*** | 0.258*** |
| 波动率 | −0.002 | 0.038*** | −0.010*** | 0.259*** | 1.000 | 0.090*** |
| 收益率 | −0.025*** | −0.135*** | 0.006*** | 0.240*** | 0.288*** | 1.000 |

\*\*\*表示显著性水平为 1%

注：相关系数矩阵中下三角为 Pearson 相关系数，上三角为 Spearman 相关系数

表 6.7 给出了下跌的市场环境下，股票流动性共变对其流动性水平影响的实证检验结果。需要指出的是，由于变量流动性共变、交互项流动性共变×市场危机、换手率的回归系数较小，在表 6.7 的回归结果的显示中，对上述变量的回归系数均放大了 100 倍。表 6.7 的第（1）列结果显示，流动性共变 Liqcom 对股票非流动性水平的回归系数为 0.016，其与虚拟变量的交互项流动性共变×市场危机 1 对股票非流动性水平的回归系数为 0.028，均在 1%的水平上显著。表明市场收益为负期间，流动性共变的增强会进一步降低股票的流动性水平。

表 6.7　市场下跌期间流动性共变对股票流动性变化的影响

| 变量 | （1） | （2） | （3） |
|---|---|---|---|
| 截距项 | 0.019*** <br>（38.76） | 0.016*** <br>（38.43） | 0.015*** <br>（38.41） |
| 流动性共变 | 0.016*** <br>（4.19） | 0.028*** <br>（5.70） | 0.033*** <br>（6.11） |
| 流动性共变×市场危机1 | 0.028*** <br>（2.89） | | |
| 市场危机1 | 0.004*** <br>（17.16） | | |
| 流动性共变×市场危机2 | | 0.039*** <br>（3.27） | |
| 市场危机2 | | 0.007*** <br>（18.88） | |
| 流动性共变×市场危机3 | | | 0.047*** <br>（4.82） |
| 市场危机3 | | | 0.009*** <br>（19.12） |
| 市值 | −0.002*** <br>（−32.41） | −0.005*** <br>（−32.52） | −0.003*** <br>（−2.46） |
| 换手率 | −0.002*** <br>（−14.05） | −0.002*** <br>（−14.06） | −0.002*** <br>（−13.98） |
| 收益率 | −0.016*** <br>（−26.18） | −0.018*** <br>（−26.21） | −0.021*** <br>（−26.49） |
| 波动率 | 0.023*** <br>（6.91） | 0.027** <br>（6.96） | 0.019** <br>（6.84） |
| 企业效应 | 已控制 | 已控制 | 已控制 |
| 时间效应 | 已控制 | 已控制 | 已控制 |
| 观测值 | 383 129 | 383 129 | 383 129 |
| $R^2$ | 0.032 | 0.027 | 0.028 |

\*\*、\*\*\*表示显著性水平为5%、1%

注：变量流动性共变、交互项流动性共变×市场危机、换手率的系数均放大100倍

进一步，在第（1）~（3）列交互项的回归结果中，第（1）列中交互项流动性共变×市场危机1的系数为0.028，在1%的水平上显著；在第（2）列中，交互项流动性共变×市场危机2系数为0.039，且在1%的水平上显著；在第（3）列中，交互项流动性共变×市场危机3系数为0.047，且在1%的水平上显著。这些回归结果表明，随着市场环境的继续恶化，流动性共变对股票流动性水平的影响程度也更大，为市场环境恶化期间流动性共变程度与市场流动性枯竭速度正相关提供经验证据。

本章从流动性共变的视角对股市流动性螺旋的存在及其特征问题进行探讨和分析。虽然中国股市发展迅速，但相对于国外成熟市场，中国股市仍具有一定的特征，主要表现为散户为主的投资者结构、市场中存在高度的信息非对称、严重的系统性风险及政府过度干预等四个方面。在这一特殊的股市环境下，中国股市流动性共变表现出与美国股票市场不一样的特征。

首先，对中国股市的波动特征以及可能对流动性共变产生的影响进行分析，发现当市场出现极端情况时会出现明显的流动性共变，这为流动性螺旋的存在提供了支持。同时，对中国沪深股市的流动性共变进行检验，发现存在显著的流动性共变。股市流动性共变在 2007 年前后表现出明显的差异，2007 年后总体上出现下降。这是因为股权分置改革的完成使得市场中的信息不对称程度降低，流通股的增加提高了交易的活跃程度，使得个股乃至整个市场的流动性水平得到改善。

其次，考察中国股市流动性共变的时变特征、规模效应及其流动性效应，结果发现，流动性共变表现出明显的时变特征，市场环境的变化会严重影响流动性共变强度。特别在市场大幅下跌或爆发金融危机期间，中国股市流动性共变程度明显增加甚至出现峰值，而在上行的市场走势中，股市的流动性共变则对市场变化不敏感。与美国股票市场的结论正好相反，中国股票流动性共变程度并非表现出随股票市值规模和流动性水平增加的递增效应，而是表现出随规模和流动性水平增加的递减效应。究其原因，一方面这可能与中国小盘股信息透明度低、更易受"政策市"和炒作的影响有关；另一方面则可能是投资者"飞向流动性"的行为所致。

最后，探讨股市下跌时流动性共变的增强是否会造成流动性枯竭。结果发现，当市场大幅下跌时流动性共变的增加会导致股票流动性水平的进一步下降，且随着市场环境的不断恶化，流动性共变对股票流动性水平的负向影响程度也变得更大。这表明，当股市下跌时，强烈的流动性共变可能会导致市场流动性枯竭的发生，证实流动性螺旋的存在。

# 第 7 章 基金持股对流动性共变的影响：需求侧视角下原因及渠道分析

## 7.1 流动性共变及其影响因素

股市中不仅个股的流动性对收益有影响，市场的流动性对收益也有影响。在危机时，个股和市场会出现流动性共变现象，导致两者循环下降，进一步出现流动性危机（Rösch and Kaserer, 2013）。因此，研究流动性共变是分析市场流动性危机的重要内容。流动性共变现象不但存在于美国市场，而且存在于几十个国家的市场中（Brockman et al., 2009；Karolyi et al., 2012）。现有研究对于流动性共变的解释分为需求侧和供给侧两个方面（Rösch and Kaserer, 2013；Karolyi et al., 2012），即流动性共变可能是由金融中介机构资金限制的供给因素，或机构投资者相关性交易等需求因素所致。已有研究部分支持供给因素的解释（Coughenour and Saad, 2004；Brunnermeier and Pedersen, 2009），但也有文献指出供给因素并不能完全解释所有流动性共变现象（Karolyi et al., 2012）。特别地，中国股票市场并非做市商交易制度，基于供给视角解释流动性共变可能无法奏效，同时市场中存在明显的羊群行为等相关交易，基于需求视角的解释则可能有效。因此，本章在控制供给因素的基础上，基于需求视角，逐步回答以下问题：中国市场是否存在流动性共变，相关交易是否会引起流动性共变？交易出于何种原因使彼此间相关并导致流动性共变？相关交易通过何种交易渠道驱动流动性共变？

根据需求因素的解释，若持有大量股票的投资者同时进行同向交易，市场会出现流动性共变。观察整个金融市场的投资者构成，基金可能是产生上述影响的重要投资者群体之一。一方面，基金往往持有大量且多元化的投资组合，此外，基金还常常会面临正或者负净资金流形式的冲击，且这些净资金流在各基金之间高度相关，即当某一基金出现资金流入（流出）时，许多其他基金会同样出现资金的流入（流出）。另一方面，基金及其他机构投资者存在明显的羊群行为和相关交易（Wermers，1999；Coval and Stafford，2007；Antón and Polk，2014）。因此，本章以中国基金所持有的 A 股上市公司的相关数据作为研究对象，考察基金的交易活动对流动性共变的影响。

Chordia 等（2000）在首次证实流动性共变时采用个股流动性与市场流动性的回归系数作为流动性共变的测度指标。Coughenour 和 Saad（2004）指出，若投资组合高度集中于某一特征的股票，那么组合中出现的股票流动性共同变化更可能是由于这类股票流动性需求的共同调整，即出现相关流动性需求的结果。需求因素的解释认为，机构大量持有的股票会展现出更为明显的相关性交易需求，进而导致更为强烈的流动性共变（Kamara et al.，2008；Lowe，2014）。为此，借鉴 Coughenour 和 Saad（2004）、Koch 等（2016）的研究，在控制市场流动性的基础上，根据上一季度基金的持股比例构造出一个高基金持股组合，并估计股票自身流动性与该股票组合的流动性的系数，将其作为流动性共变程度的衡量。尽管也有研究使用回归的 $R^2$ 作为流动性共变的衡量，但是这种方法的好处如下：第一，$R^2$ 的效果取决于回归方程的拟合程度，但通常 $R^2$ 的值都不大，区分流动性共变的效果不明显。第二，通过同时控制市场流动性和基金持股组合流动性，可以很好地区分流动性因素带来的影响。

现有研究证实了需求因素对流动性共变的影响，但是很少直接检验其产生原因（Koch et al.，2016）。需求因素的解释认为，相关性交易是产生流动性共变的成因。对于基金而言，相关性交易一方面体现为主动交易行为的共同变动，如羊群行为等，另一方面是被动交易行为的共同变动，如面临投资者资金流入和流出的压力。为此，从基金羊群行为和基金资金流变动两个方面进一步考察中国基金出于何种原因使得彼此间的交易活动相关并导致流动性共变。为了控制个股因素带来的相关性交易的需求，参考 Coughenour 和 Saad（2004）、Koch 等（2016）的研究，控制公司市值、非流动性水平、换手率及账面市值比等因素，并进一步做双重分组。

从基金持股的角度分析需求因素对流动性共变的影响，假设基金持股直接体现基金的交易，但这只是从单个基金的角度出发。实际上，基金与基金之间即使不持有共同的股票仍会产生相关性交易，这就需要考虑基金与基金之间的持股结构，而基金羊群行为和基金资金流变动并不能分析两个基金之间的持股关系。为此，借鉴 Koch 等（2016）的研究，对于每个季度任意两两配对的股票，计算持有其中任意一只股票的基金相应的持股比例，探讨"共有所有权"和"相关流动性冲击"两个渠道在基金相关性交易需求引发流动性共变中的作用。国内研究主要证实了流动性风险在资产定价中的作用（黄峰和杨朝军，2007；王金安和陈浪南，2008），对流动性共变关注得并不多。张玉龙等（2012）证实我国市场存在显著正的流动性共变，王辉和黄建兵（2014）则发现存在显著负的流动性共变。这两个研究，一方面对流动性共变检验的结果不同；另一方面则忽略了流动性共变产生的原因及渠道。与现有文献相比，本章可能的贡献主要体现在以下方面：第一，不同于考察流动性定价以及共变存在与否的研究，基于中国订单驱动的市场特征，在控制供给因素的基础上，从流动性需求视角探讨导致流动性共变的原因。第二，不仅分析流动性共变的存在性，还进一步分析流动性共变的时变性，证实流动性共变从负相关向正相关的转变。第三，与 Koch 等（2016）不同，在分析流动性共变的原因时，从羊群行为、资金流动等角度展开研究，并区分买方和卖方。尽管借鉴 Koch 等（2016）有创意的渠道分析，但是结论与其是不同的。本章探讨中国基金交易引发流动性共变的成因与渠道，为研究中国机构投资者和金融市场流动性稳定之间的联系提供有意义的参考。

## 7.2　文献回顾与研究假设

Chordia 等（2000）首次关注不同股票之间流动性的联动性，提出流动性共变。Acharya 和 Pedersen（2005）也发现个股的收益不仅依赖于自身的流动性还依赖于其与市场流动性的相关性。Brockman 等（2009）、Karolyi 等（2012）发现其他国家也有类似的现象，并且 Karolyi 等（2012）发现流动性共变不仅在不同国家有差异，也会随着时间发生变化。部分研究证实中国股票市场存在显著的流动性共变，但是结论相反（张玉龙等，2012；王辉和黄建兵，2014）。鉴于国外发现流动性共变具有时变性，而国内不同研究的结论不一致，提出第一个假设：

**假设 7.1：** 我国股市存在流动性共变现象，而且流动性共变会随着时间发生变化。

现有研究对于流动性共变的解释分为需求侧和供给侧两个方面（Rösch and Kaserer，2013；Karolyi et al.，2012）。Coughenour 和 Saad（2004）从专家做市商提供流动性的供给角度对流动性共变进行解释。Brunnermeier 和 Pedersen（2009）建立理论模型证实市场中流动性提供方在面临融资约束时会带来个股的螺旋型下跌。这些研究认为流动性共变可能是由金融中介机构资金限制的供给因素决定的，但也有文献指出供给因素并不能完全解释所有流动性共变现象（Karolyi et al.，2012）。

一般而言，机构投资者资金充足，持有大量股票，更可能产生大规模的交易需求，进而导致股票之间变动的相关性。因此，根据需求因素的解释，机构持股是导致流动性共变的重要来源。Kamara 等（2008）发现股票的机构持股变化可以解释流动性共变。Corwin 和 Lipson（2011）的研究认为，机构的相关性交易是导致流动性共变的重要原因。Karolyi 等（2012）研究 40 个国家后发现需求因素对流动性共变的解释更重要，导致流动性共变最可靠的解释是机构投资者的相关交易。Koch 等（2016）使用基金季度持股数据分析发现基金的相关交易是引发流动性共变的重要因素。因此，提出第二个假设：

**假设 7.2**：我国股市中个股的机构持股增加会导致流动性共变的加剧。

对于导致机构投资者出现相关交易需求并最终引发流动性共变的潜在原因，主要有主动和被动两个方面。对于主动方面，主要是基金之间相同的行为模式，如羊群行为。一般而言，为避免因做出不同于大部分其他同业者所做出的投资决策而导致业绩下滑，基金经理往往会对同类公开信息在市场上做出相同的反应，抑或追随相似的投资风格进行交易（即羊群行为）。因此，基金经理基于羊群行为而做出的交易应该是相关的。Chordia 等（2000）认为，机构投资者可能会因彼此间的模仿或跟踪交易，致使大量投资者在同一时间内以同方向交易股票而引发流动性共变。Kamara 等（2008）通过统计分析表明，机构投资者的羊群行为是导致美国大盘股具有较高流动性共变的原因之一。Hung 等（2010）采用中国台湾机构投资者持股数据，考察机构投资者羊群行为对中国台湾股票收益的影响时发现，机构投资者的羊群行为的确会引发相关交易。对于被动方面，主要是资金流变化引起的流动性冲击。当机构投资者面临资金流入或流出时，会被迫进行非自愿的交易，造成的买入压力和卖出压力会使投资者的交易需求显著相关，进而导致流动性共变。Karolyi 等（2012）发现资金内流对流动性共变具有显著的正向影响，Koch 等（2016）的研究也表明基金面临资金流变化所导致的相关交易需求是驱动流动性共变的重要原因。

上述文献表明，在流动性需求方面，机构投资者的交易操作可能会由于羊群行为或面临的资金流冲击，故机构投资者产生共同的买入或卖出压力，进而驱动流动性共变。在中国股票市场，同西方发达市场相比，市场具有相对不透明、信息搜集成本较高和监管环境较宽松等特征，导致机构投资者的羊群行为更为严重（许年行等，2013）。蔡庆丰等（2011）、孔东民等（2015）研究认为机构投资者存在羊群行为，并与市场流动性有关系。另外，刘京军和吴英杰（2011）发现基金的资金流入增加基金的持股只数和持股比例，刘京军和苏楚林（2016）进一步发现基金之间的资金流量具有显著的溢出效应。可见，中国市场中基金会存在羊群效应，其资金流会影响持股，并且相互之间的资金流之间具有溢出效应。鉴于此，针对基金产生相关性交易的原因，提出第三个假设：

**假设 7.3a**：基金羊群行为导致其交易需求相关并引发流动性共变。

**假设 7.3b**：资金流冲击导致基金交易需求相关并引发流动性共变。

基金相关性交易从需求的角度影响了流动性共变，羊群行为和资金流动是其产生相关性交易的原因，但是并没有考虑基金之间具体的持股结构的影响。基金与基金之间可能具有相同的持股结构,也可能具有不同的持股结构,但是它们之间或者因为羊群行为,或者因为资金流的溢出效应,都会产生流动性共变的结果,而羊群行为和资金流冲击没有分析基金之间的持股结构问题。Koch 等(2016)将基金持股的结构分为了两个渠道:若股票被多个机构投资者共同持有,并同时进行交易,产生的相关交易将会引起流动性共变,这一渠道为"共有所有权"渠道。若一些机构投资者持有部分股票,而另外一些机构投资者则持有其他股票,当这些机构投资者同时面临流动性冲击时,相关资金的流动引起的交易就会转变为相关流动性冲击,进而导致流动性共变,这一渠道称之为"相关流动性冲击"渠道。参照 Koch 等(2016)的做法,进一步分析上述两个渠道是否存在于我国股市中。为此,提出第四个假设:

**假设 7.4a**:存在"共有所有权"渠道,使得基金交易引发流动性共变。
**假设 7.4b**:存在"相关流动性冲击"渠道,使得基金交易引发流动性共变。

## 7.3 变量与样本数据

### 7.3.1 变量定义与度量

1. 流动性

采用 Amihud(2002)的做法,计算日度数据股票的非流动性指标,具体公式如下:

$$\text{Illiq}_{i,d} = \frac{|r_{i,d}|}{\text{vol}_{i,d}} \times 10^6 \qquad (7.1)$$

其中,$r_{i,d}$ 为股票 $i$ 在 $d$ 交易日的收益率;$\text{vol}_{i,d}$ 为股票 $i$ 在 $d$ 交易日的交易量(单位元)。参考 Kamara 等(2008)的方法解决其中可能存在的非平稳问题,进一步对非流动性指标进行差分处理:

$$\Delta\text{Illiq}_{i,d} = \ln\left[\frac{\text{Illiq}_{i,d}}{\text{Illiq}_{i,d-1}}\right] = \ln\left[\frac{|r_{i,d}|/\text{vol}_{i,d}}{|r_{i,d-1}|/\text{vol}_{i,d-1}}\right] \qquad (7.2)$$

为防止异常值影响分析,只计算当季度有效交易日不少于 40 天的股票日非流动性变化 $\Delta\text{Illiq}_{i,d}$。

2. 羊群行为

对于机构投资者羊群行为的测度,参考 Lakonishok 等(1992)、Wermers(1999)

的方法：

$$\mathrm{HM}_{i,t} = \left| p_{i,t} - E(p_{i,t}) \right| - E\left| p_{i,t} - E(p_{i,t}) \right| \tag{7.3}$$

式（7.3）给出了羊群行为的计算方法。其中，$\mathrm{HM}_{i,t}$ 为羊群行为的测度指标；$p_{i,t}$ 为 $t$ 季度增持股票 $i$ 的机构投资者占所有参与交易该股票的机构投资者的比例，即 $p_{i,t} = B_{i,t}/(B_{i,t} + S_{i,t})$，$B_{i,t}(S_{i,t})$ 为 $t$ 季度买入（卖出）股票 $i$ 的机构投资者数量；$E(p_{i,t})$ 为 $t$ 季度增持股票 $i$ 的机构投资者占所有参与交易该股票的机构投资者比例的期望值，用 $t$ 季度所有股票 $p_{i,t}$ 的算术平均值 $\bar{p}$ 表示；$\left| p_{i,t} - E(p_{i,t}) \right|$ 为 $t$ 季度机构投资者买卖股票 $i$ 的不平衡性；$E\left| p_{i,t} - E(p_{i,t}) \right|$ 为调整因子，表示不存在羊群行为的假设下 $\left| p_{i,t} - E(p_{i,t}) \right|$ 的期望值。参照 Lakonishok 等（1992）的做法，若机构投资者之间不存在羊群行为，$B_{i,t}$ 则服从参数为 $N_{i,t}$、$\bar{p}$ 的二项分布 $B_{i,t} \sim B(N_{i,t}, \bar{p})$，那么就有

$$E \mid p_{i,t} - E(p_{i,t}) \mid = \sum_{k=0}^{N_{i,t}} \left| \frac{k}{N_{i,t}} - \bar{p} \right| C_{N_{i,t}}^k \bar{p}^k (1-\bar{p})^{N_{i,t}-k} \tag{7.4}$$

其中，$N_{i,t} = B_{i,t} + S_{i,t}$。调整因子表明，只有机构投资者对股票 $i$ 买卖的不平衡性达到一定程度时，才会认为存在羊群行为。

Wermers（1999）的研究指出，机构投资者买入或者卖出股票时产生的羊群行为对市场的影响存在差异。因此，为区分这一差异，参照 Wermers（1999）的方法，度量机构投资者"买入"和"卖出"两个方向上产生的羊群行为，具体如下：

$$\mathrm{BHM}_{i,t} = \mathrm{HM}_{i,t} \mid p_{i,t} > E[p_{i,t}] \tag{7.5}$$

$$\mathrm{SHM}_{i,t} = \mathrm{HM}_{i,t} \mid p_{i,t} < E[p_{i,t}] \tag{7.6}$$

其中，$\mathrm{BHM}_{i,t}$ 为买方羊群行为的测度指标；$\mathrm{SHM}_{i,t}$ 为卖方羊群行为的测度指标。在计算 $p_{i,t} - E(p_{i,t})$ 的基础上，根据 $p_{i,t} - E(p_{i,t})$ 的正负区分买方和卖方羊群行为。若 $p_{i,t} - E(p_{i,t}) > 0$，则表明存在买方羊群行为，数据归入"买方羊群行为"子样本；若 $p_{i,t} - E(p_{i,t}) < 0$，则表明存在卖方羊群行为，数据归入"卖方羊群行为"子样本；进一步地，对得到的两个子样本分别按式（7.5）和式（7.6）计算，最终得到买方羊群行为 BHM 和卖方羊群行为 SHM 两个变量。

3. 基金净资金流

参考 Coval 和 Stafford（2007）的方法计算各基金净资金流：利用基金的资产净值和基金收益率数据，根据式（7.7）计算基金 $j$ 的净资金流变化：

$$\mathrm{Flow}_{j,t} = \mathrm{TNA}_{j,t} - \mathrm{TNA}_{j,t-1}(1 + R_{j,t}) \tag{7.7}$$

其中，$TNA_{j,t}$ 为基金 $j$ 在 $t$ 季度资产净值；$R_{j,t}$ 为基金 $j$ 在 $t$ 季度的收益率；$Flow_{j,t}$ 为基金 $j$ 在 $t$ 季度的净资金流。

在计算出各基金的净资金流后，进一步地参照 Koch 等（2016）的方法，计算各季度内所有基金的总净资金流水平，具体如下：

$$\text{Agg\_Flow}_t = \frac{\sum_j \text{Flow}_{j,t}}{\text{Total\_mv}_{t-1}} \quad (7.8)$$

其中，$\text{Agg\_Flow}_t$ 为 $t$ 季度所有基金的总净资金流；$\text{Total\_mv}_{t-1}$ 为上一季度市场总市值，用上一季度中各月总市值的平均值替代。

4. 控制变量

参考 Kamara 等（2008）、Karolyi 等（2012）、Koch 等（2016）及 Isshaq 和 Faff（2016）的研究，控制变量如下：①ln（mv），即上市公司市值，用公司当季度各交易日市值的算术平均值的自然对数表示；②Illiq（avg），即股票 $i$ 的季度非流动性水平，用当季度各交易日非流动性的算术平均值表示；③Turnover，即股票 $i$ 的季度换手率水平，衡量股票的活跃程度；④BM，即上市公司的账面市值比，衡量公司的成长性；⑤Qret，即市场季度收益率，用上证 50 指数收益率表示；⑥Volty，即市场波动率，用当季度上证 50 指数收益率的标准差表示。其中，Qret 和 Volty 代表流动性供给的影响因素（Karolyi et al.，2012；Moshirian et al.，2017）。

### 7.3.2　样本选取

2003 年《中华人民共和国证券投资基金法》的通过及 2004 年 1 月《国务院关于推进资本市场改革开放和稳定发展的若干意见》的出台，标志着我国机构投资者特别是证券投资基金由萌芽阶段进入快速发展阶段。因此，以 2004~2016 年我国沪深交易所 A 股上市公司为研究对象，考察高基金持股组合的流动性共变状况。其中，基金持股数据、基金资产净值数据及基金收益率数据均来自 Wind 数据库，其他数据如上市公司财务数据、股票交易数据来自国泰安金融数据库和锐思金融研究数据库。

## 7.4　流动性共变

参考 Coughenour 和 Saad（2004）、Koch 等（2016）的方法，构造高基金持股组合，验证个股流动性与该组合流动性之间存在流动性共变，并进一步考察流动性共变的时变性。对于各季度中的每一个交易日，构造两个市值加权非流动性变化组合：一个是包括所有股票的市场非流动性变化组合$\Delta Illiq_{m,d,t}$；另一个则是根据上一季度的基金持股比例将股票分组（分为 5 组），并针对基金持股比例最高的分组下的股票构造非流动性变化组合$\Delta Illiq_{HI,d,t}$。在此基础上，对于各公司每个季度，进行如下回归：

$$\Delta Illiq_{i,d,t} = \alpha_{i,t} + \beta_{HI,i,t} \Delta Illiq_{HI,d,t} + \beta_{HI,i,t}^{leading} \Delta Illiq_{HI,d+1,t} + \beta_{HI,i,t}^{lagged} \Delta Illiq_{HI,d-1,t} \\ + \beta_{liq,i,t} \Delta Illiq_{m,d,t} + \beta_{liq,i,t}^{leading} \Delta Illiq_{m,d+1,t} + \beta_{liq,i,t}^{lagged} \Delta Illiq_{m,d-1,t} \\ + \sigma_{i,t} \Delta squ_{i,d,t} + \delta_{i,t} ret_{m,d,t} + \delta_{i,t}^{leading} ret_{m,d+1,t} + \delta_{i,t}^{lagged} ret_{m,d-1,t} + \varepsilon_{i,d,t} \quad (7.9)$$

其中，$\Delta Illiq_{i,d,t}$为股票 $i$ 在 $t$ 季度 $d$ 交易日的非流动性变化；$\Delta Illiq_{HI,d,t}$、$\Delta Illiq_{HI,d+1,t}$及$\Delta Illiq_{HI,d-1,t}$分别为根据上一季度的基金持股比例对股票进行分组后（分为 5 组），持股比例最高分组下的股票非流动性变化$\Delta Illiq_{i,d,t}$、$\Delta Illiq_{i,d+1,t}$和$\Delta Illiq_{i,d-1,t}$进行市值加权得到。同样地，市场非流动性变化组合$\Delta Illiq_{m,d,t}$、$\Delta Illiq_{m,d+1,t}$和$\Delta Illiq_{m,d-1,t}$则分别为各交易日内所有股票的非流动性变化$\Delta Illiq_{i,d,t}$、$\Delta Illiq_{i,d+1,t}$和$\Delta Illiq_{i,d-1,t}$的市值加权。除$\Delta Illiq_{HI,d+1,t}$、$\Delta Illiq_{HI,d-1,t}$、$\Delta Illiq_{m,d,t}$、$\Delta Illiq_{m,d+1,t}$和$\Delta Illiq_{m,d-1,t}$外，参照 Chordia 等（2000），模型中还纳入了如下控制变量：领先、滞后及同期市场日收益率$r_{m,d+1,t}$、$r_{m,d-1,t}$和$r_{m,d,t}$，个股日收益率平方变化$\Delta squ_{i,d,t}$，即$\Delta squ_{i,d,t} = r_{i,d,t}^2 - r_{i,d-1,t}^2$。

将个股流动性与高基金持股比例构造的股票组合的流动性之间的回归系数记为$\beta_{HI}$，即高基金持股组合流动性贝塔，作为流动性共变的衡量，预期的$\beta_{HI}$是显著为正的。之所以同时考虑市场流动性和高持股组合流动性，是因为单独考虑其中一个容易忽略其他的共同因素，同时考虑两者后$\beta_{HI}$表示分离其他共同因素后的流动性共变（Coughenour and Saad，2004）。

表 7.1 和表 7.2 中给出了基于式（7.9）中高基金持股组合在 2004~2009 年、2010~2016 年各季度的样本特征及相应回归系数$\beta_{HI}$的统计描述，列示了组合中的股票数量及相应市值 ln（mv）、非流性 Illiq（avg）和基金持股 Fund_ratio 的平均值对于回归系数$\beta_{HI}$，并列示了$\beta_{HI}$在各季度期间的均值和 $t$ 检验结果 $t$-stat、$\beta_{HI}$大于 0 占全样本的百分比 pos 以及双边显著性水平为 0.1 且$\beta_{HI}$大于 0 的样本占全样本的百分比 sig。

表 7.1  2004~2009 年高基金持股组合的流动性共变

| 时间 | $\beta_{HI}$ 均值 | pos | t-stat | sig | ln（mv）均值 | Fund_ratio 均值 | Illiq（avg）均值 | #stocks |
|---|---|---|---|---|---|---|---|---|
| 2004Q1 | −0.190 | 38.078% | −8.861 | 4.270% | 21.273 | 6.360% | 0.000 9 | 198 |
| 2004Q2 | −0.007 | 49.383% | −0.317 | 6.614% | 21.487 | 24.781% | 0.001 5 | 144 |
| 2004Q3 | 0.158 | 57.621% | 7.637 | 11.474% | 21.011 | 17.592% | 0.003 7 | 221 |

续表

| 时间 | $\beta_H$ 均值 | pos | t-stat | sig | ln(mv) 均值 | Fund_ratio 均值 | Illiq(avg) 均值 | #stocks |
|---|---|---|---|---|---|---|---|---|
| 2004Q4 | −0.158 | 41.962% | −5.882 | 4.452% | 21.012 | 26.850% | 0.002 5 | 218 |
| 2005Q1 | −0.098 | 44.955% | −3.128 | 5.660% | 20.851 | 19.654% | 0.003 1 | 234 |
| 2005Q2 | 0.004 | 50.165% | 0.138 | 5.766% | 20.813 | 27.121% | 0.002 9 | 234 |
| 2005Q3 | 0.076 | 53.651% | 3.037 | 6.727% | 20.796 | 19.814% | 0.001 9 | 222 |
| 2005Q4 | 0.021 | 52.028% | 0.817 | 5.638% | 20.746 | 29.732% | 0.002 4 | 180 |
| 2006Q1 | −0.249 | 36.594% | −7.600 | 2.415% | 20.866 | 18.517% | 0.001 1 | 138 |
| 2006Q2 | −0.344 | 37.622% | −9.114 | 3.243% | 21.180 | 23.663% | 0.000 8 | 182 |
| 2006Q3 | 0.016 | 49.864% | 0.596 | 6.346% | 21.192 | 21.794% | 0.001 1 | 217 |
| 2006Q4 | −0.196 | 38.204% | −8.854 | 4.137% | 21.267 | 31.591% | 0.000 8 | 225 |
| 2007Q1 | −0.304 | 28.440% | −16.746 | 2.836% | 21.887 | 23.491% | 0.000 5 | 234 |
| 2007Q2 | −0.144 | 40.699% | −8.189 | 3.331% | 22.087 | 38.029% | 0.000 4 | 238 |
| 2007Q3 | −0.186 | 37.351% | −10.616 | 2.855% | 22.505 | 25.478% | 0.000 4 | 257 |
| 2007Q4 | −0.001 | 50.706% | −0.059 | 6.436% | 22.514 | 40.228% | 0.000 6 | 259 |
| 2008Q1 | −0.203 | 37.130% | −10.112 | 3.341% | 22.783 | 24.364% | 0.000 6 | 269 |
| 2008Q2 | 0.197 | 65.332% | 10.997 | 8.837% | 22.273 | 36.877% | 0.001 1 | 270 |
| 2008Q3 | 0.197 | 62.096% | 10.173 | 8.228% | 22.112 | 22.882% | 0.001 7 | 276 |
| 2008Q4 | −0.163 | 43.506% | −5.913 | 3.631% | 21.678 | 36.142% | 0.001 9 | 282 |
| 2009Q1 | −0.422 | 26.939% | −20.674 | 1.870% | 22.028 | 19.584% | 0.000 5 | 293 |
| 2009Q2 | −0.299 | 32.402% | −15.469 | 2.165% | 22.193 | 27.056% | 0.000 3 | 291 |
| 2009Q3 | −0.150 | 40.465% | −8.380 | 4.375% | 22.652 | 16.954% | 0.000 3 | 295 |
| 2009Q4 | −0.252 | 29.645% | −18.026 | 1.744% | 22.621 | 27.857% | 0.000 2 | 300 |

注：#stocks 为各季度高基金持股组合下的股票数量

**表 7.2　2010~2016 年高基金持股组合的流动性共变**

| 时间 | $\beta_H$ 均值 | pos | t-stat | sig | ln(mv) 均值 | Fund_ratio 均值 | Illiq(avg) 均值 | #stocks |
|---|---|---|---|---|---|---|---|---|
| 2010Q1 | 0.029 | 52.571% | 2.244 | 5.968% | 22.068 | 16.647% | 0.000 3 | 311 |
| 2010Q2 | 0.038 | 51.214% | 2.226 | 7.160% | 22.008 | 29.220% | 0.000 5 | 305 |
| 2010Q3 | 0.162 | 59.688% | 9.948 | 12.724% | 21.941 | 18.498% | 0.000 4 | 329 |
| 2010Q4 | 0.158 | 67.599% | 17.989 | 11.349% | 22.093 | 27.489% | 0.000 3 | 339 |
| 2011Q1 | 0.131 | 57.696% | 9.079 | 7.590% | 22.074 | 16.702% | 0.000 4 | 356 |

续表

| 时间 | $\beta_{HI}$ 均值 | pos | t-stat | sig | ln(mv) 均值 | Fund_ratio 均值 | Illiq(avg) 均值 | #stocks |
|---|---|---|---|---|---|---|---|---|
| 2011Q2 | 0.032 | 51.874% | 2.834 | 4.965% | 22.021 | 22.844% | 0.000 6 | 355 |
| 2011Q3 | 0.128 | 60.428% | 11.162 | 7.778% | 21.955 | 16.523% | 0.000 7 | 381 |
| 2011Q4 | 0.207 | 66.540% | 17.260 | 12.085% | 21.784 | 26.817% | 0.001 1 | 395 |
| 2012Q1 | 0.204 | 65.891% | 17.920 | 12.611% | 21.680 | 15.864% | 0.001 0 | 407 |
| 2012Q2 | 0.121 | 59.773% | 8.685 | 7.591% | 21.694 | 23.579% | 0.000 8 | 416 |
| 2012Q3 | 0.207 | 64.364% | 15.325 | 13.336% | 21.594 | 15.888% | 0.001 2 | 427 |
| 2012Q4 | 0.117 | 58.116% | 9.755 | 9.375% | 21.521 | 23.560% | 0.001 2 | 438 |
| 2013Q1 | 0.059 | 54.075% | 4.513 | 7.274% | 21.664 | 14.355% | 0.000 6 | 458 |
| 2013Q2 | 0.204 | 65.956% | 17.373 | 11.689% | 21.705 | 21.533% | 0.000 8 | 440 |
| 2013Q3 | 0.196 | 63.200% | 17.068 | 12.533% | 21.765 | 13.551% | 0.000 6 | 447 |
| 2013Q4 | 0.255 | 66.890% | 18.877 | 11.200% | 21.894 | 20.649% | 0.000 6 | 439 |
| 2014Q1 | 0.186 | 63.189% | 14.796 | 10.072% | 21.972 | 13.501% | 0.000 6 | 445 |
| 2014Q2 | 0.261 | 68.104% | 19.706 | 11.451% | 21.985 | 21.067% | 0.000 5 | 407 |
| 2014Q3 | 0.283 | 57.856% | 7.050 | 6.296% | 22.162 | 12.280% | 0.000 2 | 425 |
| 2014Q4 | 0.332 | 71.787% | 23.280 | 23.017% | 22.345 | 15.535% | 0.000 2 | 419 |
| 2015Q1 | 0.365 | 75.115% | 27.850 | 16.575% | 22.510 | 9.947% | 0.000 2 | 404 |
| 2015Q2 | 0.108 | 57.710% | 10.546 | 9.672% | 22.997 | 15.218% | 0.000 2 | 391 |
| 2015Q3 | 0.279 | 75.867% | 32.650 | 29.428% | 22.643 | 9.824% | 0.000 7 | 388 |
| 2015Q4 | 0.309 | 77.389% | 31.523 | 21.098% | 22.706 | 15.437% | 0.000 2 | 433 |
| 2016Q1 | 0.068 | 54.415% | 9.475 | 8.624% | 22.534 | 10.288% | 0.000 4 | 460 |
| 2016Q2 | 0.237 | 65.500% | 16.964 | 14.409% | 22.622 | 14.642% | 0.000 2 | 454 |
| 2016Q3 | 0.095 | 52.707% | 6.770 | 4.862% | 22.696 | 9.513% | 0.000 1 | 479 |
| 2016Q4 | 0.120 | 56.068% | 10.034 | 10.624% | 22.714 | 14.303% | 0.000 1 | 495 |

注：#stocks 为各季度高基金持股组合下的股票数量

从表 7.1 和表 7.2 可以发现，在 2004~2009 年的 24 个季度中，共有 15 个季度的 $\beta_{HI}$ 均值显著为负，占该研究期间的 62.5%。在 2010~2016 年，$\beta_{HI}$ 大于 0 的比例分布在 51.21%~77.39% 的范围内，$\beta_{HI}$ 的均值落在 0.029~0.365，且每一季度各类样本整体 $\beta_{HI}$ 均值的 t 检验都非常显著。这一结果，一方面和张玉龙等（2012）、王辉和黄建兵（2014）分别发现存在正、负的流动性共变类似；另一方面，这也表明我国个股之间流动性共变是存在时变性的。在 2004~2009 年，我国个股流动性与高基金持股组合流动性之间并不存在明显的共变关系，而在 2010~2016 年，则表现出强烈的高基金持股组合流动性共变,即假设 7.1 得到验证。另外,从表 7.2 中可以看出,组合中股票的市值和非流动性水平总体变化很小,这表明基金可能更偏好于投资某种特定风格的股票,后续的研究中将控制这些特征。

## 7.5 基金持股对流动性共变的影响:成因及渠道分析

为更加准确地考察基金的相关交易需求对流动性共变的影响,最终选取 2010~2016 年的高基金持股组合流动性共变作为研究对象。在剔除数据不完全和异常的样本后,得到 2 968 家上市公司 55 933 个样本观测值。表 7.3 给出了主要变量的描述性统计。

表 7.3 主要变量的描述性统计

| 变量 | 名称 | 均值 | 标准差 | 最小值 | 中位数 | 最大值 |
| --- | --- | --- | --- | --- | --- | --- |
| Fund_ratio | 基金持股比例 | 5.502 | 8.685 | 0.133 | 1.853 | 81.109 |
| HM | 羊群行为 | 0.094 | 0.155 | −0.249 | 0.062 | 0.489 |
| BHM | 买方羊群行为 | −0.010 | 0.102 | −0.197 | −0.108 | 0.301 |
| SHM | 卖方羊群行为 | −0.016 | 0.096 | −0.196 | −0.017 | 0.274 |
| Agg_Flow | 总净资金流水平 | 0.252% | 0.317% | −1.298% | 0.098% | 1.457% |
| ln(mv) | 股票市值 | 22.133 | 1.141 | 19.099 | 22.051 | 28.339 |
| Illiq(avg) | 季度非流动性水平 | 0.001 | 0.001 | 0.000 | 0.000 | 0.030 |
| Turnover | 季度换手率 | 153.389% | 138.933% | 0.422% | 113.503% | 1 890.381% |
| Qret | 市场季度收益率 | 0.060% | 0.300% | −0.711% | 0.014% | 17.573% |
| Volty | 市场波动率 | 0.014% | 0.006% | 0.008% | 0.012% | 0.033% |
| BM | 账面市值比 | 0.365 | 0.234 | 0.000 | 0.313 | 3.289 |

表 7.3 数据显示:第一,从基金持股比例看,基金的季度平均持股比例为 5.502%,标准差为 8.685%,最大值为 81.109%,是平均持股比例的 16 倍多,这表明我国基金持股比例总体变化较大,波动较高;第二,从羊群行为看,羊群行为测度 HM 的均值为 0.094,标准差为 0.155,而对羊群行为的方向进行区分后,买方羊群行为测度 BHM 的均值为 0.010,标准差为 0.102,卖方羊群行为测度 SHM 的均值为−0.016,标准差为 0.096;第三,对于基金的季度总净资金流水平 Agg_Flow,其值在−1.298%~1.457%变化,均值为 0.252%,这表明在样本期间,基金总体上呈现资金内流的局面。

### 7.5.1 基金持股比例对流动性共变的影响

为了验证假设 7.2,在验证我国个股流动性与高基金持股组合流动性之间存在流动性共变的基础上,采用组合分析和多元回归分析两个方法实证考察基金持股比例与高基金持股组合流动性共变 $\beta_{HI}$ 之间的关系。根据需求因素的解释,对于基金持股比例较高的股票,其流动性与高基金持股组合之间应存在更高的流动性共变。

1. 组合分析

表 7.4 列示了基金持股比例对流动性共变影响的组合分析。其中 Panel A 显示的是依据基金持股比例进行单向排序的结果,即对于每一季度 $t$,将股票依 $t-1$ 季度的基金持股比例 Fund_ratio 由低到高分为 5 组(低,2,3,4,高),在此基础上,计算各组的 $\beta_{HI}$ 均值,最高基金持股比例分组 High 组与最低基金持股比例分组 Low 组之间 $\beta_{HI}$ 均值的差异以及 $t$ 检验结果。观察 Panel A 可知:正如相关交易假设所预期,$\beta_{HI}$ 均值随基金持股比例的增加而单调增加,Low 组的 $\beta_{HI}$ 均值为 0.126,且与 High 组的 $\beta_{HI}$ 均值 0.212 相比,两者之间的差异显著,这表明被基金高度持有的股票之间的流动性共变更为强烈,这和假设 7.2 一致。

**表 7.4　基金持股比例对流动性共变影响的组合分析**

| 分组 | | 低 | 2 | 3 | 4 | 高 | 高−低 | $t$ 值 |
|---|---|---|---|---|---|---|---|---|
| | | \multicolumn{7}{c|}{Panel A:$\beta_{HI}$ 均值,$t-1$ 季度基金持股比例单向排序} |
| 分组 | | 低 | 2 | 3 | 4 | 高 | 高−低 | $t$ 值 |
| | | 0.126 | 0.134 | 0.141 | 0.155 | 0.212 | 0.086*** | (8.39) |

Panel B:$\beta_{HI}$ 均值,先依 $t-1$ 季度市值或非流动性排序,再依 $t-1$ 季度基金持股比例排序的双向排序

| 分组 | | 低 | 2 | 3 | 4 | 高 | 高−低 | $t$ 值 |
|---|---|---|---|---|---|---|---|---|
| 市值 | 小 | 0.223 | 0.186 | 0.222 | 0.230 | 0.232 | 0.009 | (0.46) |
| | 2 | 0.126 | 0.162 | 0.162 | 0.185 | 0.225 | 0.099*** | (5.60) |
| | 3 | 0.127 | 0.143 | 0.159 | 0.168 | 0.238 | 0.111*** | (6.22) |
| | 4 | 0.120 | 0.130 | 0.138 | 0.184 | 0.213 | 0.093*** | (5.50) |
| | 大 | 0.028 | 0.027 | 0.067 | 0.104 | 0.158 | 0.130*** | (7.65) |
| 分组 | | 低 | 2 | 3 | 4 | 高 | 高−低 | $t$ 值 |
| 非流动性 | 低 | 0.085 | 0.040 | 0.084 | 0.129 | 0.191 | 0.106*** | (6.25) |
| | 2 | 0.132 | 0.105 | 0.129 | 0.186 | 0.184 | 0.051*** | (3.08) |
| | 3 | 0.131 | 0.140 | 0.166 | 0.195 | 0.212 | 0.081*** | (4.71) |
| | 4 | 0.170 | 0.180 | 0.168 | 0.186 | 0.245 | 0.075*** | (4.18) |
| | 高 | 0.212 | 0.138 | 0.168 | 0.186 | 0.214 | 0.002 | (0.10) |

***表示显著性水平为 1%

考虑到机构投资者通常更偏好投资大市值、流动性好的股票，表 7.2 也发现基金投资可能受到市值和非流动性水平的影响，因此，为避免上述结果因机构投资者的特定持股偏好所致，进一步进行双向排序。首先，对于每一个季度 $t$，将股票依 $t-1$ 季度的市值水平 ln（mv）或非流动性水平 Illiq（avg）分为 5 组，其次，在上述各分组下再依据 $t-1$ 季度的基金持股比例 Fund_ratio 分为 5 组，最终得到共 2 × 25=50（个）组合。

表 7.4 中 Panel B 给出了双向排序下各组合 $\beta_{HI}$ 均值的结果。观察 Panel B 可知，在公司市值 ln（mv）和非流动性水平 Illiq（avg）的各分组下，$\beta_{HI}$ 均值整体上依然随基金持股比例的增长而增加，这与 Panel A 得出的结论一致。此外，对于低市值组合和高非流动性组合，高基金持股比例 High 组与低基金持股比例 Low 组之间 $\beta_{HI}$ 均值的差异并不显著，这恰好是因机构投资者的特定持股偏好所致。相对于小市值、流动性差的股票而言，基金更集中于投资大市值、流动性好的股票。因此，基金的相关交易需求更可能会致使大市值、流动性好的股票之间出现强烈的流动性共变。

2. 多元回归分析

为进一步考察基金持股比例 Fund_ratio 对高基金持股组合流动性共变 $\beta_{HI}$ 的影响，构造如下回归模型。

$$\beta_{HI,t} = \alpha + \beta_1 \text{Fund\_ratio}_{i,t-1} + \beta_2 \ln(\text{mv})_{i,t-1} + \beta_3 \text{Illiq(avg)}_{i,t-1} \\ + \beta_4 \text{Turnover}_{i,t-1} + \beta_5 \text{Qret}_{i,t-1} + \beta_6 \text{Volty}_{i,t-1} + \beta_7 \text{BM}_{i,t-1} + \varepsilon_{i,t} \quad (7.10)$$

其中，公司市值 ln（mv）、非流动性水平 Illiq（avg）、换手率 Turnover、账面市值比 BM 及市场收益率 Qret、市场波动率 Volty 为控制变量，纳入式（7.10）中。

表 7.5 列示了基金持股比例对流动性共变影响的回归分析。特别地，回归中控制了时间固定效应，因此排除了上述结论由 Kamara 等（2008）认为的基金持股水平和流动性共变的共同时间趋势所致。此外，导致上述结果的另一种可能解释是基金管理者对特定特征的股票的偏好与 $\beta_{HI}$ 相关，为此，回归中又控制了个体固定效应，以排除任何时间不变的企业层面特征对 $\beta_{HI}$ 的影响。

表 7.5　基金持股比例对流动性共变影响的回归分析

| 变量 | 面板回归 | | Fama-MacBeth 回归 | |
|---|---|---|---|---|
| | （1） | （2） | （3） | （4） |
| 截距项 | −0.301<br>(−0.90) | −0.281<br>(−0.84) | 0.578***<br>(5.07) | 0.572***<br>(4.97) |
| 基金持股比例 | 0.179***<br>(4.54) | | 0.204***<br>(7.16) | |

续表

| 变量 | 面板回归 | | Fama-MacBeth 回归 | |
|---|---|---|---|---|
| | （1） | （2） | （3） | （4） |
| 虚拟变量（基金持股比例） | | 0.036***<br>（4.55） | | 0.048***<br>（10.72） |
| 市值 | 0.027***<br>（4.01） | 0.025***<br>（3.72） | −0.037***<br>（−4.13） | −0.037***<br>（−4.11） |
| 非流动性 | 0.536<br>（1.17） | 0.532<br>（1.16） | 7.057<br>（0.89） | 5.985<br>（0.87） |
| 换手率 | 0.003<br>（1.29） | 0.003<br>（1.12） | 0.005***<br>（2.86） | 0.004***<br>（2.71） |
| 市场收益率 | 0.009<br>（0.84） | 0.011<br>（0.98） | 0.003<br>（0.28） | 0.003<br>（0.28） |
| 市场波动率 | 9.665*<br>（1.70） | 9.456*<br>（1.67） | −5.352<br>（−0.36） | −4.491<br>（−0.3） |
| 账面市值比 | −0.163***<br>（−6.55） | −0.169***<br>（−6.93） | −0.151***<br>（−2.93） | −0.154***<br>（−3.14） |
| 时间效应 | 已控制 | 已控制 | 未控制 | 未控制 |
| 企业效应 | 已控制 | 已控制 | 未控制 | 未控制 |
| 观测值 | 55 933 | 55 933 | 55 933 | 55 933 |
| 调整 $R^2$ | 0.107 | 0.107 | 0.032 | 0.030 |
| 豪斯曼检验 | 143.93*** | 139.35*** | | |

\*、\*\*\*分别表示显著性水平为10%、1%

注：Fama-MacBeth 回归经过了 Newey-West 调整

表7.5第（1）列的结果显示，基金持股比例 Fund_ratio 的回归系数为0.179，且在1%的水平上显著。可见，随着基金对股票持股比例的增加，该股票与高基金持股组合会表现出更为强烈的流动性共变，这与组合分析得出的结论一致。

3. 稳健性分析

为保证基金持股比例 Fund_ratio 与 $\beta_{HI}$ 关系研究结论的稳定性，进行如下稳健性检验。首先，对式（7.10）采用另一种回归方法。表7.5第（3）列给出了对式（7.10）进行 Fama-MacBeth 回归的结果，结果显示，基金持股比例的回归系数显著为正，说明基金持股比例对 $\beta_{HI}$ 的正向影响仍然成立。其次，构建虚拟变量 Fund_ratio（dummy）$_{i,t-1}$，当股票 $i$ 处于 $t-1$ 季度高基金持股组合 High 组内时，Fund_ratio（dummy）$_{i,t-1}$ 取值1，否则取值0。基于此，将式（7.10）中变量 Fund_ratio$_{t-1}$ 替代为 Fund_ratio（dummy）$_{i,t-1}$ 并再次进行面板回归和 Fama-MacBeth 回归。表7.5第（2）列显示为变量替代后的面板回归结果，其中虚拟变量 Fund_ratio（dummy）

的系数为 0.036，且 $t$ 等于 4.55。结果表明，$t-1$ 季度高基金持股组合 High 组中股票在 $t$ 季度的 $\beta_{HI}$ 值会比 $t-1$ 季度非高基金持股组合中股票在 $t$ 季度的 $\beta_{HI}$ 值高 0.036。进一步地，表 7.5 第（4）列 Fama-MacBeth 回归得出的结论与第（2）列相似。这意味着高基金持股比例的股票之间存在着更为强烈的流动性共变。

综合表 7.4 的组合分析结果和表 7.5 的多元回归结果发现：基金持股比例对高基金持股组合的流动性共变 $\beta_{HI}$ 存在显著的正向影响，随着基金对股票持股比例的增加，该股票与其他较高基金持股的股票之间的流动性共变会更为强烈。因此，这一结论支持了需求因素的解释：机构投资者的相关交易需求驱动流动性共变，即假设 7.2 得到了验证。

### 7.5.2　基金持股比例对流动性共变影响的成因分析

1. 基金的羊群行为

为了验证假设 7.3a，建立如下模型考察机构基金羊群行为的存在对基金持股比例 Fund_ratio 与高基金持股组合流动性共变关系的影响：

$$\beta_{HI_{i,t}} = \alpha + \beta_1 \text{Fund\_ratio}_{i,t-1} + \beta_2 \text{Fund\_ratio}_{i,t-1} \times \text{HM}_{i,t-1} \\ + \beta_3 \text{HM}_{i,t-1} + \text{ControlVariables}_{i,t-1} + \varepsilon_{i,t} \quad (7.11)$$

其中，$\text{HM}_{i,t-1}$ 为滞后一期（$t-1$）季度基金羊群行为变量；$\text{ControlVariables}_{i,t-1}$ 为一组由 $t-1$ 季度数值度量的控制变量，具体见上文。其余变量与前文一致。表 7.6 报告了基金的羊群行为对基金持股比例与高基金持股组合流动性共变 $\beta_{HI}$ 关系影响的实证结果。

表 7.6　羊群行为对基金持股与流动性共变关系的影响

| 变量 | 面板回归 ||| Fama-MacBeth 回归 |||
|---|---|---|---|---|---|---|
| | （1） | （2） | （3） | （4） | （5） | （6） |
| 截距项 | −0.578<br>(−1.55) | 0.245<br>(0.62) | 0.144<br>(0.29) | 0.601***<br>(8.88) | 0.373***<br>(3.31) | 0.592***<br>(5.76) |
| 基金持股比例 | 0.074***<br>(3.07) | 0.079*<br>(1.84) | 0.099*<br>(1.85) | 0.067***<br>(2.67) | 0.036*<br>(1.71) | 0.111***<br>(4.38) |
| 基金持股比例×羊群行为 | 0.377*<br>(1.81) | | | 0.517**<br>(2.38) | | |
| 羊群行为 | 0.028<br>(0.89) | | | 0.032<br>(1.08) | | |
| 基金持股比例×买方羊群行为 | | 0.456<br>(0.86) | | | 0.218<br>(0.87) | |
| 买方羊群行为 | | −0.137<br>(−1.04) | | | −0.026<br>(−0.34) | |

续表

| 变量 | 面板回归 | | | Fama-MacBeth 回归 | | |
|---|---|---|---|---|---|---|
| | （1） | （2） | （3） | （4） | （5） | （6） |
| 基金持股比例×卖方羊群行为 | | | 1.159** (2.20) | | | 1.058*** (6.93) |
| 卖方羊群行为 | | | 0.068* (1.86) | | | 0.09*** (3.62) |
| 市值 | 0.022** (2.21) | 0.001 (0.05) | 0.023 (1.54) | −0.036*** (−3.31) | −0.041*** (−3.74) | −0.034*** (−3.16) |
| 非流动性 | 0.62 (1.11) | 0.467 (1.21) | −0.365 (−0.37) | 22.521 (1.33) | 17.823 (1.04) | 21.575* (1.83) |
| 换手率 | 0.012*** (2.94) | 0.007 (0.97) | 0.016** (2.51) | 0.008*** (4.88) | 0.006** (2.38) | 0.016*** (8.32) |
| 市场收益率 | −0.006 (−0.41) | −0.019 (−0.71) | 0.017 (0.73) | −0.011 (−0.71) | −0.066* (−1.94) | 0.038*** (3.33) |
| 波动率 | −5.372 (−0.31) | −22.093 (−0.78) | 5.988 (0.25) | −9.12 (−1.43) | 11.524** (2.10) | −7.48* (−1.77) |
| 账面市值比 | −0.237*** (−6.27) | −0.184*** (−3.35) | −0.271*** (−4.65) | −0.221*** (−4.99) | −0.223*** (−7.23) | −0.211*** (−4.01) |
| 时间效应 | 控制 | 控制 | 控制 | 未控制 | 未控制 | 未控制 |
| 企业效应 | 控制 | 控制 | 控制 | 未控制 | 未控制 | 未控制 |
| 观测值 | 29 979 | 14 756 | 15 523 | 29 979 | 14 756 | 15 523 |
| 调整 $R^2$ | 0.147 | 0.212 | 0.213 | 0.038 | 0.041 | 0.049 |
| 豪斯曼检验 | 62.55*** | 17.18** | 58.58*** | | | |

\*、\*\*、\*\*\*分别表示显著性水平为10%、5%、1%

注：Fama-MacBeth 回归经过了 Newey-West 调整

在表 7.6 第（1）列中，基金持股比例的系数为 0.074（显著性水平为 1%），交互项基金持股比例×羊群行为的系数为 0.377（显著性水平为 10%）；在第（4）列的 Fama-MacBeth 回归结果中，基金持股比例的系数为 0.067（显著性水平为 1%），交互项基金持股比例×羊群行为的系数为 0.517（显著性水平为 5%）。这一结果说明基金羊群行为的存在进一步促进基金相关交易导致的流动性共变，意味着基金的羊群行为会使彼此间产生相关的交易需求，进而导致出现流动性共变。因此，假设 7.3a 得到验证。

表 7.6 还报告了在区分基金羊群行为的方向下，买方羊群行为 BHM 和卖方羊群行为 SHM 对基金持股与高基金持股组合流动性共变 $\beta_{HI}$ 关系影响的实证结果。在第（2）列和第（5）列中，基金持股比例的系数虽均显著为正，但交互项基金持股比例×买方羊群行为的回归系数并不显著；而在第（3）列和第（6）列

中，除基金持股比例的系数均显著为正外，交互项基金持股比例×卖方羊群行为的回归系数同样显著为正，说明我国基金的卖方羊群行为引起的相关流动性需求会引发更为强烈的流动性共变。

2. 资金流冲击

资金流变化引起的流动性需求可能会导致机构投资者面临较大的买入压力或卖出压力，因此，在基金公司经历资金流冲击期间，基金持股比例 Fund_ratio 与 $\beta_{HI}$ 之间的关系应该会更强。基于此，为了验证假设 7.3b，实证考察面临的资金流冲击对基金持股比例与高基金持股组合流动性共变 $\beta_{HI}$ 关系的影响，参照 Chen 等（2013）、Koch 等（2016）的研究，构造如下回归模型：

$$\beta_{HI_{i,t}} = \alpha + \beta_1 Fund\_ratio_{i,t-1} + \beta_2 Fund\_ratio_{i,t-1} \times InFlow_{t-1} \\ + ControlVariables_{i,t-1} + \varepsilon_{i,t} \quad (7.12)$$

其中，资金流冲击 $InFlow_{t-1}$ 为虚拟变量，若 $t-1$ 季度总净资金流 Agg_Flow 大于 0，则 $InFlow_{t-1}$ 取值 1，否则取值 0。其他变量定义同上。

表 7.7 报告了基金面临资金流冲击对基金持股比例与高基金持股组合流动性共变 $\beta_{HI}$ 影响的实证结果。由表 7.7 第（1）列可知，基金持股比例 Fund_ratio 的回归系数在 1%的水平上显著为正，交互项基金持股比例×资金流冲击 Fund_ratio×InFlow 的回归系数为 0.146，且在 1%的水平上显著。此外，进一步构建另外两个虚拟变量：流入资金冲击 $HiInFlow_{t-1}$ 和流出资金冲击 $HiOutFlow_{t-1}$。当 $Agg\_Flow_{t-1}$ 处于所有季度总净资金流的前 10%时，$HiInFlow_{t-1}$ 取值 1，否则取值 0；当 $Agg\_Flow_{t-1}$ 处于所有季度总净资金流的后 10%时，$HiOutFlow_{t-1}$ 取值 1，否则取值 0。表 7.7 第（2）~（4）列显示的是变量流入资金冲击 $HiInFlow_{t-1}$ 和流出资金冲击 $HiOutFlow_{t-1}$ 在式（7.12）下的实证回归结果。在表 7.7 第（2）~（4）列中，尽管基金持股比例 Fund_ratio 回归系数均在 1%的水平上显著为正，但对于交互项基金持股比例×流入资金冲击和基金持股比例×流出资金冲击的回归结果而言，仅基金持股比例×流入资金冲击的回归系数均显著为正（1%水平下）。结果表明，我国基金面临资金流冲击，特别是资金内流冲击时所导致的相关交易需求会引发流动性共变，因此，假设 7.3b 得到验证。

表 7.7 资金流冲击对基金持股比例与流动性共变关系的影响

| 变量 | （1） | （2） | （3） | （4） |
| --- | --- | --- | --- | --- |
| 截距项 | 0.443*** <br>（8.84） | 0.443*** <br>（8.85） | 0.443*** <br>（8.84） | 0.442*** <br>（8.82） |
| 基金持股比例 | 0.254*** <br>（6.74） | 0.262*** <br>（8.80） | 0.245*** <br>（8.20） | 0.272*** <br>（8.73） |

续表

| 变量 | (1) | (2) | (3) | (4) |
|---|---|---|---|---|
| 基金持股比例×资金流冲击 | 0.146*** <br> (3.09) | | | |
| 基金持股比例×流入资金冲击 | | 0.302*** <br> (2.96) | | 0.310*** <br> (3.05) |
| 基金持股比例×流出资金冲击 | | | −0.081 <br> (−0.83) | −0.108 <br> (−1.09) |
| 市值 | −0.041*** <br> (−16.09) | −0.041*** <br> (−16.14) | −0.041*** <br> (−16.09) | −0.041*** <br> (−16.12) |
| 非流动性 | 0.319 <br> (0.74) | 0.320 <br> (0.74) | 0.319 <br> (0.74) | 0.322 <br> (0.75) |
| 换手率 | 0.003 <br> (1.54) | 0.003 <br> (1.51) | 0.003 <br> (1.52) | 0.003 <br> (1.49) |
| 市场收益率 | 0.016 <br> (1.47) | 0.016 <br> (1.52) | 0.016 <br> (1.47) | 0.016 <br> (1.51) |
| 波动率 | 7.884 <br> (1.43) | 7.927 <br> (1.44) | 7.928 <br> (1.44) | 7.993 <br> (1.45) |
| 账面市值比 | −0.189*** <br> (−15.77) | −0.189*** <br> (−15.72) | −0.189*** <br> (−15.73) | −0.188*** <br> (−15.67) |
| 时间效应 | 控制 | 控制 | 控制 | 控制 |
| 观测值 | 55 933 | 55 933 | 55 933 | 55 933 |
| 调整 $R^2$ | 0.050 | 0.051 | 0.051 | 0.051 |
| 豪斯曼检验 | 143.81*** | 143.98*** | 143.25*** | 143.09*** |

\*\*\*表示显著性水平为1%

综合表7.6和表7.7的回归结果看，基金的羊群行为和面临的资金流冲击所引起的相关交易需求确实会引发流动性共变。对于基金的羊群行为，我国资本市场中强烈的投机氛围和基金经理面临的业绩排名压力会致使机构投资者放弃自己的投资决策而采取跟随他人的交易，最终由此导致的相关交易需求引发流动性共变。对于基金面临的资金流冲击，会导致基金产生大量相关的买入压力和卖出压力，进而最终引发流动性共变。

### 7.5.3 基金持股比例对流动性共变影响的渠道分析

1. "共有所有权"渠道和"相关流动性冲击"渠道

Greenwood和Thesmar（2011）研究股价脆弱性时发现，面临相关流动性冲击时,即使基金未重叠持有(即共同持有)股票,通过对非重叠持有的股票进行交易也会引起股价同步性。Antón 和 Polk(2014)的研究认为,基金对两只股票的共有所有权是引起这两只股票收益相关的重要影响因素。Koch 等(2016)进一步的实证研究表明,美国的基金通过"共有所有权"渠道和"相关流动性冲击"渠道使得其相关交易需求引发流动性共变。因此,参照 Koch 等(2016)的方法验证假设 7.4a 和假设 7.4b。

首先,在研究期间内的每一个季度 $t$,对其中的股票样本任意选取两只股票进行两两配对,并通过如下模型计算每对股票在 $t$ 季度的流动性之间的相关程度。

$$\rho_{i,j,t} = \text{Corr}\left(\Delta\text{Illiq}_{i,d,t}, \Delta\text{Illiq}_{j,d,t}\right) \quad (7.13)$$

其中,$\rho_{i,j,t}$ 为股票 $i$ 和股票 $j$ 在 $t$ 季度流动性之间的相关系数;$\Delta\text{Illiq}_{i,d,t}$ 和 $\Delta\text{Illiq}_{j,d,t}$ 分别为股票 $i$ 和股票 $j$ 在 $t$ 季度内 $d$ 交易日的非流动性变化。

其次,对 $t$ 季度内每两两配对的股票 $i$ 和 $j$,计算共同持有这对股票的所有基金持有相应股票 $i$ 和 $j$ 的持股比例之和 SumComFund_ratio,并将其作为共有所有权的测度,具体计算方法如下:

$$\text{SumComFund\_ratio}_{i,j,t} = \sum_{f=1}^{F}\left(\text{Fund\_ratio}_{i,t}^{f} + \text{Fund\_ratio}_{j,t}^{f}\right) \quad (7.14)$$

其中,$\text{Fund\_ratio}_{i,t}^{f}$ 为基金 $f$ 对股票 $i$ 的持股比例;$\text{Fund\_ratio}_{j,t}^{f}$ 为基金 $f$ 对股票 $j$ 的持股比例。

再次,为了考察"相关流动性冲击"渠道,对 $t$ 季度内每两两配对的股票 $i$ 和 $j$,计算持有其中任意一只股票 $i$ 或 $j$ 的基金相应的持股比例之和 SumFund_ratio。

$$\text{SumFund\_ratio}_{i,j,t} = \sum_{f=1}^{F}\text{Fund\_ratio}_{i,t}^{f} + \sum_{k=1}^{K}\text{Fund\_ratio}_{j,t}^{K}, \ f \neq k \quad (7.15)$$

其中,$\text{Fund\_ratio}_{i,t}^{f}$ 为基金 $f$ 对股票 $i$ 的持股比例;$\text{Fund\_ratio}_{j,t}^{k}$ 为基金 $k$ 对股票 $j$ 的持股比例。

最后,进一步对变量共有所有权 $\text{SumComFund\_ratio}_{i,j,t}$ 和相关流动性冲击 $\text{SumFund\_ratio}_{i,j,t}$ 在各季度 $t$ 内进行标准化处理。

为了区分上述两个渠道,将每对股票的流动性相关系数 $\rho_{i,j,t}$ 进行如下回归。

$$\rho_{i,j,t} = \alpha + \beta_f \text{SumComFund\_ratio}_{i,j,t-1} + \sum_{k=1}^{n}\beta_k \text{ControlVariables}_{i,j,t-1,k} + \varepsilon_{i,j,t} \quad (7.16)$$

$$\rho_{i,j,t} = \alpha + \beta_f \text{SumFund\_ratio}_{i,j,t-1} + \sum_{k=1}^{n}\beta_k \text{ControlVariables}_{i,j,t-1,k} + \varepsilon_{i,j,t} \quad (7.17)$$

其中,$\text{ControlVariables}_{i,j,t-1}$ 为一组控制变量,包括股票 $i$ 和股票 $j$ 的公司市值 $\ln(\text{mv})$、非流动性水平 Illiq(avg)、换手率 Turnover、市场收益 Qret、市场波动率 Volty 及账面市值比 BM。

## 2. 影响渠道的实证分析

表 7.8 列示了股票配对后基金和股票的描述性统计。

**表 7.8 股票配对后基金和股票的描述性统计**

Panel A：股票总数、基金总数、股票配对总数及相关系数均值

| 年份 | 股票总数/只 | 基金总数/只 | 股票配对总数/对 | 相关系数均值 |
| --- | --- | --- | --- | --- |
| 2010 | 1 864 | 691 | 11 512 268 | 0.146 |
| 2011 | 2 165 | 899 | 16 141 792 | 0.169 |
| 2012 | 2 359 | 1 076 | 19 978 868 | 0.185 |
| 2013 | 2 374 | 1 206 | 20 336 540 | 0.128 |
| 2014 | 2 468 | 1 475 | 19 199 460 | 0.098 |
| 2015 | 2 680 | 2 635 | 19 443 630 | 0.174 |
| 2016 | 2 865 | 3 377 | 25 420 384 | 0.226 |

Panel B：每股票对中，同时持有两只股票的基金总数和任意持有其中一只股票的基金总数

| 年份 | 均值 同时持有 | 均值 任意持有 | 中值 同时持有 | 中值 任意持有 | 标准差 同时持有 | 标准差 任意持有 | 最小值 同时持有 | 最小值 任意持有 | 最大值 同时持有 | 最大值 任意持有 |
| --- | --- | --- | --- | --- | --- | --- | --- | --- | --- | --- |
| 2010 | 2.311 | 27.268 | 1 | 9 | 4.698 | 62.877 | 1 | 1 | 188 | 374 |
| 2011 | 2.365 | 29.823 | 1 | 8 | 4.881 | 73.538 | 1 | 1 | 143 | 587 |
| 2012 | 2.582 | 35.904 | 1 | 8 | 6.609 | 97.153 | 1 | 1 | 245 | 798 |
| 2013 | 2.667 | 40.153 | 1 | 11 | 6.012 | 94.418 | 1 | 1 | 188 | 905 |
| 2014 | 2.174 | 36.773 | 1 | 14 | 4.696 | 77.95 | 1 | 1 | 228 | 948 |
| 2015 | 2.167 | 41.309 | 1 | 19 | 4.863 | 79.025 | 1 | 1 | 272 | 1 437 |
| 2016 | 2.296 | 64.139 | 1 | 29 | 4.533 | 112.360 | 1 | 1 | 265 | 1 863 |

表 7.8 中 Panel A 报告了 2010~2016 年各年度的股票总数、基金总数、股票配对总数及相关系数均值。观察 Panel A，2010 年，对 1 864 只股票进行两两配对后，全年共有 11 512 268 对股票组合，相关系数均值为 0.146；2016 年，对 2 865 只股票进行两两配对后，全年共有 25 420 384 对股票组合，相应的相关系数 $\rho_{i,j}$ 的均值为 0.226。Panel B 报告了 2010~2016 年各年度的股票配对中，同时持有两只股票的基金总数和任意持有其中一只股票的基金总数的描述性统计特征。观察 Panel B，2010~2016 年各年度，平均有 2 只基金持有两只相同的股票；而对于任意持有其中一只股票的基金数量而言，2010 年为平均 27 只，2016 年为平均 64 只。2010 年，

同时持有两只股票的基金最多为188只，2016年，最多为265只基金；2010年，任意持有其中一只股票的基金最多为374只，2016年，最多为1 863只。

表7.9报告了式（7.16）和式（7.17）经Newey-West调整后的Fama-MacBeth回归结果。在第（1）列中，共有所有权SumComFund_ratio的回归系数为-0.000 2，在统计意义上不显著。在第（2）列中，相关流动性冲击SumFund_ratio的回归系数为0.017，在1%的水平上显著。表7.9第（3）列给出了将变量SumComFund_ratio和SumFund_ratio置于同一回归模型的Fama-MacBeth回归结果，可以发现，变量SumComFund_ratio的回归系数不显著，而SumFund_ratio的回归系数在1%的水平上显著为正。这些结果说明，"共有所有权"渠道并未在解释我国流动性共变上发挥作用，但基金非重叠持股结构下的交易会引起流动性共变，即存在"相关流动性冲击"渠道使得基金间的相关交易驱动我国流动性共变。

表7.9 流动性相关系数与基金持股情况

| 变量 | （1） | （2） | （3） | （4） | （5） | （6） |
| --- | --- | --- | --- | --- | --- | --- |
| 截距项 | 0.029<br>(0.81) | 0.196***<br>(4.51) | 0.083**<br>(2.25) | 0.028<br>(0.75) | 0.183***<br>(4.18) | 0.110***<br>(3.58) |
| 共有所有权 | -0.000 2<br>(-0.67) |  | 0.008<br>(0.81) |  |  |  |
| 相关流动性冲击 |  | 0.017***<br>(12.05) | 0.015***<br>(10.46) |  |  |  |
| 共同所有权持股<br>比例乘积 |  |  |  | 0.001<br>(0.79) |  | 0.001<br>(0.35) |
| 关流动性冲击持股<br>比例乘积 |  |  |  |  | 0.003***<br>(10.53) | 0.005***<br>(13.64) |
| 控制变量 | 控制 | 控制 | 控制 | 控制 | 控制 | 控制 |
| 观测值 | 1 150 361 | 86 600 968 | 1 150 361 | 1 150 361 | 86 600 968 | 1 150 361 |
| 调整$R^2$ | 0.023 | 0.022 | 0.038 | 0.023 | 0.011 | 0.017 |

**、***分别表示显著性水平为5%、1%

借鉴Koch等（2016）的做法，进一步构造变量Interaction of ComFund_ratio（Interaction of Fund_ratio）替代SumComFund_ratio（SumFund_ratio），并再次进行回归，以确保上述分析结果的可靠性。其中，变量Interaction of ComFund_ratio为$t$季度内各股票配对中，共同持有股票$i$和$j$的所有基金持有相应持股比例的乘积，称为共同所有权持股比例乘积。

$$\text{Interaction of ComFund\_ratio}_{i,j,t} = \prod_{f=1}^{F} \text{Fund\_ratio}_{i,t}^{f} \times \text{Fund\_ratio}_{j,t}^{f} \quad (7.18)$$

变量Interaction of Fund_ratio则为$t$季度内各股票配对中，任意持有其中一只股票$i$或$j$的基金相应的持股比例乘积，称为相关流动性冲击持股比例乘积。

$$\text{Interaction of Fund\_ratio}_{i,j,t} = \prod_{f=1}^{F} \text{Fund\_ratio}_{i,t}^{f} \times \prod_{k=1}^{K} \text{Fund\_ratio}_{j,t}^{K}, f \neq k \quad (7.19)$$

同样地，在回归前对变量 Interaction of ComFund_ratio$_{i,j,t}$ 和 Interaction of Fund_ratio$_{i,j,t}$ 在各季度 $t$ 内进行了标准化处理。表 7.9 第（4）~（6）列给出了替代变量后的模型回归结果。从中可以看出，同先前的回归结果一致，变量共同所有权持股比例乘积 Interaction of ComFund_ratio 对两股票流动性之间的相关系数的影响并不显著，而变量相关流动性冲击持股比例乘积 Interaction of Fund_ratio 则具有显著的正向影响。

上述回归结果表明，在我国基金的相关交易引起流动性共变的过程中，对于基金的共有所有权持股结构以及基金的非重叠持股结构而言，只有基金的非重叠持股结构会导致流动性共变。这意味着，在我国股票市场上，"共有所有权"渠道并未在解释我国流动性共变上发挥作用，而"相关流动性冲击"渠道则会使基金间的相关交易行为引发流动性共变。因此，结论支持假设 7.4a，而不支持假设 7.4b。

在股市下跌时强烈的流动性共变会导致市场出现流动性枯竭，因此，研究驱动流动性共变的成因及其渠道十分重要。本章站在流动性需求视角，试图考察我国基金的相关交易是否是引起流动性共变的重要原因。以 2004~2016 年基金的季度持股数据作为其相关交易的代理指标，在控制市场流动性的基础上计算高基金持股组合流动性贝塔衡量流动性共变，进一步实证检验高基金持股组合流动性贝塔与基金持股比例之间的关系。结果发现，2004~2009 年和 2010~2016 年流动性共变存在着由负转正的时变过程。在 2010~2016 年，随着基金对股票持有比例的增加，股票与高基金持股组合之间的流动性共变会变得更为强烈，这一发现为基金的相关交易驱动流动性共变提供证据支持。

进一步探讨我国基金出于何种原因使得彼此间的交易需求相关并最终导致出现流动性共变。结果发现，羊群行为和面临的资金流冲击是导致基金出现相关交易需求的重要解释，特别地，基金的相关交易需求在出现卖方羊群行或面临资金内流冲击时会表现得更为明显。我国基金主要通过"相关流动性冲击"渠道，而非"共有所有权"渠道，使彼此间的交易需求相关进而引发流动性共变。

本章研究表明，在引发流动性共变的因素中，机构投资者的相关交易扮演着至关重要的角色。随着我国机构投资者队伍的壮大和快速发展，相关监管部门应加强引导和教育机构投资者注重理性、长期投资的价值理念，尽可能地避免进行从众跟风式的盲目交易。本章发现，基金持股比例高的股票流动性之间的共变程度会更为强烈，并且基金之间的流动性冲击会有溢出效应，因此，监管者应特别注重和规范机构对重仓股的交易，以更好地推动机构投资者"市场稳定器"的作用。

# 第 8 章 货币政策、财政政策与股票流动性的时变冲击

## 8.1 股票流动性的政策影响

我国股票市场 2015 年后多次出现交易流动性危机,很多股票成交量下降、换手率很低,处于流动性较低的状态,尤其是在 2018~2019 年的不同阶段多次表现出整体成交量持续偏低和股票流动性出现明显分化的现象[①]。理论上,当股票市场出现流动性危机时,持股者争先抛售股票,与此同时,市场缺乏交易对手,又进一步导致更多的投资者抛售股票,形成恶性循环,导致股票交易无法正常进行,极大地影响投资者投资于股票市场的信心,对股票市场的正常运行产生不利影响(Huang and Wang,2009)。因此,无论是股票交易还是维护市场稳定都需要关注流动性低迷问题。我国股票市场换手率较高,受到流动性的影响较大,而宏观政策对市场流动性的影响比较明显,因此股市的表现受宏观政策的影响较大。A股市场出现股票流动性偏低乃至流动性严重不足的问题,宏观经济政策的变化可能也是一个重要原因。因此,研究股票流动性的宏观政策影响因素及其产生的时变冲击,对于更好地使用宏观政策工具并化解我国股票市场流动性风险,尤其在极端市场时,是有参考作用的。

国内外学者的研究发现宏观政策与股票流动性存在一定的关系,但已有研究主要集中于货币政策对股票流动性的影响(Fernández-Amador et al.,2013;Chu,2015;Chowdhury et al.,2018),关于财政政策对股市流动性影响的研究则较少(Gagnon and Gimet,2013)。此外,货币政策和财政政策工具较多,如何选择变

---

[①] A 股交易额持续分化:二八倒挂趋势明显. 21 世纪经济报道,2018-06-20;从万亿成交到重归地量、A 股市场交易生态悄然生变. 上海证券报,2019-12-06;活跃度太差,有股票半小时零成交!这只百亿龙头股也陷入地量成交. http://finance.ifeng.com/c/7rnlyEkb8QS,2019-11-22.

量存在争议。传统的研究方法大多为基于最小二乘法建立的高维线性模型,在解释股票流动性问题中存在模型过于复杂、解释的准确性降低等问题,而机器学习中 LASSO 回归算法可以较好地解决模型中变量选择问题,并在股票市场的研究中得到广泛应用(王国长等,2019)。国内研究关注货币政策对股市流动性的影响,但是较少考虑财政政策和多种政策工具差异及时变效应(何志刚和王鹏,2011;金春雨和张浩博,2016;董直庆和王林辉,2008;田金方和王文静,2018)。因此,本章首先研究股票市场整体流动性和个股流动性的政策影响因素,通过 VAR 模型及格兰杰因果检验和脉冲响应函数,研究货币政策和财政政策对股票市场整体流动性的影响;其次,通过固定效应的面板回归模型,从微观角度探究政策变量对于个股流动性的影响,并以公司规模进行分组回归,考察大小公司受到流动性冲击的差异;最后,通过自适应 LASSO 回归从动态角度研究宏观政策对于股票流动性影响的时变效应,区分货币政策和财政政策中不同政策工具影响的差异。

相较于已有文献,可能的创新之处有以下几个方面:首先,同时将货币政策和财政政策纳入影响股票流动性的宏观政策因素中,并从宏观股票市场和微观个股两个角度更加全面地分析宏观政策变量与股票流动性之间的关系,已有文献主要是针对股票市场平均流动性的研究,而对个股的政策影响研究较少。其次,创新性地引入机器学习中基于稀疏设定的自适应 LASSO 算法,较好地解决因股票流动性影响因素复杂导致的模型设定不准确问题,提高检验结果的可靠性,也进一步验证机器学习算法在我国股票市场的适用性。最后,考虑到我国股票流动性的影响因素可能具有时变效应,对不同时期的宏观政策对股票流动性影响进行动态分析,并结合我国宏观政策变化解释股票市场流动性低迷的原因,为市场流动性冲击提供新的解释。

## 8.2 相关文献综述

国内外学者对于宏观政策与流动性的关系已有一定的研究,发现金融危机期间的信贷宽松和货币扩张政策不会显著提高股票市场的流动性(Choi and Cook, 2005;Chu, 2015);而在经济复苏及快速发展时期,宽松的货币政策可以促进市场流动性提升(何志刚和王鹏,2011;金春雨和张浩博,2016)。因此,货币政策对股票市场流动性的影响与所处经济时期关系密切。国内外关于财政政策对股票市场影响的研究则较少。基于脉冲响应函数和方差分解的对比检验,董直庆和王林辉(2008)指出财政政策冲击与股市波动性和流动性在短期内存在反向关系,不过冲击力度往往不大。国外学者则对于财政政策的影响持积极态度,认为长期积极的财政政策可以防止债务危机的爆发，从而对股票市场产生积极影响，解决资本市场及宏观经济的流动性危机问题（Spilimbergo et al.，2009；Blanchard et al.，2010）。

不同政策工具的使用也会对股票流动性产生不同效果。货币政策主要通过货币供应量、利率和汇率对投资者投资能力和投资意愿产生影响，进而对股市流动性产生影响。研究表明货币供应量增加和利率降低可以提高股票收益率，导致投资者投资于股票市场的意愿提高，从而提高股票市场的流动性（Mouna and Anis，2017）。除了货币供应量和利率两条途径外，Li 等（2018）的研究表明汇率和股票市场存在正向的交互相关关系，汇率上升有利于提高股票市场的表现，提高股票流动性。齐杨等（2017）发现汇率一方面对企业进出口贸易具有显著影响，另一方面也会引起资本流动，从而对股票流动性产生较大影响。政府购买、税收和国债发行等财政政策工具也会对股票流动性产生影响。田金方和王文静（2018）认为当政府采取扩张性财政政策，增加政府支出、降低税收时，人均税后收入水平增加，投资者投资能力提高，股市流动性提高。Jiang（2014）研究股票流动性与泰勒规则之间的关系，其结果表明当泰勒规则显示为政府应采取紧缩的财政政策时，股票流动性会降低。Gagnon 和 Gimet（2013）通过研究信贷危机时期的财政政策，发现政府财政预算刺激可以扩大国债发行规模，提高信贷总额，进而提高股票市场流动性、降低波动性。

## 8.3 样本数据与研究模型

### 8.3.1 样本选取及数据来源

选取我国沪深 A 股 2007 年 1 月至 2019 年 9 月上市公司的股票为样本，股票市场数据来源于国泰安金融数据库，宏观政策数据来源于 Choice 金融终端。为提高选取样本的可代表性，对样本做如下处理。

（1）剔除研究年内处于 ST 的股票。
（2）剔除研究年内开盘日期小于全年交易日数一半的股票。
（3）剔除上市尚未满一年的股票。
（4）剔除宏观经济变量中存在数据缺失的月份。

经处理后，研究区间选取为 2007 年 2 月至 2019 年 9 月，共计 150 个月份的 353 073 个有效样本。

### 8.3.2 变量定义

1. 股票市场平均流动性

关于股票流动性，Harris（1994）提出的四维标准，即通过宽度（交易价格偏离中间价的程度）、深度（给定报价下可以实现交易的数量）、弹性（委托不平衡的调整速度）和即时性（达成交易所需的时间长度）来度量。由于股票流动性为一个相对复杂的指标，并不能通过一个指标准确地反映出股票流动性状况（Amihud，2002），故参考金春雨和张浩博（2016）的做法，选取换手率（Turnover）和 Amihud 非流动性指标（ILLIQ）作为股票的流动性指标。

换手率是衡量股票流动性较为直观的指标，从深度方面衡量股票的流动性，Fernández-Amador 等（2013）指出换手率也在一定程度上解释了股票的平均持有期，换手率越大的股票，投资者对其的持有期越短。换手率的构建方法如下：

$$\text{Turnover}_{i,y} = \sum_{d=1}^{D_{i,y}} \frac{\text{VOL}_{i,y,d}}{\text{NSO}_{i,y}} \quad (8.1)$$

其中，$\text{VOL}_{i,y,d}$ 表示第 $i$ 只股票在第 $y$ 月第 $d$ 天的成交量；$\text{NSO}_{i,y}$ 表示该股票在第 $y$ 月的流通股数量。该指标数值越大，表明股票深度越深，股票流动性越高。

Amihud（2002）提出非流动性指标，该指标同时考虑流动性的深度和宽度两方面特征，反映交易量对于股票价格产生的冲击，构建方法如下：

$$\text{ILLIQ}_{i,y} = \frac{1}{D_{i,y}} \sum_{d=1}^{D_{i,y}} \frac{|R_{i,y,d}|}{\text{VOL}_{i,y,d}} \quad (8.2)$$

其中，$D_{i,y}$ 表示第 $i$ 只股票在第 $y$ 月的交易天数；$R_{i,y,d}$ 表示该股票第 $d$ 天的收益率。该指标反映出每一单位交易量变化引起的股票收益率变化，其数值越小，表明股票的流动性越高。在此基础上，股票市场平均流动性 AILLIQ 计算方法为

$$\text{AILLIQ}_{i,y} = \frac{1}{N_y} \sum_{i=1}^{N_y} \text{ILLIQ}_{i,y} \quad (8.3)$$

其中，$N_y$ 表示用于计算的第 $y$ 月股票市场的股票数量。

2. 货币政策

参考齐杨等（2017）的做法，选取货币供应量、利率和汇率作为货币政策的代理变量。其中，货币供应量选取 M2/GDP[①]，利率选取一年期定期存款基准利率，

---

① GDP：gross domestic product，国内生产总值。

汇率选取直接标价法下美元兑人民币汇率。

3. 财政政策

参考裴茜和朱书尚（2019）的做法，选取财政收支余额、财政支出增长率、政府债务率作为财政政策的代理变量。其中，财政收支余额选用公共财政收支余额/GDP，财政支出增长率选用国家财政预算支出当月同比增长，政府债务率选用中央政府债务/GDP。

4. 控制变量

由于宏观环境变化及微观个体差异也可能对股票的流动性产生影响，为提高模型的准确性，根据中国股票市场的特点，选取市净率、公司市值的自然对数和股票收益率作为反映微观企业特点的控制变量，并参考 Chowdhury 等（2018）的做法，选取工业生产增长率、通货膨胀率、沪深指数作为反映宏观经济因素的控制变量。

### 8.3.3 模型构建

1. VAR 模型

为了探究股票市场流动性与各宏观政策变量之间的关系，参考 Chowdhury 等（2018）选择 VAR 模型。模型构建方法如下：

$$X_t = C + \sum_{j=1}^{k} B_{i,j} X_{t-j} + u_t \tag{8.4}$$

其中，$X_t$ 代表可能存在内生性的变量，包括股票流动性、货币政策工具（货币供应量、利率、汇率）、财政政策工具（政府负债率、财政收支余额、财政支出增长率）；$C$ 代表解释变量；$B_{i,j}$ 代表 6×6 的系数矩阵（$i$ 表示 6 个政策工具变量，$j$ 为滞后阶数）；$u_t$ 代表残差向量。

2. 固定效应模型

使用面板数据模型来研究宏观政策的个股流动性效应。由于个股流动性受到市净率、公司市值、股票收益率、工业生产增长率、通货膨胀率和沪深指数等变量的影响并且存在公司个体差异，故为从微观角度探究个股流动性与宏观政策变量之间的关系，在控制公司个体效应的基础上进行面板数据回归，建立如下固定效应模型：

$$\text{LIQ}_{i,t} = c + \alpha_1 \text{MP}_{t-1} + \alpha_2 Y_{t-1} + c_i + u_{i,t} \tag{8.5}$$

$$\mathrm{LIQ}_{i,t} = c + \alpha_1 \mathrm{FP}_{t-1} + \alpha_2 Y_{t-1} + c_i + u_{i,t} \tag{8.6}$$

其中，$\mathrm{LIQ}_{i,t}$ 代表第 $i$ 只股票在 $t$ 时期的流动性；$\mathrm{MP}_{t-1}$、$\mathrm{FP}_{t-1}$ 代表 $t$-1 时期的货币政策、财政政策工具；$Y_{t-1}$ 代表 $t$-1 时期各控制变量；$c_i$ 代表各公司的固定效应。

### 3. 自适应 LASSO 回归模型

由于股票流动性受到多种因素影响，传统方法是通过最小二乘法建立高维线性模型。在处理高维数据时，如果将所有变量或信息引入模型中，将会极大地增加模型的复杂度。这种高维特征的引入使得判断模型优劣的三个重要准则——统计准确性、模型解释力和计算复杂度，都难以得到保证（Fan and Lv，2010）。因而，稀疏设定显得尤为重要。高维模型的稀疏特征，能够减少待估参数的个数，为模型的正确选择提供可靠的保证（Belloni and Chernozhukov，2011）。因此，选用自适应 LASSO 算法的回归模型研究各种政策变量对流动性的影响。

LASSO 算法由 Tibshirani（1996）提出。Zou（2006）对其进行改进提出自适应 LASSO 算法。该算法在使得模型拟合误差最小的基础上，对模型中的参数添加一个绝对值形式的惩罚项。对于多因子回归模型，自适应 LASSO 算法通过计算式（8.7）最小值求解。

$$\hat{\beta}^{\mathrm{LASSO}} = \underset{\beta_i}{\arg\min}\left(\sum_{t=1}^{T}\left(R_{i,t} - \alpha - \sum_{j=1}^{k}\beta_j x_{j,t}\right)^2 + \lambda \sum_{j=1}^{k}\omega_j |\beta_j|\right) \tag{8.7}$$

其中，$\lambda$ 为 LASSO 惩罚权重，模型参数的惩罚项可使模型的回归系数向零收缩，并且当 $\lambda \to 0$ 时，LASSO 方法的解为 OLS 解；当 $\lambda > c$ 时，其中 $c$ 为某个足够大的数，LASSO 方法解的所有系数为零；当 $0 < \lambda < c$ 时，LASSO 方法解的某些系数为零。LASSO 方法的优势在于通过添加惩罚项，将影响较小的变量的回归系数直接估计为零，从而达到剔除弱相关变量的目的，得到解释能力较强的模型。

## 8.4 实证检验结果及分析

首先，通过建立 VAR 模型和面板数据回归来研究股票市场及个股流动性的政策影响因素；其次，应用自适应 LASSO 回归探究政策对股票流动性影响的时变效应。

### 8.4.1 描述性统计

表 8.1 列出了重要变量的描述性统计结果。其中，2007 年 2 月至 2019 年 9 月，

股票市场非流动性指标均值为 4.023，标准差为 9.242，换手率指标均值为 61.352，标准差为 23.721，表明我国股票市场整体流动性较差，且个股间差异较大。

表 8.1 描述性统计

| 变量 | 均值 | 标准差 | 最大值 | 最小值 | 个数 |
| --- | --- | --- | --- | --- | --- |
| 非流动性 | 4.023 | 9.242 | 59.884 | −4.770 | 150 |
| 换手率 | 61.352 | 23.721 | 139.630 | 27.738 | 150 |
| 货币供应量 | 7.669 | 0.886 | 9.630 | 5.674 | 150 |
| 利率 | 2.488 | 0.843 | 4.140 | 1.500 | 150 |
| 汇率 | 6.621 | 0.384 | 7.739 | 6.104 | 150 |
| 政府债务率 | 15.935 | 1.236 | 19.635 | 14.091 | 150 |
| 财政收支余额 | 0.912 | 4.313 | 19.673 | −6.192 | 150 |
| 财政支出增长率 | 16.558 | 16.654 | 84.916 | −17.519 | 150 |
| 工业生产增长率 | 9.221 | 5.100 | 21.300 | 0.000 | 150 |
| 沪深指数 | 3 176.902 | 761.399 | 5 688.543 | 1 663.660 | 150 |
| 通货膨胀率 | 2.728 | 1.990 | 8.744 | −1.806 | 150 |
| 市净率 | 5.373 | 6.147 | 24.137 | −39.414 | 150 |
| 股票收益率 | 2.539 | 10.806 | 35.633 | −28.692 | 150 |
| 公司市值 | 22.439 | 0.383 | 23.336 | 21.283 | 150 |

## 8.4.2 政策对流动性的影响分析

宏观政策变量对股票市场整体流动性与个股流动性可能产生不同的作用效果。因而，从宏观和微观两个角度，分别研究政策对股票市场和个股流动性的影响。

1. 股票市场流动性的政策影响

整体股票市场的流动性可用股票平均流动性衡量。选取股票平均流动性及宏观政策变量建立 VAR 模型，以探究各宏观政策工具对整体股票市场的影响。

（1）平稳性检验。时间序列数据往往会表现出非平稳性，对非平稳性数据进行回归可能会出现"伪回归"。数据的平稳性与否直接影响到 VAR 模型和以 VAR 模型为基础的格兰杰因果检验结果的可靠性。因而，应用 ADF 检验来检验变量的平稳性。ADF 检验结果表明所有变量在 1%的显著性水平下都是平稳的，不存在单位根。因此，可以对数据应用 VAR 模型并进行格兰杰因果检验。

（2）滞后期数选取。VAR 模型及以此为基础的格兰杰因果检验对于数据的滞后期的选择较为敏感，因而对于滞后期的选择至关重要。据此，根据滞后期判断标准选择滞后期数。经 BIC 最小等准则判断，选择滞后期数为 1，因此，建立流动性指标与宏观政策的 VAR（1）模型。

（3）格兰杰因果检验。在 VAR（1）模型的基础上，继续进行格兰杰因果检验，探究股票市场的非流动性、换手率与各宏观政策之间的因果关系。经检验，得出以下结论。

首先，在 5%显著性水平下，非流动性指标与宏观政策之间不存在显著的因果关系。可能的解释是，投资者的投资意愿受到较多因素的影响，如投资风险偏好、资产流动性需求、时间跨度及市场的投资限制、操作规则、税收等。非流动性指标和换手率更多地反映短期投资者情绪对股票收益的冲击，货币政策、财政政策等政策工具对股票市场流动性的影响长期看比较小；同时，政策冲击对于股票交易量及收益的影响具有一定的个体差异，相同的政策冲击可能对不同的股票产生相反的作用效果，因此该市场总体流动性与宏观政策之间的因果关系并不显著。

其次，在 5%显著性水平下，换手率与宏观政策存在一定的因果关系。在货币政策中，换手率与货币供应量、汇率之间存在因果关系，与利率之间因果关系较弱，说明投资者在进行股票交易时，对于利率因素考虑较少，而更多地考虑货币供应量及汇率等货币政策变化。在财政政策中，换手率与财政收支余额存在因果关系，与财政支出增长率互为因果，与政府债务率之间的因果关系较弱，说明投资者较为重视财政收支余额及财政支出变化情况。

（4）脉冲响应函数分析。为进一步探究股票市场流动性对各政策冲击的响应方向及响应程度大小，以 VAR 中 LR 统计量为标准，选取内生变量滞后阶数为 1 阶，通过脉冲响应函数识别一单位货币政策或财政政策冲击对股票市场流动性产生的影响，流动性指标与各宏观政策之间的脉冲响应如图 8.1~图 8.4 所示。

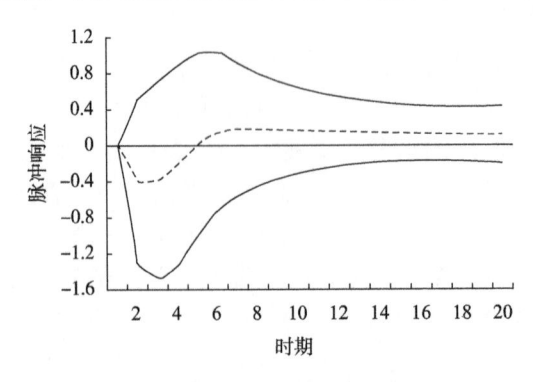

(a) 非流动性对货币供应量的脉冲响应

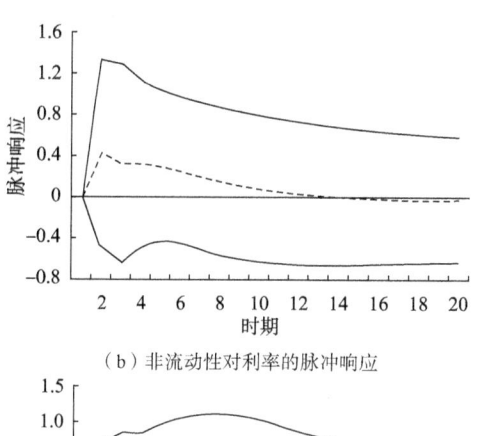

（b）非流动性对利率的脉冲响应

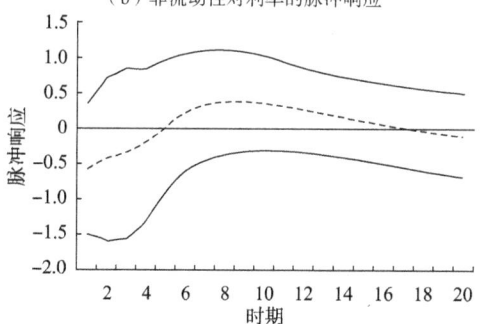

（c）非流动性对汇率的脉冲响应

图 8.1　非流动性指标对货币政策的脉冲响应

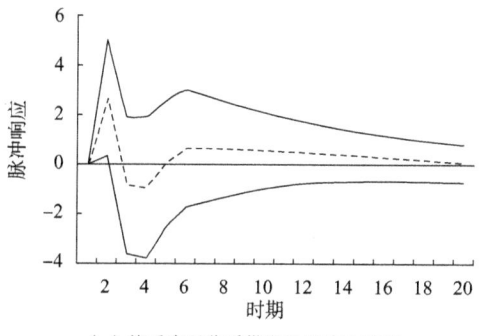

（a）换手率对货币供应量的脉冲响应

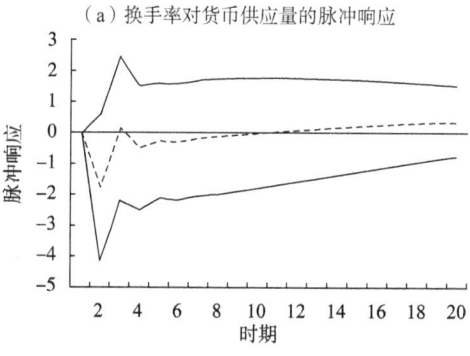

（b）换手率对利率的脉冲响应

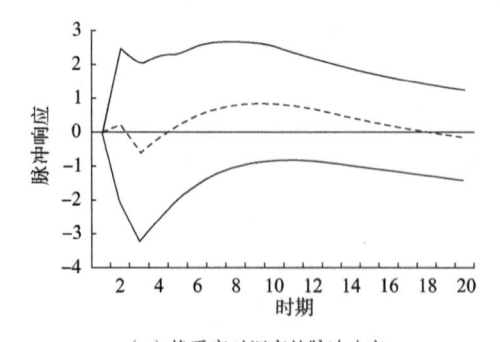

（c）换手率对汇率的脉冲响应

图 8.2　换手率指标对货币政策的脉冲响应

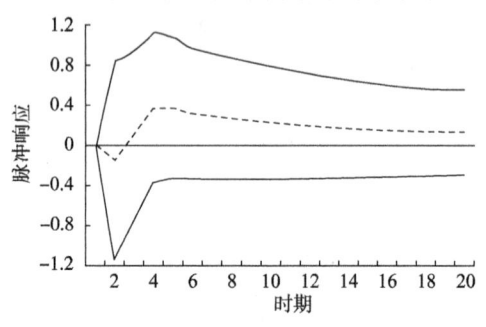

（a）非流动性对政府债务率的脉冲响应

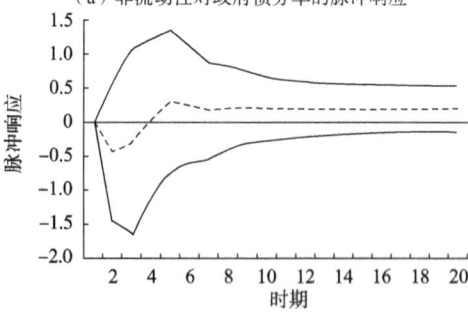

（b）非流动性对财政收支余额的脉冲响应

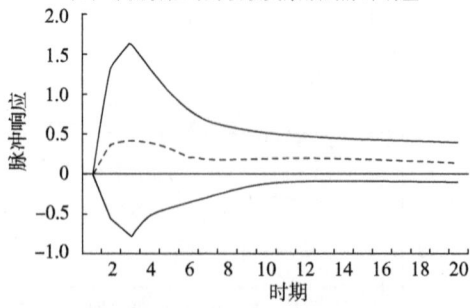

（c）非流动性对财政支出增长率的脉冲响应

图 8.3　非流动性指标对财政政策的脉冲响应

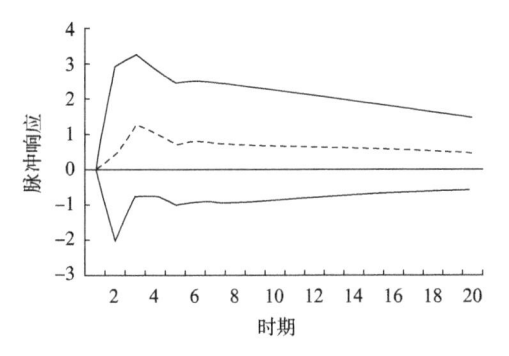

(a)换手率对政府债务率的脉冲响应

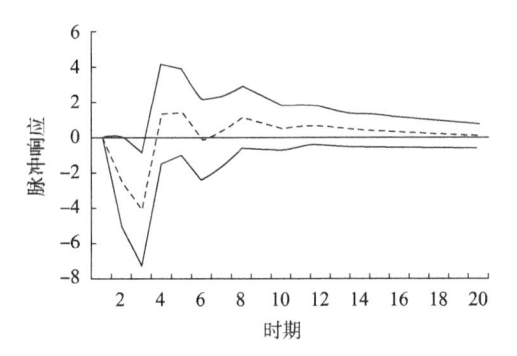

(b)换手率对财政收支余额的脉冲响应

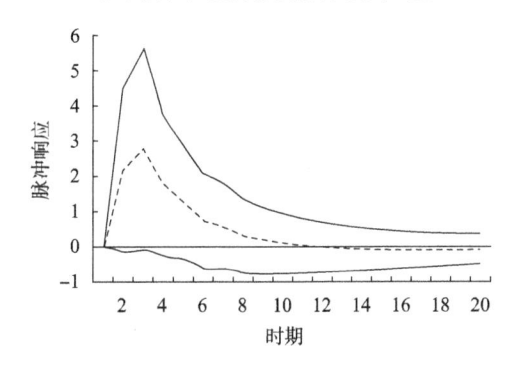

(c)换手率对财政支出增长率的脉冲响应

图 8.4 换手率指标对财政政策的脉冲响应

图 8.1 中非流动性指标对货币政策的脉冲响应结果显示,增加货币供应量、下调利率和货币贬值等宽松的货币政策均会在短期提高股票市场的流动性。这是因为宽松的货币政策一方面会产生"货币幻觉效应",人们持有的名义货币增加,产生财富增加的幻觉,促使人们将更多的资金投入股票市场,股票市场整体流动性增强,另一方面会产生"低资金成本效应",投资者可以以较低的成本获得资金投资于股票市场(陈其安等,2010)。中期看,汇率反而有降低流动性的作用,

而货币供应量和利率没有影响。图8.2中换手率指标对货币政策的脉冲响应结果显示，增加货币供应量、下调利率会在短期提高股票市场的换手率，但是汇率政策短期没有影响，中期会增加换手率，这可能与汇率的货币政策传导存在滞后有关。

图8.3中非流动性指标对财政政策的脉冲响应结果显示，增加财政支出和政府债务、降低政府收入的宽松财政政策在短期内会降低股票市场流动性。这可能是因为一方面财政支出增加体现经济基本面较差，投资者不看好股市，另一方面财政支出中的政府投资存在一定的挤出效应，因而政府投资的增加可能会对企业投资产生不利影响，影响企业整体经营状况，并且影响市场中资金的多少，从而对于股票收益及股票流动性产生不利影响。图8.4中换手率指标对财政政策的脉冲响应结果显示，宽松财政政策在短期内会提高股票市场换手率，这与图8.3的结果是相反的。这可能因为换手率不仅体现流动性还体现投资者之间的意见分歧（陈辉和顾乃康，2017），尽管宽松的财政政策反映了较差的基本面和资金流出，然而，宽松的财政政策会带来未来的经济增长，使得乐观的投资者和悲观的投资者增加交易，带来换手率增加。进一步对比换手率对货币政策和财政政策的反应可以发现，投资者对货币政策的意见分歧较少，对财政政策的意见分歧较大。

2. 个股流动性的政策影响

通过面板数据回归从微观角度对个股的流动性进行政策影响分析，探究影响股票流动性的主要政策变量。面板数据回归的结果如表8.2和表8.3所示。

表8.2 货币政策固定效应回归

| 变量 | MS | | IR | | EXR | |
| --- | --- | --- | --- | --- | --- | --- |
| | TUR | ILLIQ | TUR | ILLIQ | TUR | ILLIQ |
| 货币政策 | −9.281 8*** | 0.284 9*** | 11.938 0*** | 0.000 5 | 1.335 7*** | −1.089 5*** |
| 市净率 | 0.000 3 | 0.000 1 | 0.000 3 | 0.000 1 | 0.000 3 | 0.000 1 |
| 公司市值 | 2.740 9*** | −1.607 7*** | 2.063 8*** | −1.487 6*** | −1.051 6*** | −1.580 6*** |
| 股票收益率 | 0.932 2*** | 0.057 3*** | 0.917 5*** | 0.056 8*** | 0.949 3*** | 0.056 3*** |
| 工业生产增长率 | 1.537 7*** | −0.030 9*** | 1.538 0*** | −0.046 6*** | 2.023 7*** | −0.027 7** |
| 通货膨胀率 | −4.473 2*** | −0.070 0** | −6.230 3*** | −0.094 4*** | −3.679 2*** | −0.095 2*** |
| 沪深指数 | 0.004 0*** | 0.000 6*** | 0.007 3*** | 0.000 7*** | 0.002 6*** | 0.000 9*** |
| $R^2$ | 0.108 6 | 0.002 2 | 0.106 7 | 0.002 2 | 0.132 3 | 0.002 2 |

**、***分别表示显著性水平为5%、1%

表 8.3 财政政策固定效应回归

| 变量 | FB TUR | FB ILLIQ | FEG TUR | FEG ILLIQ | GDR TUR | GDR ILLIQ |
|---|---|---|---|---|---|---|
| 财政政策 | −1.266 5*** | 0.025 1** | 0.402 6*** | −0.001 1 | −0.949 9*** | −0.432 0*** |
| 市净率 | 0.000 3 | 0.000 1 | 0.000 3 | 0.000 1 | 0.000 3 | 0.000 1 |
| 公司市值 | 0.072 3 | −1.512 3*** | −0.486 2** | −1.489 6*** | −1.446 6*** | −1.615 7*** |
| 股票收益率 | 0.938 0*** | 0.057 0*** | 0.937 3*** | 0.056 9*** | 0.944 7*** | 0.055 0*** |
| 工业生产增长率 | 2.289 9*** | −0.051 4*** | 1.774 0*** | −0.045 9*** | 2.101 8*** | −0.021 6* |
| 通货膨胀率 | −4.153 3*** | −0.085 0*** | −4.292 6*** | −0.092 7*** | −3.689 2*** | −0.098 4*** |
| 沪深指数 | 0.002 8*** | 0.000 7*** | 0.002 9*** | 0.000 7*** | 0.003 8*** | 0.001 1*** |
| $R^2$ | 0.125 1 | 0.002 2 | 0.131 5 | 0.002 2 | 0.133 9 | 0.002 2 |

*、**、***分别表示显著性水平为10%、5%、1%

表8.2的结果表明，除利率政策对流动性指标外，其余情形下货币政策工具均对股票市场流动性指标有显著的影响。宽松的货币供给对个股流动性有显著的负向影响，与其对股票市场整体流动性的影响相反。汇率对个股流动性有显著的正向影响，这与其对市场整体换手率的影响相同。汇率上升，本币贬值，有利于出口企业经营状况的改善，进而提高其股票在股票市场的收益，同时吸引外部资金进入，促进股票流动性的提升。利率政策对流动性指标没有影响，但是增加利率会增加个股的换手率，说明调整利率会增加投资者的意见分歧。

表8.3的结果表明，增加支出或者减少收入的宽松财政政策对个股流动性和换手率存在显著的正向影响，与其对市场整体流动性的作用相反，与其对市场整体换手率的影响相同。政府债务因素对换手率和流动性指标都产生负向影响，表现出相矛盾的结果，因为流动性指标和换手率指标的意义是相反的。这一方面不同于其对市场整体的影响，另一方面说明个股层面换手率体现出与流动性指标不同的意义。因为，在我国沪深股市上，换手率不但反映股票的流动性，而且可能反映市场上的投资者的异质信念等，因而非流动性指标的表现与换手率不一样（陈辉和顾乃康，2017）。

结合图8.3、图8.4和表8.3看出，换手率指标一方面不同于流动性指标，另一方面较为明显地体现投资者对财政政策的意见分歧，这可能与财政政策相对货币政策、汇率政策透明度更低有关，体现部分投资者对财政政策效果的赌博心理。

为更好地解释政策因素对个股流动性和市场整体流动性产生影响的不同，又进一步根据公司市值将样本分为规模较大的企业与规模较小的企业，进行政策影响因素的异质性分析，分析结果如表 8.4 所示。

表 8.4　政策因素影响的异质性分析

| 变量 | 大企业 TUR | 大企业 ILLIQ | 小企业 TUR | 小企业 ILLIQ |
| --- | --- | --- | --- | --- |
| 货币供应量 | −7.377 9*** | 0.009 7 | −11.594 7*** | 0.924 1*** |
| 利率 | 9.784 0*** | 0.367 0*** | 13.570 8*** | −0.662 6*** |
| 汇率 | 0.921 8*** | −1.153 9*** | 3.492 3*** | −1.536 8*** |
| 财政收支余额 | −0.950 3*** | −0.002 7 | −1.476 1*** | 0.065 2*** |
| 财政支出增长率 | 0.318 5*** | 0.001 7 | 0.464 2*** | −0.003 6 |
| 政府债务率 | −0.629 3*** | −0.396 6*** | −0.870 1*** | −0.736 4*** |
| 控制变量 | 控制 | | 控制 | |
| 观测值 | 171 926 | | 170 846 | |

***表示显著性水平为 1%

表 8.4 的结果表明，无论货币政策还是财政政策对股票流动性的影响都存在较明显的规模差异。当考虑换手率时，货币政策和财政政策对大小规模公司的影响方向是相同的，但是影响的大小差异较大，其中财政政策对小规模公司的影响比对大公司的影响多三分之一左右，货币政策对大小公司的影响差异比财政政策大。当考虑流动性指标时，货币政策和财政政策对大小公司的影响就存在显著性上的差异。利率、汇率和政府债务因素对大小公司的流动性都有影响，但是货币供应量和财政收支变量对大小公司的流动性影响就不同。这些结果说明货币政策和财政政策对不同规模公司的影响明显存在异质性。

表 8.4 中，从货币政策影响流动性的角度看，仅汇率政策对大小公司的影响较为一致，汇率贬值提高个股流动性和换手率，而货币供应量和利率政策对大小公司的影响明显不同，其中，货币供应量增加对大公司没有影响，反而降低小公司的流动性。利率下调则可导致大规模公司股票流动性提高，而对小规模公司股票流动性产生负面影响。这些结论和 2018~2019 年的流动性特征相符，可能的原因为当宏观经济形势并不乐观、市场整体流动性较低时，宽松的货币政策并不能起到改善基本面的作用，此时规模较小、经营状况不佳的企业出现风险的概率增大，风险厌恶型投资者出于避险心理，可能将更多的资金配置于公司经营相对稳定、风险较低的股票，从而导致大规模企业的股票流动性提高，小规模企业的股票流动性降低。从财政政策影响流动性的角度来看，政府支出没有影响，增加政府债务会提高大小公司的流动性，但是政府收入因素对大企业没有影响，对小公司有负面影响。可以看到，货币供应量增加、利率下调和

政府收入增加等因素会对大小公司流动性产生差异影响，导致小公司流动性下降，这也解释了近年来随着宽松货币政策的实施，我国部分小规模公司股票出现低量成交、流动性逐渐降低的现象，背后的机制可能与小公司的基本面和投资者的避险心理有关。

对比表 8.2 和表 8.4 看到，总体样本和区分大小公司样本中，货币供应量和汇率的影响相对较为一致，利率政策对流动性指标的影响在大小公司中刚好相反，导致总体样本中不显著。对比表 8.3 和表 8.4 看到，总体样本和区分大小公司样本中，财政政策的影响显著性基本一致，这些差异说明利率对大小规模股票流动性的影响差异较为明显。

3. 政策影响的时变效应

在不同宏观经济状况背景下，政策变量对股票流动性的影响可能具有时变效应。为了探究政策变化对股票流动性可能产生的消极作用，从而更好地解释 2018 年前后股票流动性较低的问题，按照不同宏观经济背景下我国股市发展的重要阶段将样本时间跨度分为三个时间段：2007~2009 年金融危机时期、2010~2014 年经济高速发展时期和 2015~2019 年新常态时期，建立自适应 LASSO 回归模型。对每个公司进行 LASSO 回归 100 次，取回归结果的平均值作为最终结果，并将每次降维后各指标数量之和的百分比作为影响广度的衡量标准，评价在我国资本市场发展过程中各政策变量对个股流动性的解释力度和影响广度的变化情况。LASSO 回归结果如表 8.5 和表 8.6 所示。

表 8.5 LASSO 回归下各因子最优参数取值统计（非流动性）

| 时间 | 变量 | | | | | | 系数状态 | |
|---|---|---|---|---|---|---|---|---|
| 2007~2009 年 | MS | EXR | IR | GDR | FB | FEG | 均为零 | 均非零 |
| 非零次数 | 1 001 | 138 | 1 044 | 297 | 422 | 334 | 208 | 78 |
| 非零次数占比 | 65.42% | 9.02% | 68.24% | 19.41% | 27.58% | 21.83% | 13.59% | 5.10% |

| 时间 | 变量 | | | | | | 系数状态 | |
|---|---|---|---|---|---|---|---|---|
| 2010~2014 年 | MS | EXR | IR | GDR | FB | FEG | 均为零 | 均非零 |
| 非零次数 | 547 | 841 | 1 064 | 431 | 764 | 625 | 667 | 129 |
| 非零次数占比 | 22.09% | 33.97% | 42.97% | 17.41% | 30.86% | 25.24% | 26.94% | 5.21% |

| 时间 | 变量 | | | | | | 系数状态 | |
|---|---|---|---|---|---|---|---|---|
| 2015~2019 年 | MS | EXR | IR | GDR | FB | FEG | 均为零 | 均非零 |
| 非零次数 | 559 | 815 | 1 009 | 442 | 771 | 615 | 750 | 116 |
| 非零次数占比 | 21.30% | 31.06% | 38.45% | 16.84% | 29.38% | 23.44% | 28.58% | 4.42% |

表 8.6 LASSO 回归下各因子最优参数取值统计（换手率）

| 时间 | 变量 | | | | | | 系数状态 | |
|---|---|---|---|---|---|---|---|---|
| 2007~2009 年 | MS | EXR | IR | GDR | FB | FEG | 均为零 | 均非零 |
| 非零次数 | 621 | 344 | 1 109 | 1 197 | 569 | 546 | 49 | 44 |
| 非零次数占比 | 40.59% | 22.48% | 72.48% | 78.24% | 37.19% | 35.69% | 3.20% | 2.88% |

| 时间 | 变量 | | | | | | 系数状态 | |
|---|---|---|---|---|---|---|---|---|
| 2010~2014 年 | MS | EXR | IR | GDR | FB | FEG | 均为零 | 均非零 |
| 非零次数 | 1 265 | 1 247 | 1 241 | 1 482 | 997 | 959 | 227 | 222 |
| 非零次数占比 | 51.09% | 50.36% | 50.12% | 59.85% | 40.27% | 38.73% | 9.17% | 8.97% |

| 时间 | 变量 | | | | | | 系数状态 | |
|---|---|---|---|---|---|---|---|---|
| 2015~2019 年 | MS | EXR | IR | GDR | FB | FEG | 均为零 | 均非零 |
| 非零次数 | 1 178 | 1 155 | 1 463 | 1 533 | 1 088 | 942 | 293 | 248 |
| 非零次数占比 | 44.89% | 44.02% | 55.75% | 58.42% | 41.46% | 35.90% | 11.17% | 9.45% |

在表 8.5 和表 8.6 中，宏观政策变量对股票流动性两个指标的影响广度表现出两个共同特点。第一，2007 年以来，货币供应量、利率政策和政府债务对股票流动性的解释力度大体呈现出逐渐下降的趋势。这一方面体现这些政策作用效果的下降；另一方面也是我国股票交易逐渐成熟的重要表现，主要是由于我国金融市场制度不断健全，但是，政府收入和支出的影响一直保持相对稳定。这说明尽管投资者的投资结构及其知识水平不断提高，在股票交易过程中会综合考虑更多的因素，政策变化影响其决策的作用不断减弱，但是在我国一直有较大影响的财政因素的作用还是会得到关注。

第二，汇率对股票的流动性影响广度明显增强。主要可能由以下几点导致：一是 2005 年以来，人民币外汇市场不断改革，我国汇率逐渐放开，尤其是随着"沪港通"和"深港通"的开通，我国股票市场和外汇市场之间的联动效应逐渐增强。2015 年后，"汇改"继续推行，中国人民银行修改人民币中间报价机制，人民币汇率定价机制更加完善，我国金融市场与国际金融市场之间的联系逐渐加强，虽然我国对于资本账户仍存在一定程度的管制，但股票市场对于汇率变动冲击的敏感性也表现出进一步增强的特点（赵锡军和姚玥悦，2018）。二是在经济、金融全球化的背景下，具有对外贸易业务的上市公司的经营状况在很大程度上受到汇率变动的影响，汇率的变化改变公司的最终收益情况，进而影响到公司股票在市场中的表现。因而，国内投资者在资产配置过程中充分考虑汇率的变化，将汇率变动作为影响投资决策的重要因素。

根据表8.2和表8.4的结果，汇率对股票流动性存在正向影响。2015年以来，人民币不断贬值，兑美元汇率大体呈现下降趋势。因而，随着汇率贬值和汇率的影响广度增强，股票流动性也随之增强，这一定程度上证实我国开放资本市场的好处。

对于非流动性指标，2010年前后货币政策变量的影响广度变化较大，财政政策变量基本保持不变，随后，货币供应量的影响广度逐渐下降，其他宏观政策的解释力度较为稳定。近年来，我国不断创新货币政策调控手段，中国人民银行更加注重发挥常备借贷便利（standing lending facility，SLF）、中期借贷便利（medium-term lending facility，MLF）等工具的作用，因而货币政策调控手段的转变在很大程度上导致各货币政策工具对股票流动性的影响程度发生改变。在货币政策中，利率的影响广度最广。这可能是因为，利率一方面可以通过影响资产价格从而影响股票流动性；另一方面也可以通过影响企业融资成本，改变权益收益，间接对股票流动性产生影响。此外，随着我国货币政策调控逐渐从数量型向价格型方向转变，利率作为价格型货币政策调控工具，使用频率逐渐提高，货币供应量作为数量型货币政策调控工具，中国人民银行逐渐减少对其的使用。在全球利率水平走低的背景下，我国也在不断下调基准利率，一年期银行存款利率从2011年7月的3.5%下降到2019年9月的1.5%。根据表8.4的结果，利率对小公司股票流动性有正向作用。因此，中国人民银行施行的宽松货币政策、利率水平下调在一定程度上降低小公司股票流动性。

对于换手率指标，政府债务、利率和货币供应量在各政策变量中的解释力度较广，汇率对换手率的影响在逐渐增强。对比换手率和流动性指标可以看到，政策工具对换手率的影响总体比流动性指标高，说明换手率指标对政策更敏感，而前面的分析表明换手率体现对政策的意见分歧，这意味着近年来投资者对政策的意见分歧增加，也更容易导致大小企业的股票流动性出现分化。从表8.5和表8.6中均为零的比例来看，比例在不断增加，这表明近年来政策的影响在逐渐下降，尤其是流动性指标，因此，为了解决流动性降低的现象需要考虑更多的因素，如微观因素等。

本章选取2007~2019年上市公司股票为样本，建立VAR模型、面板数据回归模型研究货币政策与财政政策等政策工具对股票市场整体流动性和个股流动性的影响，并建立自适应LASSO回归模型研究不同阶段政策变量对股票流动性影响的动态变化趋势。通过对实证检验分析，主要得出如下结论。

第一，总体来看，市场流动性与宏观政策之间的因果关系并不显著。格兰杰因果分析表明在进行股票交易时，投资者更多考虑货币供应量和汇率等货币政策变化，较为重视财政收支余额及财政支出变化情况，利率因素对投资者的影响较少。

第二，尽管宽松的货币政策短期会增加市场流动性，但是中长期来看，货币供应量和利率变化对流动性没有影响，而且汇率对流动性有负向影响。宽松财政政策在短期内会降低股票市场流动性、提高股票市场换手率。这些结论一方面体现货币政策和财政政策对市场流动性影响的短期性和差异性；另一方面体现非流动性指标和换手率代表意义的不同，因为换手率同时体现流动性和投资者之间的意见分歧。投资者要意识到政策冲击的短期性和差异，应该更为重视非流动性指标，理性看待换手率指标的变化。从换手率角度来看，投资者对货币政策的意见分歧较少，对财政政策的意见分歧较大，这体现部分投资者对财政政策措施及其效果的赌博心理，我国货币政策的措施和新闻沟通相对较多，而财政政策的沟通相对较少、透明度低。因此，为了减少对市场流动性的影响，财政政策应该提高政策制定的透明度，加强与公众的沟通。

在个股流动性层面，宽松的货币供给反而对个股流动性有负向影响，这不同于其对市场流动性的影响，说明个股与市场流动性之间存在较大差异，这一方面体现区分个股和市场总体的重要性；另一方面说明市场中的流动性在个股层面明显分化，这与前面背景论述中流动性下降、市场严重分化相一致，投资者要重视这种市场与个股差异，关注市场流动性分化。另外，非流动性指标和换手率在个股层面也表现出了矛盾的结果，再次表明两者的差异。

第三，结果发现，各种政策措施对不同规模公司流动性影响具有较大的差异性。对于不同规模的公司，货币政策总体上比财政政策的影响差异更大。利率、汇率和政府债务因素对大小规模公司的流动性都有影响，但是货币供应量和财政收支变量对大小公司的流动性影响不同，对比来看，利率政策的影响在市场总体和不同规模公司之间变化明显，因此，投资者应该充分考虑大小公司受到不同政策冲击的差异，避免遭受较大的流动性冲击。

研究发现，宽松货币政策和宽松财政政策在短期内会降低股票市场流动性，尤其是小公司的流动性，投资者较为关注财政政策，并且存在较大的意见分歧，这意味着宽松的政策并没有实质性改善中小企业的经营进而提高其流动性，反而导致较多的资金在股市追逐大公司，使得部分小规模公司股票出现低量成交、流动性逐渐降低的现象，这不但与小公司的基本面较差有关，而且与投资者的避险心理有关，财政政策还会进一步加剧这种现象。因此，为改善股票市场中小公司股票流动性，相关政策一方面应积极关注中小公司的经营基本面，支持中小企业、鼓励大企业和中小企业合作；另一方面应合理运用各种政策工具与沟通措施，引导投资者预期，避免恐慌心理和羊群行为。

第四，自适应 LASSO 回归的结果显示，在个股层面上，利率和政府债务率对股票流动性的解释力度较强，这与市场总体的结论不同，投资者应该重视个股层面上利率和政府债务率的影响。总体而言，各种政策变量对股票流动性的影响具有时变特征：货币供应量、利率和财政政策工具对股票流动性的解释力度逐渐减弱，但是在我国一直有较大影响的财政因素的作用还很明显；汇率政策对股票流动性的解释力逐渐加强。随着汇率贬值，股票流动性也随之增强，这一方面证明我国资本市场开放的好处；另一方面意味着流动性风险将更容易受到汇率政策的影响。随着资本市场的进一步开放，投资者应更加重视汇率变化对股票流动性的影响，在不断适应我国金融市场对外开放的同时，应积极防范因汇率冲击带来的股票市场流动性风险。

# 参 考 文 献

蔡庆丰，杨侃，林剑波. 2011. 羊群行为的叠加及其市场影响——基于证券分析师与机构投资者行为的实证研究. 中国工业经济，（12）：111-121.

陈国进，王占海. 2010. 我国股票市场连续性波动与跳跃性波动实证研究. 系统工程理论与实践，30（9）：1554-1562.

陈国进，许秀，赵向琴. 2015. 罕见灾难风险和股市收益——基于我国个股横截面尾部风险的实证分析. 系统工程理论与实践，35（9）：2186-2199.

陈海强，张传海. 2015. 股指期货交易会降低股市跳跃风险吗？经济研究，50（1）：153-167.

陈辉，顾乃康. 2017. 新三板做市商制度、股票流动性与证券价值. 金融研究，（4）：176-190.

陈坚. 2014. 中国股票市场尾部风险与收益率预测——基于Copula与极值理论的VaR对比研究. 厦门大学学报（哲学社会科学版），（4）：45-54.

陈梦根，毛小元. 2007. 股价信息含量与市场交易活跃程度. 金融研究，（3）：125-139.

陈其安，张媛，刘星. 2010. 宏观经济环境、政府调控政策与股票市场波动性——来自中国股票市场的经验证据. 经济学家，（2）：90-98.

淳伟德，付君实，赵如波. 2015. 基于混合Copula函数的金融市场非线性极端风险传染研究. 预测，34（4）：53-58.

董直庆，王林辉. 2008. 财政货币政策和我国股市关联性：基于脉冲响应函数和方差分解的对比检验. 税务与经济，（5）：17-22.

何志刚，王鹏. 2011. 货币政策对股票和债券市场流动性影响的差异性研究. 财贸研究，22（2）：99-106.

胡志军. 2016. 极端风险与横截面股票预期收益率——基于A股市场的实证研究. 金融学季刊，10（3）：107-120.

花拥军，张宗益. 2009. 极值BMM与POT模型对沪深股市极端风险的比较研究. 管理工程学报，23（4）：104-108, 115.

黄峰，杨朝军. 2007. 流动性风险与股票定价：来自我国股市的经验证据. 管理世界，（5）：30-39, 48.

简志宏，李彩云. 2013. 系统性跳跃风险与贝塔系数时变特征. 中国管理科学，21（3）：20-27.

金春雨，张浩博. 2016. 货币政策对股票市场流动性影响时变性的计量检验——基于 TVP-VAR 模型的实证分析. 管理评论，28（3）：20-32.

孔东民，孔高文，刘莎莎. 2015. 机构投资者、流动性与信息效率. 管理科学学报，18（3）：1-15.

李洋，乔高秀. 2012. 沪深 300 股指期货市场连续波动与跳跃波动——基于已实现波动率的实证研究. 中国管理科学，20（S1）：451-458.

林虎，孙博，刘力. 2013. 换手率波动、转售期权与股票横截面收益率. 金融研究，（12）：181-193.

刘京军，苏楚林. 2016. 传染的资金：基于网络结构的基金资金流量及业绩影响研究. 管理世界，（1）：54-65.

刘京军，吴英杰. 2011. 开放式基金资金流、资产配置特征及其收益影响. 金融学季刊，6（1）：120-139.

刘维奇，邢红卫，张信东. 2014. 投资偏好与"特质波动率之谜"——以中国股票市场 A 股为研究对象. 中国管理科学，22（8）：10-20.

陆正飞，汤文斌，卢英武. 2002-07-15. 中国证券市场信息披露监管：问题、原因及对策. 证券时报，A06.

年荣伟，顾乃康. 2018. 信息不对称与流动性共性的实证研究. 山西财经大学学报，40（6）：45-60.

裴茜，朱书尚. 2019. 中国股票市场金融传染及渠道——基于行业数据的实证研究. 管理科学学报，22（3）：90-112.

齐杨，江雯倩，王浩宇. 2017. 不同货币政策工具对企业融资约束及绩效的影响研究. 宏观经济研究，（8）：44-58.

任仙玲，张世英. 2007. 基于核估计及多元阿基米德 Copula 的投资组合风险分析. 管理科学，20（5）：92-96.

施东晖. 2001. 中国股市微观行为理论与实证. 上海：上海远东出版社.

史代敏，田乐蒙，刘震. 2017. 中国股市高阶矩风险及其对投资收益的冲击. 统计研究，（10）：66-76.

宋逢明，江婕. 2003. 中国股票市场波动性特性的实证研究. 金融研究，（4）：13-22.

宋逢明，谭慧. 2005. 订单驱动型市场的系统流动性：一个基于中国股市的实证研究. 财经论丛（浙江财经学院学报），（3）：63-69.

孙洁. 2014. 考虑跳跃和隔夜波动的中国股票市场波动率建模与预测. 中国管理科学，22（6）：114-124.

孙培源，施东晖. 2002. 基于 CAPM 的中国股市羊群行为研究——兼与宋军、吴冲锋先生商榷. 经济研究，（2）：64-70.

田金方，王文静. 2018. 金融危机后宏观政策的发布对股市是否产生了冲击？——基于高频数据的研究. 经济与管理评论，34（5）：130-137.

王春峰，董向征. 2006. 关于股市流动性的协动性——基于沪市的实证检验. 北京航空航天大学学报（社会科学版），19（4）：13-17.

王春峰,姚宁,房振明,等.2008.中国股市已实现波动率的跳跃行为研究.系统工程,26(2):1-6.

王国长,梁焙婷,王金枝.2019.改进的自适应Lasso方法在股票市场中的应用.数理统计与管理,38(4):750-760.

王辉,黄建兵.2014.系统流动性风险与系统流动性溢价:基于中国证券市场的研究.复旦学报(自然科学版),53(5):591-597.

王金安,陈浪南.2008.考虑流动性的三阶矩资本资产定价的理论模型与实证研究.会计研究,(8):50-58,95.

王永宏,赵学军.2001.中国股市"惯性策略"和"反转策略"的实证分析.经济研究,(6):56-61,89.

吴吉林,陈刚,黄辰.2015.中国A、B、H股市间尾部相依性的趋势研究——基于多机制平滑转换混合Copula模型的实证分析.管理科学学报,18(2):50-65.

吴卫星,汪勇祥.2004.基于搜寻的有限参与、事件风险与流动性溢价.经济研究,(8):85-93,127.

谢海滨,田军,汪寿阳.2015.极端风险下中国股市的反应特征研究.中国管理科学,23(11):39-45.

谢尚宇,姚宏伟,周勇.2014.基于ARCH-Expectile方法的VaR和ES尾部风险测量.中国管理科学,22(9):1-9.

许年行,于上尧,伊志宏.2013.机构投资者羊群行为与股价崩盘风险.管理世界,(7):31-43.

杨科,陈浪南.2011.基于C_TMPV的中国股市高频波动率的跳跃行为研究.管理科学,24(2):103-112.

游达明,鲁小东,曾蔚,等.2008.中国期货市场流动性协动现象实证研究.系统工程,26(9):74-79.

曾裕峰,温湖炜,陈学彬.2017.股市互联、尾部风险传染与系统重要性市场——基于多元分位数回归模型的分析.国际金融研究,365(9):86-96.

张玉龙,李怡宗,杨云红.2012.中国股市的系统流动性——来自拓展的FDR法的证据.金融研究,(11):166-178.

张峥,李怡宗,张玉龙,等.2013.中国股市流动性间接指标的检验——基于买卖价差的实证分析.经济学(季刊),13(1):233-262.

张峥,刘力.2006.换手率与股票收益:流动性溢价还是投机性泡沫?经济学(季刊),5(3):871-892.

赵华,秦可佶.2014.股价跳跃与宏观信息发布.统计研究,31(4):79-89.

赵锡军,姚玥悦.2018.我国金融市场价格变动对人民币汇率的时变冲击——基于TVP-VAR模型的实证研究.吉林大学社会科学学报,58(2):84-92,205.

邹昊平，唐利民，袁国良. 2000. 政策性因素对中国股市的影响：政府与股市投资者的博弈分析. 世界经济，（11）：20-28.

左浩苗，郑鸣，张翼. 2011. 股票特质波动率与横截面收益：对中国股市"特质波动率之谜"的解释. 世界经济，34（5）：117-135.

Acharya V V，Pedersen L H. 2005. Asset pricing with liquidity risk. Journal of Financial Economics，77（2）：375-410.

Ait-Sahalia Y, Jacod J. 2009. Testing for jumps in a discretely observed process. The Annals of Statistics, 37（1）：184-222.

Alcock J, Hatherley A. 2017. Characterizing the asymmetric dependence premium. Review of Finance, 21（4）：1701-1737.

Amihud Y. 2002. Illiquidity and stock returns: cross-section and time-series effects. Journal of Financial Markets, 5（1）：31-56.

Amihud Y，Mendelson H. 1986. Asset pricing and the bid-ask spread. Journal of Financial Economics，17（2）：223-249.

Amihud Y，Mendelson H，Wood R. 1990. Liquidity and the 1987 stock market crash. The Journal of Portfolio Management，16（3）：65-69.

Andersen T G，Bollerslev T，Diebold F X. 2007. Roughing it up: including jump components in the measurement, modeling, and forecasting of return volatility. The Review of Economics and Statistics, 89（4）：701-720.

Andersen T G，Bollerslev T，Huang X. 2011. A reduced form framework for modeling volatility of speculative prices based on realized variation measures. Journal of Econometrics, 160（1）：176-189.

Ang A，Chen J，Xing Y. 2006a. Downside risk. The Review of Financial Studies, 19（4）：1191-1239.

Ang A，Hodrick R J，Xing Y，et al. 2006b. The cross-section of volatility and expected returns. The Journal of Finance，61（1）：259-299.

Ang A，Hodrick R J，Xing Y，et al. 2009. High idiosyncratic volatility and low returns: international and further U.S. evidence. Journal of Financial Economics，91（1）：1-23.

Antón M，Polk C. 2014. Connected stocks. The Journal of Finance，69（3）：1099-1127.

Baker M，Bradley B，Wurgler J. 2011. Benchmarks as limits to arbitrage: understanding the low-volatility anomaly. Financial Analysts Journal，67（1）：40-54.

Bali T G, Cakici N. 2004. Value at risk and expected stock returns. Financial Analysts Journal, 60（2）：57-73.

Bali T G，Cakici N，Whitelaw R F. 2011. Maxing out: stocks as lotteries and the cross-section of expected returns. Journal of Financial Economics，99（2）：427-446.

Bali T G, Cakici N, Whitelaw R F. 2014. Hybrid tail risk and expected stock returns: when does the tail wag the dog? The Review of Asset Pricing Studies, 4（2）: 206-246.

Bali T G, Demirtas K O, Levy H. 2009. Is there an intertemporal relation between downside risk and expected returns? Journal of Financial & Quantitative Analysis, 44（4）: 883-909.

Bamber L S, Barron O E, Stevens D E. 2011. Trading volume around earnings announcements and other financial reports: theory, research design, empirical evidence, and directions for future research. Contemporary Accounting Research, 28（2）: 431-471.

Barndorff-Nielsen O E, Shephard N. 2004. Power and bipower variation with stochastic volatility and jumps. Journal of Financial Econometrics, 2（1）: 1-37.

Barndorff-Nielsen O E, Shephard N. 2006. Econometrics of testing for jumps in financial economics using bipower variation. Journal of Financial Econometrics, 4（1）: 1-30.

Bawa V S, Lindenberg E B. 1977. Capital market equilibrium in a mean-lower partial moment framework. Journal of Financial Economics, 5（2）: 189-200.

Belloni A, Chernozhukov V. 2011. High dimensional sparse econometric models: an introduction//Alquier P, Gautier E, Stoltz G. Inverse Problems and High-dimensional Estimation. Berlin: Springer-Verlag: 121-156.

Black F. 1993. Beta and return. The Journal of Portfolio Management, 20（1）: 8-18.

Blanchard O, Dell'Ariccia G, Mauro P. 2010. Rethinking macroeconomic policy. Journal of Money, Credit and Banking, 42: 199-215.

Blume M E, Keim D B. 2012. Institutional investors and stock market liquidity: trends and relationships. Available at SSRN 2147757.

Bollerslev T, Law T H, Tauchen G. 2008. Risk, jumps, and diversification. Journal of Econometrics, 144（1）: 234-256.

Bollerslev T, Li S Z, Todorov V. 2016. Roughing up beta: continuous versus discontinuous betas and the cross section of expected stock returns. Journal of Financial Economics, 120（3）: 464-490.

Bollerslev T, Todorov V, Li S Z. 2013. Jump tails, extreme dependencies, and the distribution of stock returns. Journal of Econometrics, 172（2）: 307-324.

Bollerslev T, Zhang B Y B. 2003. Measuring and modeling systematic risk in factor pricing models using high-frequency data. Journal of Empirical Finance, 10（5）: 533-558.

Bowman A W, Azzalini A. 1997. Applied Smoothing Techniques for Data Analysis: The Kernel Approach with S-Plus Illustrations. Oxford: Oxford University Press.

Brockman P, Chung D Y. 2002. Commonality in liquidity: evidence from an order-driven market structure. Journal of Financial Research, 25（4）: 521-539.

Brockman P, Chung D Y, Pérignon C. 2009. Commonality in liquidity: a global perspective. Journal of Financial and Quantitative Analysis, 44（4）: 851-882.

Brunnermeier M K, Pedersen L H. 2009. Market liquidity and funding liquidity. The Review of Financial Studies, 22（6）: 2201-2238.

Cespa G, Foucault T. 2014. Illiquidity contagion and liquidity crashes. The Review of Financial Studies, 27（6）: 1615-1660.

Chabi-Yo F, Ruenzi S, Weigert F. 2018. Crash sensitivity and the cross section of expected stock returns. Journal of Financial and Quantitative Analysis, 53（3）: 1059-1100.

Chen G, Xu A, Zhao X. 2013. Institutional investors' involuntary trading behaviors, commonality in liquidity change and stock price fragility. China Finance Review International, 3（1）: 90-110.

Choi W G, Cook D. 2005. Stock market liquidity and the macroeconomy: evidence from Japan. IMF Working Papers, 5（6）: 309-340.

Chordia T, Roll R, Subrahmanyam A. 2000. Commonality in liquidity. Journal of Financial Economics, 56（1）: 3-28.

Chowdhury A, Uddin M, Anderson K. 2018. Liquidity and macroeconomic management in emerging markets. Emerging Markets Review, 34: 1-24.

Chu X. 2015. Modelling impact of monetary policy on stock market liquidity: a dynamic copula approach. Applied Economics Letters, 22（10）: 820-824.

Copeland T E, Galai D. 1983. Information effects on the bid-ask spread. The Journal of Finance, 38（5）: 1457-1469.

Corwin S A, Lipson M L. 2011. Order characteristics and the sources of commonality in prices and liquidity. Journal of Financial Markets, 14（1）: 47-81.

Coughenour J F, Saad M M. 2004. Common market makers and commonality in liquidity. Journal of Financial Economics, 73（1）: 37-69.

Coval J, Stafford E. 2007. Asset fire sales（and purchases）in equity markets. Journal of Financial Economics, 86（2）: 479-512.

Cremers M, Halling M, Weinbaum D. 2015. Aggregate jump and volatility risk in the cross-section of stock returns. The Journal of Finance, 70（2）: 577-614.

Datar V T, Naik N Y, Radcliffe R. 1998. Liquidity and stock returns: an alternative test. Journal of Financial Markets, 1（2）: 203-219.

Demsetz H. 1968. The cost of transacting. Quarterly Journal of Economics, 82（1）: 33-53.

Fabre J, Frino A. 2004. Commonality in liquidity: evidence from the Australian stock exchange. Accounting and Finance, 44（3）: 357-368.

Fama E F, Fisher L, Jensen M C, et al. 1969. The adjustment of stock prices to new information. International Economic Review, 10（1）: 1-21.

Fama E F, French K R. 1992. The cross-section of expected stock returns. The Journal of Finance, 47（2）: 427-465.

Fama E F, French K R. 1993. Common risk factors in the returns on stocks and bonds. Journal of Financial Economics, 33（1）: 3-56.

Fama E F, French K R. 2015. A five-factor asset pricing model. Journal of Financial Economics, 116（1）: 1-22.

Fama E F, MacBeth J D. 1973. Risk, return, and equilibrium: empirical tests. Journal of Political Economy, 81（3）: 607-636.

Fan J, Lv J. 2010. A selective overview of variable selection in high dimensional feature space. Statistica Sinica, 20（1）: 101-148.

Fang H, Lai T Y. 1997. Co-kurtosis and capital asset pricing. Financial Review, 32（2）: 293-307.

Farago A, Tédongap R. 2018. Downside risks and the cross-section of asset returns. Journal of Financial Economics, 129（1）: 69-86.

Fernández-Amador O, Gächter M, Larch M, et al. 2013. Does monetary policy determine stock market liquidity? New evidence from the Euro Zone. Journal of Empirical Finance, 21（1）: 54-68.

Fong K Y L, Holden C W, Trzcinka C A. 2017. What are the best liquidity proxies for global research? Review of Finance, 21（4）: 1355-1401.

Frazzini A, Pedersen L H. 2014. Betting against beta. Journal of Financial Economics, 111（1）: 1-25.

Gagnon M H, Gimet C. 2013. The Impacts of standard monetary and budgetary policies on liquidity and financial markets: international evidence from the credit freeze crisis. Journal of Banking & Finance, 37（11）: 4599-4614.

Garfinkel J A. 2009. Measuring investors' opinion divergence. Journal of Accounting Research, 47（5）: 1317-1348.

Glantz M, Kissell R. 2013. Multi-Asset Risk Modeling: Techniques for a Global Economy in an Electronic and Algorithmic Trading Era. San Diego: Academic Press.

Goyenko R Y, Holden C W, Trzcinka C A. 2009. Do liquidity measures measure liquidity? Journal of Financial Economics, 92（2）: 153-181.

Greenwood R, Thesmar D. 2011. Stock price fragility. Journal of Financial Economics, 102（3）: 471-490.

Grossman S J, Miller M H. 1988. Liquidity and market structure. The Journal of Finance, 43（3）: 617-633.

Hameed A, Kang W, Viswanathan S. 2010. Stock market declines and liquidity. The Journal of Finance, 65（1）: 257-293.

Harris L E. 1994. Minimum price variations, discrete bid-ask spreads, and quotation sizes. The Review of Financial Studies, 7（1）: 149-178.

Harvey C R, Siddique A. 2000. Conditional skewness in asset pricing tests. The Journal of Finance, 55（3）: 1263-1295.

Hasbrouck J, Seppi D J. 2001. Common factors in prices, order flows, and liquidity. Journal of Financial Economics, 59（3）: 383-411.

Ho T, Stoll H R. 1980. On dealer markets under competition. The Journal of Finance, 35(2): 259-267.

Hong H, Stein J C. 2007. Disagreement and the stock market. Journal of Economic Perspectives, 21（2）: 109-128.

Huang J, Wang J. 2009. Liquidity and market crashes. The Review of Financial Studies, 22（7）: 2607-2643.

Huang W, Liu Q, Rhee S G, et al. 2012. Extreme downside risk and expected stock returns. Journal of Banking & Finance, 36（5）: 1492-1502.

Huberman G, Halka D. 2001. Systematic liquidity. Journal of Financial Research, 24（2）: 161-178.

Hung W, Lu C C, Lee C F. 2010. Mutual fund herding its impact on stock returns: evidence from the Taiwan stock market. Pacific-Basin Finance Journal, 18（5）: 477-493.

Isshaq Z, Faff R. 2016. Does the uncertainty of firm-level fundamentals help explain cross-sectional differences in liquidity commonality? Journal of Banking & Finance, 68: 153-161.

Jegadeesh N. 1990. Evidence of predictable behavior of security returns. The Journal of Finance, 45（3）: 881-898.

Jiang G J, Yao T. 2013. Stock price jumps and cross-sectional return predictability. Journal of Financial and Quantitative Analysis, 48（5）: 1519-1544.

Jiang L. 2014. Stock liquidity and the Taylor rule. Journal of Empirical Finance, 28: 202-214.

Kamara A, Lou X, Sadka R. 2008. The divergence of liquidity commonality in the cross-section of stocks. Journal of Financial Economics, 89（3）: 444-466.

Kang W, Zhang H. 2014. Measuring liquidity in emerging markets. Pacific-Basin Finance Journal, 27: 49-71.

Karolyi G A, Lee K H, van Dijk M A. 2012. Understanding commonality in liquidity around the world. Journal of Financial Economics, 105（1）: 82-112.

Kelly B, Jiang H. 2014. Tail risk and asset prices. The Review of Financial Studies, 27（10）: 2841-2871.

Kempf A, Mayston D. 2008. Liquidity commonality beyond best prices. Journal of Financial Research, 31（1）: 25-40.

Kim S H, Lee K H. 2014. Pricing of liquidity risks: evidence from multiple liquidity measures. Journal of Empirical Finance, 25: 112-133.

Koch A, Ruenzi S, Starks L. 2016. Commonality in liquidity: a demand-side explanation. The Review of Financial Studies, 29（8）: 1943-1974.

Korajczyk R A, Sadka R. 2008. Pricing the commonality across alternative measures of liquidity. Journal of Financial Economics, 87（1）: 45-72.

Kyle A S, Xiong W. 2001. Contagion as a wealth effect. The Journal of Finance, 56（4）: 1401-1440.

Lakonishok J, Shleifer A, Vishny R W. 1992. The impact of institutional trading on stock prices. Journal of Financial Economics, 32（1）: 23-43.

Lehmann B N. 1990. Fads, martingales, and market efficiency. The Quarterly Journal of Economics, 105（1）: 1-28.

Lesmond D A, Ogden J P, Trzcinka C A. 1999. A new estimate of transaction costs. The Review of Financial Studies, 12（5）: 1113-1141.

Lettau M, Maggiori M, Weber M. 2014. Conditional risk premia in currency markets and other asset classes. Journal of Financial Economics, 114（2）: 197-225.

Li W, Lu X, Ren Y, et al. 2018. Dynamic relationship between RMB exchange rate index and stock market liquidity: a new perspective based on MF-DCCA. Physica A: Statistical Mechanics and Its Applications, 508: 726-739.

Liu W. 2006. A liquidity-augmented capital asset pricing model. Journal of Financial Economics, 82（3）: 631-671.

Lowe A. 2014. The demand-side explanation for commonality in liquidity: the role of institutional ownership in the Taiwan stock exchange. Pacific-Basin Finance Journal, 29: 59-85.

Massacci D. 2017. Tail risk dynamics in stock returns: links to the macroeconomy and global markets connectedness. Management Science, 63（9）: 3072-3089.

Moshirian F, Qian X, Wee C K G, et al. 2017. The determinants and pricing of liquidity commonality around the world. Journal of Financial Markets, 33: 22-41.

Mouna A, Anis J. 2017. Stock market, interest rate and exchange rate risk effects on non financial stock returns during the financial crisis. Journal of the Knowledge Economy, 8（3）: 898-915.

Narayan P K, Zhang Z, Zheng X. 2015. Some hypotheses on commonality in liquidity: new evidence from the Chinese stock market. Emerging Markets Finance and Trade, 51（5）: 915-944.

Pagano M. 1989. Endogenous market thinness and stock price volatility. The Review of Economic Studies, 56（2）: 269-287.

Pástor L, Stambaugh R F. 2003. Liquidity risk and expected stock returns. Journal of Political Economy, 111（3）: 642-685.

Post T, Versijp P. 2007. Multivariate tests for stochastic dominance efficiency of a given portfolio. Journal of Financial and Quantitative Analysis, 42（2）: 489-515.

Roll R. 1977. A critique of the asset pricing theory's tests part Ⅰ: on past and potential testability of the theory. Journal of Financial Economics, 4（2）: 129-176.

Roll R. 1984. A simple implicit measure of the effective bid-ask spread in an efficient market. The Journal of Finance, 39（4）: 1127-1139.

Roll R. 1988. The international crash of October 1987. Financial Analysts Journal, 44（5）: 19-35.

Rösch C G, Kaserer C. 2013. Market liquidity in the financial crisis: the role of liquidity commonality and flight-to-quality. Journal of Banking & Finance, 37（7）: 2284-2302.

Sensoy A. 2017. Firm size, ownership structure, and systematic liquidity risk: the case of an emerging market. Journal of Financial Stability, 31: 62-80.

Spilimbergo A, Symansky S, Blanchard O J, et al. 2009. Fiscal policy for the crisis. SSRN Working Paper 1339442.

Stoll H R. 1978. The supply of dealer services in securities markets. The Journal of Finance, 33（4）: 1133-1151.

Sujoto C, Kalev P S, Faff R W. 2005. An examination of commonality in liquidity: new evidence, long-run effects and non-linearities. Monash University Working Paper.

Tibshirani R. 1996. Regression shrinkage and selection via the lasso. Journal of the Royal Statistical Society: Series B, 58（1）: 267-288.

Todorov V, Bollerslev T. 2010. Jumps and betas: a new framework for disentangling and estimating systematic risks. Journal of Econometrics, 157（2）: 220-235.

van Oordt M R C, Zhou C. 2016. Systematic tail risk. Journal of Financial and Quantitative Analysis, 51（2）: 685-705.

Weigert F. 2016. Crash aversion and the cross-section of expected stock returns worldwide. The Review of Asset Pricing Studies, 6（1）: 135-178.

Wermers R. 1999. Mutual fund herding and the impact on stock prices. The Journal of Finance, 54（2）: 581-622.

Yan S. 2011. Jump risk, stock returns, and slope of implied volatility smile. Journal of Financial Economics, 99（1）: 216-233.

Zou H. 2006. The adaptive lasso and its oracle properties. Journal of the American Statistical Association, 101（476）: 1418-1429.

# 后 记

本书是在我近年来的一些研究成果的基础上修改而成的。由于教授"投资学"的缘故,我对交易策略和风险管理有较大的兴趣。受到导师王志强教授的影响,我对流动性的改进和低风险策略有一些认识。随后,在带领学生做研究的过程中形成了一些研究成果,部分文章发表在学术期刊上,也成为本书的部分章节。由于水平有限和时间仓促,有些内容难免有不妥之处,恳请读者提出宝贵意见。

本书的研究内容源自国家自然科学基金项目"股市极端波动中流动性螺旋的微观机制与治理研究"(项目编号:71873023),并得到国家自然科学基金项目"金融风险溢价与货币政策:目标关联、冲击传导与最优规则选择"(项目编号:71503034)的资助,是团队的共同成果,后续会对流动性螺旋的微观机制与治理做进一步的研究。

首先感谢我尊敬的博士导师王志强教授。正是在王老师的带领和指导下,我才有机会和博士生、硕士生一起做研究,完成课题并出版本书。在王老师的带领下,我与博士师弟齐玉录和张泽共同在《数量经济技术经济研究》、《金融学季刊》和《山西财经大学学报》发表了 3 篇论文,谢谢他们的贡献。感谢已经硕士毕业并在上海财经大学金融学院攻读博士的胡玥,她在硕士期间和我一起做研究,完成了 2 篇论文,付出了辛苦的劳动。感谢本科生陈庆冲和王乐,他们积极热情找我合作研究并参与课题。感谢我的硕士赵玲同学,帮我校对书中的错误。特别感谢科学出版社经管分社的马跃社长为本书的出版付出的辛苦!

在我完成本书的过程中,全世界正值新型冠状病毒肺炎疫情期间。感谢我的妻子韩国高对我坚实的支持,感谢岳父岳母为我们做出的牺牲。感谢金融学院刘畅老师给予的支持和帮助。在工作之余,我不到三岁的儿子熊梓博给我和家人带来了无限欢乐,愿他快乐成长!